elefante

Conselho editorial
Bianca Oliveira
João Peres
Tadeu Breda

Edição
Tadeu Breda

Assistência de edição
Luiza Brandino

Preparação
Carolina Hidalgo Castelani

Revisão
Ana Carvalhaes
Mariana Brito
Laura Massunari

Capa
Celso Longo + Daniel Trench

Direção de arte
Bianca Oliveira

Diagramação
Victor Prado

Teoria da reprodução social

Remapear a classe, recentralizar a opressão

tradução
Juliana Penna

organização
Tithi Bhattacharya

Para Shayari e Bill,

e para todas as mulheres
que foram menosprezadas
ao tentar mudar o mundo.

Agradecimentos

Este livro é resultado de conversas, explorações e compromissos contínuos entre suas autoras e autores. Foi a colaboração de cada uma e cada um que tornou esta obra possível.

Sou grata pela bolsa na College of Liberal Arts, da Universidade Purdue, e por contribuições generosas da Founders College, da Universidade York, que nos permitiram realizar um workshop sobre teoria da reprodução social em maio de 2016. Kole Kilibarda garantiu o sucesso desse encontro por meio de seu trabalho árduo e generoso e de seus comentários ponderados nas sessões.

David Shulman, da Pluto Press, não é apenas um dos melhores, mas talvez o mais paciente dos editores com quem trabalhei. A participação de Sarah Grey provou a importância de se contar com uma feminista da reprodução social como preparadora de originais.

Agradeço à conferência Historical Materialism, que, ao longo dos anos, permitiu que muitos de nós explorássemos ideias marxistas sem medo da caça às bruxas. Muitos dos ensaios e das ideias deste volume foram lá apresentados e/ou lançados.

Os editores da revista *Viewpoint* me ajudaram a tornar nítidos meus próprios pensamentos sobre formação de classe. Sou grata a eles por permitirem a reprodução de meu ensaio neste volume. Agradeço também a *New Left Review* (n. 100, jul.-ago. 2016), na qual o ensaio de Nancy Fraser presente nesta obra foi publicado pela primeira vez.

Vários amigos leram rascunhos desses ensaios e/ou responderam pacientemente às minhas perguntas sobre vários aspectos da teoria da reprodução social. Colin Barker e Charlie Post puseram-se à disposição para ler e comentar, sempre que solicitados, geralmente a um prazo absurdamente curto. A amizade e o apoio de Hester Eisenstein, com quem sigo aprendendo, serviram de amparo para este volume e para esta organizadora. Nancy Holmstrom, Cindi Katz, Sara Farris e Kevin Floyd são amigos e camaradas a quem devo muito. O trabalho deles fornece grande parte dos alicerces analíticos que embasam este livro. Mike McCarthy foi muito generoso cedendo seu tempo e ideias.

Tenho conversado com Gareth Dale há mais de duas décadas, às vezes sobre teoria da reprodução social, às vezes sobre outros temas, mas sempre em meu benefício.

Além disso, em 2017 comemoramos 150 anos da publicação do primeiro livro de *O capital*, com o qual esta obra talvez tenha sua maior dívida. Chris Harman me ajudou a entender partes desse texto aos meus vinte e poucos anos. Ainda sinto falta de poder telefonar e conversar com Chris a respeito de trechos difíceis.

Eu não poderia escrever este livro sem Bill e não o escreveria sem Shayari. Todos os dias, eles reencantam o mundo para mim. Por causa deles, todos os dias, reformulo esperanças sobre o futuro.

— Tithi Bhattacharya

Lise Vogel é uma das fundadoras da teoria da reprodução social. Socióloga feminista, ativista em prol dos direitos civis nos Estados Unidos na década de 1960, é professora universitária aposentada e autora de inúmeras publicações, das quais destaca-se *Marxismo e a opressão às mulheres: rumo a uma teoria unitária* (Expressão Popular, 2022).

Prefácio

Lise Vogel

Que prazer é para mim receber esta importante e oportuna coleção de ensaios. *Teoria da reprodução social* é provavelmente o primeiro livro a contar com o interesse ressurgente da década passada em desenvolver um entendimento coerente marxista-feminista da vida cotidiana no capitalismo. E ninguém melhor para editá-lo do que Tithi Bhattacharya, ela própria operando na vanguarda de trabalhos recentes sobre essa teoria.

Os dez ensaios deste volume abordam uma série de questões. No entanto, de uma forma ou de outra, cada colaborador enfrenta o desafio de explicar exatamente o que é a teoria da reprodução social. E não surpreende que eles nem sempre concordem entre si. Dedico-me a essa exigente tarefa há mais de quarenta anos — a partir de *Marxismo e a opressão às mulheres: rumo a uma teoria unitária*[1] —, e sou solidária com suas dificuldades. Ao mesmo tempo, devo reconhecer que o contexto em que este trabalho está sendo desenvolvido mudou acentuadamente e de maneiras que considero muito empolgantes. Primeiro, as pessoas interessadas nessas questões hoje se beneficiam de um entendimento mais aprimorado do marxismo e da história do que aquele que estava disponível para nós décadas atrás. E, segundo, elas parecem estar conectadas umas às outras e aos movimentos sociais nascentes do século XXI, novamente em contraste com o relativo isolamento que muitos de nós sentíamos no final da década de 1970 e depois.

1 Embora o livro tenha sido publicado oficialmente em 1983, considero-o um produto das esperanças, discussões e do ativismo dos anos 1970 e anteriores.

Como proponentes da teoria da reprodução social, os autores estão diante de novos e velhos desafios. Um dos debates mais antigos entre os defensores da libertação das mulheres dizia respeito ao dualismo ou teoria de sistemas duplos. No início dos anos 1980, o veredito, pelo menos entre as feministas marxistas, estava no desejo compartilhado de substituir o dualismo das análises anteriores pelo que elas chamavam de teoria "unitária". Dito de outra maneira, em vez de conceber a reprodução social com dois aspectos componentes (por exemplo, produção de mercadorias e reprodução da força de trabalho), elas procuraram desenvolver uma abordagem que incluísse a produção e a reprodução dentro de uma estrutura unitária, o que ainda é mais fácil falar do que fazer, como mostram os vários ensaios de *Teoria da reprodução social*. A atração pela teoria de sistemas duplos permanece poderosa e requer vigilância constante.

Diversos colaboradores vinculam explicitamente a teoria da reprodução social ao seu próprio entendimento de interseccionalidade. Assim como a teoria, a interseccionalidade é uma das várias estruturas teóricas implantadas nos últimos oitenta anos para representar a heterogeneidade social, e consiste na interação de várias "categorias de diferença social", por exemplo, raça, classe, gênero etc.[2] Até certo ponto, as duas posições teóricas já foram tomadas como antagônicas — como se houvesse um confronto entre as abordagens marxista (teoria da reprodução social) e não marxista (interseccionalidade). Contudo, esses autores argumentam ser possível adotar a teoria da reprodução social sem descartar os pontos fortes do pensamento interseccional, sobretudo sua capacidade de desenvolver relatos descritivos e históricos diferenciados de várias "categorias de diferença social". Essa me parece uma direção promissora a se seguir.

No longo prazo, porém, acho que devemos abandonar duas suposições muito estimadas. A primeira é a de que as várias dimensões da diferença — como raça, classe e gênero — são comparáveis. A segunda é a implicação de que elas são iguais em peso causal.

2 Para essa análise da interseccionalidade, ver Vogel (2018).

Gostando ou não, essas duas suposições levam a um interesse em identificar paralelos e semelhanças entre as diferentes categorias e a subestimar suas particularidades. Sem essas premissas, podemos sair do pequeno círculo restrito de categorias supostamente semelhantes. Nossa tarefa teórica seria, então, focar as especificidades de cada dimensão e desenvolver um entendimento de como tudo se encaixa ou não. Desse processo, pode surgir um panorama, talvez vários, com os quais se pode analisar dados empíricos.[3]

Alguns dos ensaios mais interessantes desta obra exploram as implicações estratégicas ou políticas da teorização da reprodução social. Entre os tópicos considerados estão infância, sexualidade, pensões, migração, serviço doméstico remunerado e a Greve Internacional de Mulheres, em 8 de março de 2017. Aqui vemos o poder da estrutura de reprodução social para moldar nossa compreensão de questões práticas, ou, como Bhattacharya afirma na introdução deste livro:

> [A teoria da reprodução social] revela que a categoria-essência do capitalismo, sua força animadora, é o trabalho humano, e não a mercadoria. Ao fazê-lo, expõe ao escrutínio crítico a superficialidade do que geralmente entendemos como processos "econômicos" e devolve a eles seu componente confuso, sensorial, de gênero, racial e indisciplinado: seres humanos vivos, capazes de seguir ordens ou desprezá-las.

Os leitores iniciantes nas questões tratadas por essa teoria terão muito o que aprender com estes capítulos. E aqueles que viveram as frustrações dos primeiros e vários debates da libertação das mulheres encontrarão novas respostas para perguntas antigas. Tithi Bhattacharya e Pluto Press devem ser parabenizados por viabilizar esta obra instigante.

3 Para a metáfora da teoria como uma lente, ver Vogel (2000). Para a visão da teoria como necessariamente abstrata e disjunta da investigação empírica, ver Vogel (1983, p. 184-95 [2022, p. 392-411]).

Introdução

Mapeando a teoria da reprodução social

Tithi Bhattacharya

A própria vida aparece apenas como um meio de vida.

— Karl Marx, *Manuscritos econômico-filosóficos* (1959 [2004])

Uma mulher trabalhadora chega em casa do trabalho após uma jornada de oito horas, janta entre oito e dez minutos e mais uma vez enfrenta uma carga de trabalho físico: lavar roupa de cama, limpar a casa etc.

Não há limites para o trabalho doméstico… [a mulher é] faxineira, cozinheira, costureira, lavadeira, enfermeira, mãe carinhosa e esposa atenciosa. E quanto tempo leva para ir ao mercado e trazer o jantar para casa!

— Testemunhos de operárias em Moscou, 1926

Esse [trabalho de assistência não remunerado] é o tipo de trabalho com o qual não ganhamos dinheiro e também não temos tempo livre. Nosso trabalho não é visto, mas também não somos livres.

— Mulher em Patharkot, Nepal, 2013

Se a cozinha está fora do capital, a nossa luta para destruí-la nunca ocasionará a derrocada do capital.

— Silvia Federici, *O ponto zero da revolução* (2012 [2019])

Vamos modificar um pouco a questão "Quem ensina o professor?" e perguntar ao marxismo: se o trabalho dos trabalhadores produz toda a riqueza da sociedade, então quem produz o trabalhador? Em outras palavras: quais processos permitem que a trabalhadora chegue às portas de seu local de trabalho todos os dias para produzir a riqueza da sociedade? Qual o papel do café da manhã em sua prontidão para o trabalho? E a relevância de uma boa noite de sono? Entramos em águas ainda mais turvas se estendermos as perguntas para incluir processos que se dão fora da casa dessa trabalhadora. A educação que recebeu na escola também não a "produz", uma vez que a torna empregável? E o sistema de transporte público que a leva para o trabalho, ou os parques públicos e bibliotecas que oferecem lazer a fim de que ela possa se sentir revigorada para retornar ao emprego?

O objetivo da teoria da reprodução social (TRS) é explorar e fornecer respostas a perguntas como essas. Ao fazê-lo, a TRS demonstra uma irreverência analítica aos "fatos visíveis" e privilegia o "processo". É uma abordagem que não se contenta em aceitar o que parece ser uma entidade visível e completa — nesse caso, nossa trabalhadora nos portões de seu local de trabalho —, mas interroga a complexa rede de processos sociais e relações humanas que produz as condições de existência dessa entidade. Como em grande parte da teoria crítica, também aqui "construímos com base em Marx", pois esse enfoque e o interrogatório crítico refletem o método marxista de estudo da mercadoria.

A ideia fundamental da TRS é, simplesmente, que o trabalho humano está no centro da criação ou reprodução da sociedade como um todo. A noção de trabalho é concebida aqui no sentido original pretendido por Karl Marx, ou seja, como "a primeira premissa de toda a história humana" — e que, ironicamente, ele próprio não conseguiu desenvolver plenamente. O capitalismo, no entanto, reconhece o trabalho produtivo para o mercado como a única forma legítima de "trabalho", ao passo que a enorme quantidade de trabalho familiar e comunitário que continua a sustentar e a reproduzir o trabalhador ou, mais especificamente, sua força de trabalho, é naturalizada como inexistente.

Contrários a essa interpretação, os teóricos da reprodução social compreendem a relação entre o trabalho que produz mercadorias e o que produz pessoas como parte da totalidade sistêmica do capitalismo. A teoria procura, assim, tornar visível o trabalho analiticamente oculto pelos economistas clássicos e politicamente negado pelos formuladores de políticas públicas.

A TRS dá continuidade ao entendimento tradicional do marxismo e do capitalismo de duas maneiras transformadoras. A primeira delas propõe uma leitura cômoda, porém mais específica, da "economia". A TRS, como Susan Ferguson apontou recentemente,

> insiste que nossa compreensão do capitalismo é incompleta se o tratarmos apenas como um sistema econômico que envolve trabalhadores e proprietários, se não examinarmos as maneiras pelas quais uma reprodução social mais ampla do sistema — o trabalho reprodutivo diário e geracional que ocorre nas famílias, nas escolas, nos hospitais, nas prisões e assim por diante — sustenta o impulso para a acumulação. (Ferguson, 2015)

Marx ressalta nitidamente o papel central desempenhado pela força de trabalho, pois é o que de fato aciona o processo de produção capitalista. Ele também indica como, diferentemente de todas as outras mercadorias do capitalismo, a mercadoria "única" da força de trabalho é *singular*, isto é, não se produz de forma capitalista. As implicações dessa visão são, no entanto, subdesenvolvidas em Marx. Os teóricos da reprodução social tomam como ponto de partida esses silêncios no marxismo e mostram como a "produção de bens e serviços e a produção da vida fazem parte de um processo integrado", nas palavras de Meg Luxton (2006, p. 36). Se a economia formal é o local de produção de bens e serviços, as pessoas que produzem essas coisas são elas próprias produzidas fora do âmbito da economia formal, em uma entidade baseada em relações de parentesco chamada família.

A segunda proposição transformadora da TRS, dando continuidade ao argumento acima, diz respeito às questões de opressão (gênero, raça, sexualidade) de forma não funcionalista, já que a opressão é teorizada como estruturalmente relacionada e, portanto, moldada pela produção capitalista, e não às margens da análise ou como complemento de um processo econômico mais profundo e vital.

Desse modo, os ensaios deste volume exploram questões sobre quem constitui hoje a classe trabalhadora global em toda a sua subjetividade caótica, multiétnica, multigenerificada e com diferentes capacidades, o que, teoricamente, significa vincular a luta de classes apenas à questão da produção, sem considerar as inúmeras relações sociais que se estendem entre locais de trabalho, casas, escolas, hospitais — um todo social mais amplo, sustentado e coproduzido pelo trabalho humano de maneiras contraditórias, porém constitutivas. Mais importante ainda, abordam a relação entre *exploração* (em geral ligada à classe) e *opressão* (normalmente compreendida por gênero, raça etc.) e refletem se essa divisão expressa adequadamente as complicações de um *nível abstrato* de análise, em que forjamos nosso equipamento conceitual, e de um *nível concreto* de análise, ou seja, a realidade histórica em que aplicamos essas ferramentas.

Renovando a teoria da reprodução social à sombra do neoliberalismo

Desde a crise financeira de 2008 e 2009, exacerbada pelos resgates do governo àqueles que perpetraram a crise, emergiu um interesse renovado em Marx e no marxismo. As principais fontes de notícias do Norte global, do *New York Times* ao *Guardian*, e até mesmo a política externa conservadora, já declararam que Marx, sem dúvida, "está de volta".[1]

1 Ver Charles Kenny, "Marx Is Back" [Marx está de volta], *Foreign Policy*, 21 jan. 2014; Stuart Jeffris, "Why Marxism Is on the Rise Again" [Por que o marxismo está em ascensão de novo], *The Guardian*, 4 jul. 2012; Ross Douthat, "Marx Rises Again"

Em meio a esse interesse generalizado, renasceu uma atenção mais específica para *O capital*, de Marx. Mesmo antes de as setecentas páginas de Thomas Piketty em *O capital no século XXI* se tornarem um best-seller, o período que se seguiu a 2008 viu um aumento sem precedentes nas publicações acadêmicas sobre o texto seminal de Marx.[2]

Embora seja um avanço inquestionável e bem-vindo, ainda resta espaço — de fato, uma urgência — para redesenhar os contornos de algumas dessas conversas sobre *O capital*, em particular, e seu objeto de estudo, o capitalismo em geral. Este livro é uma tentativa de iniciar esse processo, destacando a contribuição crítica da TRS para a compreensão das relações sociais capitalistas.

Há uma literatura limitada, mas rica, de marxistas e feministas que, desde a década de 1980, atravessando fronteiras disciplinares, desenvolveu o entendimento da estrutura da reprodução social em direções muito produtivas.[3] Em 2014, a republicação da obra clássica de Lise Vogel, *Marxismo e a opressão às mulheres*, deu nova vida a esse corpo crescente de estudos. Embora essa literatura incorpore *instâncias* da TRS em várias áreas críticas, permanece a necessidade de um texto que atue como mapa e guia para esse corpo de trabalho vívido e ressonante. É precisamente porque os estudiosos da reprodução social empregaram e ampliaram suas ideias teóricas de modo tão eficaz a um conjunto diversificado de preocupações e de maneiras tão criativas que se faz útil compilar e delinear seus principais componentes *teóricos*, além de suas aplicações históricas mais significativas.

[Marx surge mais uma vez], *The New York Times*, 19 abr. 2014; Sean McElwee, "Believe It or Not: Karl Marx Is Making a Comeback" [Acredite ou não: Karl Marx está de volta], *Salon*, 22 jun. 2014.

2 Incluindo, entre outros: Altvater (2012); Harvey (2010 [2013]; 2013 [2014]); Haug (2013); a tradução em inglês do livro introdutório de Heinrich (2012), publicado originalmente em alemão, em 2004; Jameson (2011); e Callinicos (2014).

3 Essa literatura é muito vasta para ser relatada na íntegra aqui, mas menciono alguns textos importantes: Beechey (1987); Smith (1989); Brenner (2000); Picchio (1992); e o trabalho de marxistas canadenses como Heather Jon Maroney, Bonnie Fox, Kate Bezanson e Isabella Bakker.

Dito isso, este volume mantém uma relação muito específica com a literatura recente sobre o tema da opressão. Entendemos nosso trabalho como um avanço da conversa teórica com esse corpo de estudos, de duas formas: (i) como uma conversa entre o marxismo e o estudo de opressões específicas, por exemplo, gênero e raça; e (ii) como o desenvolvimento de uma maneira mais rica de entender de que modo o marxismo, como corpo de pensamento, pode abordar a relação entre teoria e estudos empíricos da opressão.

Isso significa que esta obra levanta duas propostas centrais sobre a TRS. Primeiro: é uma *metodologia* para explorar o trabalho e a força de trabalho no capitalismo, e é mais adequada para oferecer um mapa farto e variado do capital como uma relação social. Segundo: esta metodologia privilegia o processo, ou, para usar as palavras de György Lukács, acreditamos que "às tendências de desenvolvimento da história cabe uma realidade superior à dos 'fatos' da mera empiria" (Lukács, 1971, p. 181 [2003, p. 363]).

Muitos estudos recentes também versam sobre a elaboração dessas propostas. Cinzia Arruzza, em seu livro *Ligações perigosas: casamentos e divórcios entre marxismo e feminismo* (2013 [2019]), oferece um resumo da relação histórica entre marxismo e feminismo e tenta traçar, de forma mais precisa, onde os afluentes da análise sobre o sistema como um todo (capitalismo) se encontram ou divergem das análises das categorias que esse sistema produz (gênero e/ou raça). Seu trabalho recusa a redução dessa dinâmica complexa à simples questão de "se a classe vem antes do gênero ou o gênero antes da classe", mas aponta o caminho para pensar em como "gênero e classe se entrelaçam nas relações de produção capitalista" (Arruzza, 2013, p. 128 [2019, p. 140]).

De modo similar, Shahrzad Mojab, organizadora de *Marxism and Feminism* [Marxismo e feminismo] (2015), alerta-nos para os perigos reais de romper teoricamente a relação integrada entre classe e gênero. Colaboradores do volume de Mojab mostram como a dissociação entre feminismo e capitalismo carrega dois perigos: esvaziar o conteúdo revolucionário do movimento feminista, o que "limita o gênero a questões culturais", e "reduzir gênero às relações de classe" (Mojab, 2015, p. 5-6).

Nancy Holmstrom também propõe em sua obra uma abordagem integrativa da relação entre a opressão e a fonte das opressões: o capitalismo. Ela esclarece que, embora a "teoria básica" do marxismo não exija "revisão significativa", precisa ser "suplementada". Seu livro, portanto, procura defender uma implementação específica do materialismo histórico que seja capaz de "dar uma imagem mais completa da produção e da reprodução do que a teoria econômica política de Marx, estendendo as questões da democracia não apenas à economia, mas também às relações pessoais" (Holmstrom, 2002, p. 7).

A coleção organizada por Kate Bezanson e Meg Luxton, *Social Reproduction* [Reprodução social] (2006), é talvez o parente teórico mais próximo de nosso projeto, não apenas porque as organizadoras lidam explicitamente com a TRS, mas porque restauram uma descrição "precisa e articulada" da "economia" e do "processo político". O livro é baseado no entendimento de que, "nas sociedades capitalistas, a maioria das pessoas subsiste combinando emprego remunerado e trabalho doméstico não remunerado para se manter [...] [portanto,] essa versão da reprodução social analisa as maneiras pelas quais os dois trabalhos fazem parte do *mesmo processo socioeconômico*" (Bezanson & Luxton, 2006, p. 37, grifo meu).

Enquanto Bezanson e Luxton problematizam o conceito de trabalho e o papel que ele desempenha na constituição e na ruptura do capitalismo, Kathi Weeks (2011) oportunamente chama a atenção para a articulação mais comum no capitalismo, ou seja, o trabalho. A abordagem de Weeks coincide com a nossa, uma vez que está insatisfeita com os esforços para alinhar "trabalho" com "uma distribuição mais equitativa de suas recompensas" — ou, em outras palavras, para pensar em maneiras de melhorar nossa vida profissional. Em vez disso, Weeks aponta para a incomensurabilidade fundamental do capitalismo com qualquer senso de trabalho produtivo ou criativo. Portanto, sua obra nos leva a pensar em como o direito ao trabalho e o direito de recusa ao trabalho podem ser reimaginados sob o signo de uma teoria política anticapitalista.

Isso nos leva a entender como este livro, enquanto dialoga com esse conjunto de estudos, propõe-se a desenvolver uma série de preocupações teóricas relacionadas, porém diferentes. Pode-se dizer que os ensaios presentes nesta obra executam, de modo geral, três tipos de função: determinam os contornos de definição da TRS, usam a TRS para desenvolver e aprofundar a teoria marxista, e exploram as implicações estratégicas da aplicação da TRS à nossa conjuntura atual. É para uma elaboração desses temas que nos dirigimos agora.

Mapeando a teoria da reprodução social: o trabalho das definições

Todos os ensaios deste volume estão de alguma forma envolvidos na tarefa de esboçar os contornos do que é exatamente a TRS e a que tipos de perguntas ela procura responder.

Nos próprios textos de Marx, o termo *reprodução social* é mais frequentemente empregado para se referir à reprodução do sistema capitalista como um todo. Johanna Brenner e Barbara Laslett sugerem, assim, uma distinção útil entre reprodução societal e social; a primeira manteve o significado original, como Marx utilizou, e a segunda

> refere-se a atividades e atitudes, comportamentos e emoções, responsabilidades e relacionamentos diretamente envolvidos na manutenção da vida, diária e intergeracionalmente. Envolve vários tipos de trabalho socialmente necessários — mental, físico e emocional —, destinados a fornecer os meios definidos histórica, social e biologicamente pelos quais se mantém e se reproduz a população. Entre outras coisas, a reprodução social inclui as formas pelas quais alimentos, roupas e abrigo são disponibilizados para consumo imediato,

como é realizada a manutenção e socialização das crianças, como os cuidados com idosos e enfermos são fornecidos e como a sexualidade é socialmente construída. (Brenner & Laslett, 1991, p. 314)

A principal problemática do que se entende por reprodução social da força de trabalho é, contudo, apenas um começo preliminar para esse projeto de definição. Simplificando: enquanto o trabalho coloca em movimento o sistema de produção capitalista, a TRS afirma que a própria força de trabalho é a *única* mercadoria — a "mercadoria única", como Marx denomina — produzida fora do circuito de produção de mercadorias. Mas esse status da força de trabalho como mercadoria produzida simultaneamente fora do ciclo produtivo "normal" de outras mercadorias levanta mais perguntas do que respostas. Por exemplo, Marx deixa muito claro que toda mercadoria sob o capitalismo tem duas manifestações: uma como valor de uso e outra como valor de troca. Quando a mercadoria aparece em sua *forma social*, só a encontramos em sua segunda manifestação, porque o processo de circulação capitalista, por meio de um ato de "necromancia", transforma o valor de uso em seu oposto direto. Mas a força de trabalho se torna uma "mercadoria" (isto é, algo que não é simplesmente dotado de valor de uso) sem passar pelo mesmo processo de necromancia, o que levanta uma pergunta sobre a própria ontologia da força de trabalho além das simples questões de sua "produção" e "reprodução": se a totalidade do sistema capitalista é atingida por essa "mercadoria" que não é produzida à maneira de outras, quais são os pontos de determinação e/ou contradições necessariamente constitutivos do sistema, mas que devem ser superados dentro dele?

Uma maneira de resolver esse problema é por meio de um entendimento espacial: existem dois espaços separados, porém unidos — espaços de produção de valor (pontos de produção) e espaços de reprodução da força de trabalho. Contudo, como acenado, a força de trabalho não é simplesmente reabastecida em casa nem é sempre reproduzida de maneira geracional. A família pode criar seu próprio local de renovação individual da força de trabalho, mas isso por si só não explica "sob quais condições e [...] quais costumes e exigências de vida" a classe trabalhadora de qualquer sociedade em particular foi produzida (Marx, 1990, p. 275 [2013, p. 246]). Sistemas públicos de educação e saúde, instalações de lazer na comunidade e pensões e benefícios para os idosos compõem todos esses "hábitos" historicamente determinados. Analogamente, a substituição geracional por meio do parto na unidade familiar baseada em relações de parentesco, embora predominante, não é a única maneira de substituir a força de trabalho. Escravidão e imigração são duas das maneiras mais comuns encontradas pelo capital para substituir o trabalho em uma sociedade limitada.

A complexa concatenação das relações sociais que compõem a reprodução da força de trabalho levou alguns teóricos a definir a reprodução social incluindo "os mecanismos necessários para a reprodução dos trabalhadores tanto biologicamente quanto como assalariados obedientes" (Fine & Saad-Filho, 2017, p. 60 [2021, p. 80]).

Como o trabalho pode ser "padronizado"? De modo semelhante, se a força de trabalho é uma mercadoria única, pois produzida de maneira não capitalista, então esse fato compensatório funciona como contrapeso à conformidade, à padronização? O ensaio de Susan Ferguson neste volume procura explorar a relação dinâmica, muitas vezes contestada, entre o capital e a infância. Ferguson nos leva além do âmbito do consumismo por meio do qual as infâncias capitalistas são mais frequentemente estudadas. Em vez disso, ela faz uma pergunta mais difícil: "O que exatamente são as relações *produtivas* capitalistas? E como as crianças estão envolvidas nelas?" (grifo meu). Enquanto afirma que "as relações produtivas capitalistas determinam o terreno em que crianças e infâncias são produzidas e reproduzidas", Ferguson evita qualquer correlação funcionalista entre a visão/necessidade do capital de crianças como pré-trabalhadores e o real delineamento histórico de infância. Em vez disso, o ensaio ilumina a "relação profundamente contraditória entre a reprodução social de crianças e infâncias, por um lado, e a prosperidade e a expansão contínuas do capital, por outro". Como Walter Benjamin, no livro *Rua de mão única: infância berlinense, 1900*, Ferguson nos exorta a reconsiderar a criança como uma figura transitória e ambígua, capaz de obedecer ao capital e conter energias revolucionárias.

Se no capitalismo a criança sempre será uma figuração do que poderia ser, então o trabalhador aposentado talvez seja, em termos capitalistas, o fim de todas as possibilidades. Mas um quadro analítico de reprodução social que vai além do trabalho assalariado e dos espaços de produção sugere uma compreensão mais robusta do trabalho humano. O ensaio de Serap Saritas Oran, neste volume, teoriza as pensões como "não [...] apenas salários protelados ou economias individuais", mas "pelo viés da economia política". Oran reformula a questão do que constitui a força de trabalho: seria um conjunto de valores de uso representados pelo tempo de trabalho necessário para sua produção, ou podemos determiná-la por meio de seu valor de troca ou salário? Ela localiza uma lacuna nas duas abordagens, pois falham em teorizar adequadamente os bens e serviços que têm "valor de uso, mas não valor de troca, como atividades domésticas reprodutivas ou serviços estatais", por exemplo, pensões. As aposentadorias não são necessariamente mercadorias nem correspondem perfeitamente ao tempo de trabalho, por isso não podem ser consideradas um equivalente direto da força de trabalho de um trabalhador individual durante sua vida profissional. Oran, assim, nos incita a considerar as aposentadorias da seguinte maneira: "um componente do valor da força de trabalho como um padrão de vida para a classe trabalhadora, que inclui os pagamentos e os benefícios necessários para a reprodução social geracional".

Teorizar sobre a aposentadoria é uma maneira de revelar a natureza superficial das divisões espaciais estritas entre produção (pública) e reprodução (privada), para dois espaços separados — espaços de produção de valor (ponto de produção) e espaços de reprodução da força de trabalho —, que, embora possam estar apartados em um sentido estritamente espacial, na verdade estão unidos nos sentidos teórico e operacional. São *formas históricas particulares* que o capitalismo como processo mantém como *aparências*.

O fato de serem esferas separadas e o porquê de serem formas de aparência históricas são questões importantes, e refletiremos sobre elas detalhadamente neste volume. Pode-se entender que a reprodução social se dá em dois espaços separados, como dois processos de produção, o econômico e o social, geralmente tidos como local de trabalho e residência. Desse modo, o trabalhador produz mais-valia no trabalho e, portanto, faz parte da *produção* de riqueza total da sociedade. No final da jornada de trabalho, como o trabalhador é "livre" no capitalismo, o capital deve abandonar o controle sobre o processo de regeneração do trabalhador e, consequentemente, da reprodução da força de trabalho. O *corpus* de relações sociais envolvendo essa regeneração — nascimento, morte, comunicação social e assim por diante — é mais comumente referido na literatura acadêmica e política como *cuidado* ou *assistência social*.

Se, como propomos, a separação espacial entre produção (pública) e reprodução (privada) é uma forma histórica de aparência, então o trabalho realizado em ambas as esferas também deve ser teorizado de modo integrado.

O exemplo marxista clássico de descrição da relação entre as duas formas de trabalho é a discussão de Marx sobre a jornada laboral. A redução da jornada (tempo de produção), para ele, é o primeiro passo para a humanidade desenvolver qualquer noção rudimentar de liberdade ou de seu próprio potencial. No terceiro volume de *O capital*, ele argumenta que "o reino da liberdade só começa onde cessa o trabalho determinado pela necessidade e pela adequação a finalidades externas [...]. A redução da jornada de trabalho é a condição básica" (Marx, 1991, p. 958-9 [2017, p. 882-3]). Ele notoriamente descreve os efeitos da alienação da esfera produtiva, quando "o trabalhador só se sente [...] junto a si [quando] fora do trabalho e fora de si [quando] no trabalho. Está em casa quando não trabalha e, quando trabalha, não está em casa" (Marx, 1959, p. 74 [2004, p. 83]).

Alguns estudiosos chegaram a afirmar que o trabalho concreto, em oposição ao trabalho abstrato, é não alienante, pois não produz lucro ou troca (Holloway, 2010a [2013]). Esse tipo de interpretação confunde a relação entre "trabalho" e "lazer", proposta pelo senso comum, com a oposição marxista entre trabalho abstrato e concreto. Por exemplo, posso fazer jardinagem em meu próprio quintal durante o fim de semana (trabalho concreto) e trabalhar na Starbucks durante a semana (trabalho abstrato). A jardinagem é não alienante, então? Uma leitura rigorosa de Marx pode sugerir o contrário.

Em meu estudo de sua obra, percebo que, junto da útil distinção entre trabalho concreto e abstrato, Marx propõe que o trabalho concreto também é saturado/sobredeterminado por relações sociais alienadas, em cuja matriz geral se dá esse trabalho. Portanto, mesmo meu trabalho concreto (jardinagem) não é realizado durante um tempo de minha própria escolha ou em formas que eu possa determinar, mas precisa se "encaixar" nas necessidades temporais e objetivas de outras relações sociais. De fato, se voltarmos às epígrafes com as quais este capítulo começa, parece que o tempo após o trabalho (tempo de reprodução) é igualmente tedioso. Lênin, que geralmente não mede palavras, refere-se à trabalhadora como uma "escrava do lar" precisamente porque "está oprimida, sufocada, embrutecida, humilhada pelos pequenos trabalhos domésticos, que a amarram à cozinha e aos filhos, que malbaratam a sua atividade num trabalho improdutivo, mesquinho, enervante, embrutecedor e opressivo" (Lênin, 1965, p. 429 [1980, p. 154]). Então Marx estava errado, ou foi simplesmente sexista ao indicar essa esfera como um ponto de partida para a liberdade?

Ao trabalho realizado na esfera da produção, Marx de fato dedica tanto sua teoria mais desenvolvida quanto sua revolta.[4]

4 Como aponta Ollman (1977, p. 141), dado que Marx descreveu de maneira diversa o trabalho capitalista "como 'tormento', 'sacrifício da vida' e 'atividade como sofrimento', não é de se admirar que ninguém no capitalismo trabalhe a menos que seja forçado".

Contudo, como a relação salário/trabalho, no capitalismo, "ocupa os espaços da vida cotidiana não remunerada", o tempo da reprodução deve necessariamente responder aos impulsos estruturantes do tempo da produção. O impulso estruturante, porém, não constitui uma correspondência simples, e é importante destacar esse ponto — pois, embora o capitalismo limite nosso horizonte de possibilidades em ambas as esferas, ele simultaneamente precisa renunciar ao controle *absoluto* sobre o tempo de reprodução.

Marx reconhece esse elo fraco do capitalismo, mas, como muitas categorias analíticas de reprodução social, ele o deixa subteorizado, haja vista sua declaração frequentemente citada sobre a bestialidade das relações sociais capitalistas. O trabalhador, diz Marx (1959, p. 69 [2004, p. 83]), "só se sente como ser livre e ativo em suas funções animais, comer, beber e procriar, quando muito ainda [em relação a] habitação, adornos etc., e em suas funções humanas só se sente como animal".

Certamente, Marx reconhece que comer, beber, procriar etc. também são funções humanas genuínas. Mas, "na abstração que as separa da esfera de todas as outras atividades humanas", essas atividades são transformadas em seus "fins únicos e últimos": ou seja, passam a parecer puramente biológicas e, por isso, podem ser comparadas a funções animais. Essa abstração é o impulso condicionador do trabalho assalariado. No entanto, nesse trecho, há mais para se observar de que maneira Marx afirma que a trabalhadora se sente "livremente ativa" em seu tempo longe da produção. Bertell Ollman resume corretamente:

> Comer, beber e procriar são atividades em que todos os poderes do homem podem ser exercidos simultaneamente; no entanto, no capitalismo, elas são apenas as funções diretas e mais óbvias do homem, assim como as de seus equivalentes no reino animal. *Apesar de sua situação de degeneração, no entanto, os indivíduos exercem mais escolha nessas atividades do que nas outras, do que no trabalho em particular, o qual o distingue como ser humano*. Por mais insatisfatório que comer e beber sejam do ponto de vista humano, o trabalhador

sente que pelo menos está fazendo algo que deseja. Isso não se pode dizer de sua atividade produtiva. (Ollman, 1977, p. 141, grifo meu)

O capitalismo gera, então, um conjunto de duas relações distintas, que, no entanto, são unificadas: as que aderem à produção e à reprodução. A descrição do método de Marx feita por Ollman é útil para nós ao abordar essa unidade contraditória. Como ele descreve, a prática de Marx "de ver o todo na parte une todas as relações particulares como aspectos no pleno desenvolvimento de qualquer uma delas" (Ollman, 1977, p. 141).

É preciso direcionar a teoria ao relacionamento entre o corpo físico em todos os seus atos (como "comer, beber e procriar") e as relações sociais do capital em que esse corpo se encontra. Nesse sentido, informações da teoria queer são úteis para determinar até que ponto o social implica o físico e vice-versa. Neste livro, o ensaio de Alan Sears lida com um aspecto particular da questão físico-social. Sears perceptivamente imbrica os horizontes da liberdade sexual com a libertação do capitalismo, tornando uma a condição de possibilidade para a outra. O texto mostra por que a sexualidade no capitalismo sempre está organizada como uma "paradoxal dupla liberdade, na qual o controle de alguém sobre o próprio corpo é sempre combinado com formas de compulsão". Impulsos contraditórios da relação capital/trabalho moldam e refletem expressões de consciência corporal, como a sexualidade. Sears enraíza os paradoxos da sexualidade capitalista, a constante dança das sombras entre liberdade e repressão, em uma contradição sistêmica:

> Os membros da classe trabalhadora são livres porque possuem o próprio corpo, mas estão sujeitos à compulsão sistêmica, pois precisam vender sua capacidade de trabalhar para obter acesso a requisitos básicos de subsistência. A combinação de consentimento e compulsão, subjacente às relações trabalhistas básicas no capitalismo, também submete as realidades da liberdade sexual aos limites desse sistema.

De maneira similar, o ensaio de Nancy Fraser teoriza esse impulso constitutivo e contraditório que caracteriza o capitalismo como sistema. Enquanto o momento neoliberal é marcado por uma crise do provisionamento de serviços sociais, Fraser desafia a noção de que essa é simplesmente uma "crise de assistência" ou uma crise da "disponibilidade de dar à luz e criar filhos, cuidar de amigos e familiares, manter lares e comunidades mais amplas e sustentar conexões em geral". Em vez disso, Fraser oferece uma tese muito mais sombria de que essa é uma crise generalizada da capacidade reprodutiva do sistema, provocada pelo esgotamento e pela dizimação das funções reprodutivas sociais. As crises evidenciadas no trabalho assistencial, portanto, "não são acidentais, mas têm raízes sistêmicas profundas na estrutura de nossa ordem social". Elas foram geradas e aceleradas pela "acumulação ilimitada" que "tende a desestabilizar os próprios processos de reprodução social em que se baseia". Fraser, como muitos outros colaboradores deste volume, nos oferece uma visão do capital totalmente baseada em gênero, em que a resolução da crise de assistência só pode prosseguir por meio da dissolução da injustiça inerente ao sistema como um todo, o que "exige reinventar a distinção entre produção e reprodução e reimaginar a ordem de gênero".

Essa linha de teorização sobre a natureza do trabalho remunerado e não remunerado também toca em correntes críticas do pensamento e do ativismo feminista, das quais a mais proeminente é o movimento por salários pelo trabalho doméstico. O ensaio de Carmen Teeple Hopkins discute as importantes contribuições de ativistas acadêmicas como Mariarosa Dalla Costa, Selma James e Silvia Federici, e aborda o desafio teórico que feministas autonomistas projetaram no esquema marxista da reprodução social.[5]

O estudo de Teeple Hopkins sobre trabalhadoras domésticas imigrantes em Montreal adiciona outra camada de questões teóricas ao complexo tema do trabalho doméstico. Segundo ela, devemos agradecer às feministas autonomistas por sua séria consideração pelo trabalho doméstico, mas precisamos renovar

5 Para mais detalhes, ver Fox (1980) e Molyneux (1979).

a conversa sobre a própria categoria de "cuidados" em uma época em que eles estão se tornando cada vez mais mercantilizados, precificados e vendáveis. Aqui, Teeple Hopkins desnaturaliza o trabalho de assistência remunerado de duas maneiras importantes. Em primeiro lugar, ela nos lembra de que esse trabalho assume formas muito específicas sob a conjuntura atual, uma vez que é realizado principalmente por "mulheres racializadas da classe trabalhadora e trabalhadoras imigrantes", fato que localiza corretamente o "status de raça e cidadania" como determinantes centrais da reprodução societal e social. Em segundo lugar, seu ensaio situa o processo de racialização em seu contexto histórico de "trabalho não remunerado de mulheres afro-americanas escravizadas" e o "trabalho doméstico remunerado que muitas delas realizaram no período pós-escravidão", o qual "muitas vezes o cânone da reprodução social falha em reconhecer", resultando, assim, em um diálogo produtivo com as escritas do feminismo negro.

Há ainda outro desafio — mais literal — para definir a TRS. O conteúdo deste volume trata de questões (como o trabalho doméstico e a economia informal) que foram desenvolvidas sob rubricas teóricas que não a reprodução social, como antropologia, estudos laborais e certas tradições historiográficas, como a história subalterna. Deveríamos continuar pensando nessa tradição especificamente como um quadro de reprodução social ou deveríamos pensar de maneira mais ampla? Essa é uma questão importante, que vai ao cerne do que essa tradição teórica representa e de seu escopo.

Os teóricos da reprodução social, que de modo algum representam uma tradição política ou teórica unificada, geralmente se preocupam com um aspecto particular da reprodução do ciclo de produção capitalista como um todo. Marx concentra-se notoriamente no ciclo de *produção de mercadorias* para mostrar como a mais-valia é produzida por meio desse processo (D – M (M_p, T) – P – M' – D').[6] Ele deixa subdesenvolvidas ou subteorizadas

6 Dinheiro (D) é trocado por mercadorias (M), ou seja, uma combinação de meios de produção (M_p) e força de trabalho (T). Os dois elementos combinam-se por meio

a produção e a reprodução da força de trabalho. É essa parte da reprodução total do sistema que preocupa os teóricos da reprodução social. Nesse sentido, talvez seja mais correto pensar nessa tradição teórica como uma série de reflexões sobre a economia política da força de trabalho, uma reformulação da teoria do valor do trabalho do ponto de vista do trabalho assalariado (em oposição ao ponto de vista do capital).

No entanto, acredito que a teoria da reprodução social, como nomenclatura, ainda carrega uma carga analítica importante à qual devemos estar atentos. Primeiro, não se trata apenas de uma tentativa de explorar o vínculo entre as relações sociais estabelecidas *por meio do* mercado e as relações sociais externas ao mercado. Ela representa um esforço para desenvolver a teoria do valor do trabalho em Marx em uma direção específica. A TRS preocupa-se principalmente em entender como as categorias de opressão (como gênero, raça e capacitismo) são coproduzidas de forma simultânea à mais-valia. Nesse aspecto, procura superar as representações reducionistas ou deterministas do marxismo e, ao mesmo tempo, expor criativamente a totalidade orgânica do capitalismo como sistema. É importante, portanto, manter o termo "teoria da reprodução social", pois ele declara que sua herança está inserida na tradição marxista. Segundo, vários termos novos estão em circulação entre os teóricos sociais para descrever a esfera das relações externas ao mercado. *Economia moral*, *economia paralela*, *fábrica social* e *setor de trabalho não remunerado* estão entre alguns desses vocábulos.[7] A TRS é única no sentido de que teoriza a *relação* entre o mercado e as relações externas ao mercado, em vez de simplesmente apontar para sua distinção.

---

da produção capitalista (P) para produzir novas mercadorias e mais-valia (M') a fim de serem trocadas por uma quantidade maior de dinheiro (D').

7 Para detalhes, ver Caffentzis (2013).

Mapeando a teoria da reprodução social: defendendo uma teoria da totalidade

Um elemento básico que abala o relacionamento entre categorias mercadológicas e não mercadológicas é certamente a própria realidade. Por exemplo, a realidade que vejo me diz que a trabalhadora e seu chefe são fundamental e juridicamente iguais, e a diferença de seus salários ou situações de vida são consequências de escolhas pessoais. Assim, uma versão um pouco mais sombria da mesma realidade me diz que, como os trabalhadores brancos no Norte global geralmente ganham mais do que os trabalhadores de cor,[8] nunca pode haver motivos comuns de luta que os unam, pois a diferença real, material e empiricamente documentada entre eles sempre alimentará o racismo branco. O mesmo pode ser dito sobre as diferenças materiais reais entre homens e mulheres. Essas situações muito palpáveis são interessantes, porque tentar desafiá-las *dentro do contexto estabelecido pelo capitalismo* — ou realidade capitalista — teria duas consequências: ou o fracasso (como nos inúmeros casos históricos em que o sexismo e/ou o racismo dominam ou sufocam o movimento dos trabalhadores) ou uma estratégia política para superar essas diferenças de raça/gênero entre trabalhadores por meio de apelos morais, pedindo às pessoas que "façam a coisa certa", mesmo que não seja de seu interesse imediato fazê-lo — embora o trabalhador do sexo masculino ganhe mais do que sua contraparte feminina, ele deve entrar em uma luta em benefício dela, porque é a coisa certa a se fazer, mesmo que não promova seus próprios interesses.

Em contraste com essa visão do mundo e da política, Marx argumenta que tentar agir com base em um conhecimento empírico e factual da realidade, *tal como ela é percebida*, envolve um erro de categoria. Em vez disso, ele nos apresenta uma ideia mais des-

8 Nos Estados Unidos, o termo "pessoas de cor" (*people of color*) é atualmente uma expressão sem cunho pejorativo e engloba negros, marrons, latino-americanos, indígenas, muçulmanos etc. [N.E.]

concertante: a realidade que percebemos é apenas uma verdade parcial, que aparece para nós de uma forma historicamente específica. *O capital* preocupa-se em demonstrar essa "diferença entre a experiência cotidiana dos fenômenos de superfície, determinada pelo modo de produção predominante, e uma análise científica que submerge nessa superfície para apreender uma essência" (Kain, 1988, p. 160). Precisamos, portanto, de "ciência" para compreender completamente os fenômenos que permanecem ocultos por trás dessa aparência do real. No entanto, como lembraram Ben Fine e Laurence Harris, os fenômenos ocultos não estão "simplesmente lá, esperando ser descobertos". De fato, é tarefa da ciência forjar ferramentas para produzir "os conceitos adequados a esses fenômenos ocultos" e conhecimentos que expliquem como eles dão origem e determinam a aparência específica da realidade (Fine & Harris, 1983, p. 6 [1981, p. 14]). Para desenvolver essa ideia: qual a lógica da relação entre nós (sujeitos) e os fatos empiricamente apreendidos (objetos)?

As aparências empíricas não envolvem simplesmente alguma "verdade" ou essência intocada. Existe antes uma relação entre fenômenos ocultos e aparência empírica:

> A questão é formulada da seguinte maneira: os fatos empíricos (não importa se eles são puramente "sensoriais" ou se seu caráter sensorial constitui simplesmente o último substrato material de sua essência como "fatos") devem ser aceitos como "dados" em sua facticidade ou esse caráter de dado se dissolve em formas racionais, isto é, deixa-se pensar como produzido pelo "nosso" entendimento? (Lukács, 1971, p. 116 [2003, p. 249-50])

No que diz respeito à TRS, podemos tirar duas conclusões importantes dessa discussão: primeiro, o modo como a realidade aparece em toda a sua forma racializada e de gênero não é acidental nem completo; e, segundo, nossas ferramentas para entender essa realidade não podem consistir em uma rejeição dos fatos empíricos mencionados nem em uma simples agregação deles.

Em vez disso, seguindo Marx, devemos pensar na realidade ou no concreto: "O concreto é concreto porque é a síntese de múltiplas determinações, portanto, unidade da diversidade" (Marx, 1993, p. 101 [2011, p. 54]).

O ensaio de David McNally aborda a teoria da interseccionalidade por meio do entendimento de uma totalidade concreta para então explorar se essa teoria é uma ferramenta adequada, se é a ciência de que precisamos para expor os fenômenos ocultos que moldam nossa apreensão da realidade, se ela pode explicar a relação entre diversos elementos "reais" que formam uma concentração de muitas determinações. Embora McNally reconheça desde o início as "profundas falhas teóricas" da teoria interseccional, seu ensaio é particularmente notável por rejeitar abordagens dualistas (geralmente combativas) do problema. Enquanto muitos debates recentes em torno da eficácia da interseccionalidade como ferramenta teórica a colocam contra o marxismo ou a TRS, esse ensaio a *situa* analiticamente como um corpo de pensamento crítico. Para mencionar apenas um entre muitos exemplos: uma esquerda que ignora o estudo detalhado de Patricia Hill Collins sobre o racismo pós-guerra nos Estados Unidos o faz sob o risco de seu próprio empobrecimento. Hill Collins desenha uma imagem magistral da "globalização, do transnacionalismo e do crescimento das ideologias hegemônicas nos meios de comunicação de massa [que] fornecem o contexto para um novo racismo, que catalisou mudanças nas sociedades africanas, afro-americanas e afro-diaspóricas" (Collins, 2004, p. 65). McNally começa, assim, reconhecendo o rico trabalho empírico realizado pelos estudiosos da interseccionalidade que surgiu em resposta à atenção inadequada dos acadêmicos à raça como uma dinâmica central do capitalismo.

Mas como devemos situar esses dados empíricos em nossa compreensão da realidade? Martha Gimenez ressalta que Marx, em uma de suas raras proposições metodológicas, argumenta que, se começássemos nossas investigações pelos aspectos da realidade social que nos parecem mais concretos e reais, como a família, estaríamos de fato começando com "uma noção muito vaga de um todo complexo". Em vez disso, Marx sugere produzir conhecimento sobre a realidade avançando de "conceitos concretos imaginários" (família, cuidados infantis etc.) para "conceitos cada vez mais simples" ou abstrações (como trabalho doméstico). Tais abstrações devem ser investigadas empiricamente, considerando suas condições históricas de produção e, portanto, seus limites. Mas então um movimento teórico reverso deve ocorrer. Devemos retornar aos fenômenos com os quais começamos, para que eles possam, assim, ser entendidos como "uma totalidade que compreende muitas determinações e relações". O conceito se torna um "concreto real" porque é "a síntese de múltiplas determinações, portanto, unidade da diversidade" (Dobb, 1970, p. 206).

A teoria interseccional, no entanto, mostra-nos um mundo em que raça, gênero e outras opressões "se cruzam", produzindo uma realidade entrelaçada — uma soma total de partes diferentes. À primeira vista, esse "todo", como um agregado de diferentes partes, pode parecer o mesmo que o conceito hegeliano-marxista de totalidade. Uma pergunta elementar sobre a natureza das interseções, no entanto, revela a distinção entre os dois conceitos. Se, como a interseccionalidade nos diz, raça e gênero se cruzam como duas ruas, então certamente são duas ruas separadas, cada uma com suas próprias especificidades? Qual é, então, a *lógica* de sua interseção?

Creio que as ideias ou conclusões dos teóricos interseccionais realmente contradizem sua metodologia. Em vez de raça e gênero serem sistemas separados de opressão ou mesmo opressões separadas apenas por trajetórias externas, as descobertas de estudiosas feministas negras mostram como raça e gênero são realmente coconstitutivos. A metodologia interseccional esconde suas próprias descobertas, pois seu modelo teórico, como mostra McNally, é social-newtoniano — partes discretas colidem, interceptam-se ou se entrelaçam para produzir um todo combinado e externo relacionado. No entanto, o ensaio de McNally é uma poderosa discussão sobre a chave que a TRS nos oferece para "reter e reposicionar" as ideias da interseccionalidade, mas rejeitar sua premissa teórica de uma realidade agregada.

A compreensão da totalidade como algo orgânico, e não como um agregado de partes, é importante precisamente porque tem implicações materiais reais sobre nossas escolhas de ação neste mundo. As lutas contra o racismo e o sexismo estão interna ou externamente relacionadas? O trabalhador branco tem um interesse material, não moral, em desafiar o racismo? A próxima seção é sobre como e por quê, em uma filosofia baseada na práxis, como o marxismo, o que teoricamente determinamos tem importância estratégica em nossa experiência vivida.

Mapeando a teoria da reprodução social: estratégia como princípio heurístico

De que modo nossa compreensão teórica sobre a hipótese de a produção e a reprodução pertencerem a processos separados afeta nossa maneira de apreender a natureza do trabalho, bem como de seus impulsos organizacionais?

Os materiais necessários para produzir o trabalhador à imagem de suas próprias necessidades e objetivos — por exemplo, comida, moradia, "tempo para a formação humana, para o desenvolvimento intelectual" ou "para o livre jogo das forças vitais físicas e intelectuais" — não podem ser obtidos dentro do processo de produção capitalista, pois o processo como um todo existe para a valorização do capital, e não para o desenvolvimento social do trabalho (Marx, 1990, p. 375 [2013, p. 337]). Assim, a trabalhadora, devido à própria natureza do processo, é sempre reproduzida *desprovida* do que ela precisa. Por isso, a luta por salários mais altos (ou, para chamá-la pelo seu nome mais efetivo, *luta de classes*) está embutida no tecido do trabalho assalariado como uma forma.

Chegamos, desse modo, às implicações estratégicas da TRS, ou à centralidade de um senso integrativo de capitalismo em nossas batalhas reais contra o capital. Neste volume, entendemos a questão da luta de classes desse ponto de vista, a fim de abordar a totalidade conceitual e estratégica da luta no local de trabalho, juntamente com a luta que irrompe do campo de produção. Meu próprio ensaio explora teoricamente a categoria analítica e os processos históricos da "formação de classes". Embora seja fácil afirmar que os trabalhadores têm uma existência fora do circuito de produção de mercadorias ou ponto de produção, o desafio que o texto assume é o de esclarecer "a relação entre essa existência e a vida produtiva sob o domínio direto do capitalista", pois essa relação entre esferas tem o potencial de traçar o caminho da luta de classes.

Analogamente, o ensaio de Salar Mohandesi e Emma Teitelman é baseado em uma abordagem *longue durée*[9] da luta de classes sobre o que eles chamam de "terreno da reprodução social" nos Estados Unidos. Traçando uma história contraintuitiva das lutas trabalhistas no início do século XX, Mohandesi e Teitelman mostram como o trabalho de produção da vida — orçamento familiar, compras de alimentos, gerenciamento das necessidades domésticas — adquiriu um novo peso político naquele período, em resposta aos ganhos do trabalho assalariado emergente como componente dominante da renda total da família. Considerando que, nas décadas anteriores, manter os animais no quintal ou cultivar hortaliças em lotes familiares sempre suplementava os salários para as famílias, a expansão e a consolidação das relações sociais do capital minavam ou até proibiam essas práticas, forçando as famílias a se tornar principalmente dependentes do trabalho assalariado. À medida que as atividades para reproduzir a vida (não remuneradas) e as atividades para produzir mercadorias (remu-

9 *Longue durée* [longa duração] é um conceito criado pelo historiador Fernand Braudel para indicar uma perspectiva histórica que se estende longamente no passado, tanto na memória humana quanto nos registros arqueológicos. Engloba fatores climáticos, demográficos, geológicos e oceanográficos, bem como o quadro de eventos que ocorrem tão vagarosamente que parecem imperceptíveis àqueles que os experienciam, tais como a mudança da natureza no planeta ou o aumento constante de uma população em determinada área (Ian Buchanan, *Oxford Dictionary of Critical Theory*. Oxford: Oxford University Press, 2010). [N.E.]

neradas) se tornaram estritamente separadas, e as últimas começaram a determinar as primeiras, "aluguel, alimentação e custo de vida" se desenvolveram como "pontos-chave da contestação que inspirou uma variedade de ações, como boicotes, greves de aluguel e organização de cooperativas". O rico levantamento de Mohandesi e Teitelman sobre o passado nos permite revisar a conjuntura política atual por meio da estrutura da TRS, pois temos hoje um mapa de protestos políticos que se unifica em sua extrema desigualdade — porque ocorrem greves militantes no local de trabalho (China e Índia) combinadas a lutas políticas contra várias formas de desapropriação (direitos à água na Irlanda, direitos à terra na América Latina) e formas de opressão (o movimento Black Lives Matter [Vidas negras importam] nos Estados Unidos).

A contribuição de Cinzia Arruzza para o livro é uma instância vibrante da TRS na prática. Como uma das organizadoras nacionais da Greve Internacional de Mulheres de 8 de março de 2017, Arruzza traz para o volume uma urgência produtiva. Seu ensaio, por um lado, descreve o quadro teórico que orientou a mobilização nacional para a greve; por outro, rejeita corajosamente o que Engels chamou de "táticas específicas de acalmar a luta de classes". De fato, os métodos políticos da greve de mulheres, mostra Arruzza, podem ser uma de nossas linhas de esperança.

A TRS, portanto, nos dá a oportunidade de refletir sobre as diversas maneiras pelas quais o momento neoliberal nos forçou a reavaliar a potência e a eficácia de certos termos anteriormente não contestados na tradição marxista. Categorias conceituais como "classe", "economia" ou mesmo "classe trabalhadora" não podem mais ser preenchidas com os dados históricos do século XIX que estavam disponíveis para Marx. Isso não as invalida como categorias. Em vez disso, nosso tempo histórico exige que nos envolvamos rigorosamente com essas categorias e que as façamos representar nossa própria totalidade político-histórica.

A TRS é especialmente útil nesse sentido, porque revela que a categoria-essência do capitalismo, sua força animadora, é o trabalho humano, e não a mercadoria. Ao fazê-lo, expõe ao escrutínio crítico a superficialidade do que geralmente entendemos como processos "econômicos" e devolve a eles seu componente confuso, sensorial, de gênero, racial e indisciplinado: seres humanos vivos, capazes de seguir ordens ou desprezá-las.

Como todos os projetos marxistas que valem a pena, é importante lembrar que o projeto de desenvolver a TRS é contínuo e coletivo. Está em andamento, uma vez que nossa compreensão do marxismo deve ser paradigmática, e não prescritiva; devemos vê-lo como uma estrutura ou ferramenta para entender as relações sociais e, desse modo, alterá-las. Isso significa, necessariamente, que essa ferramenta, às vezes, precisará ser amolada e afiada para se ajustar a novas realidades sociais emergentes. A tradição marxista revolucionária sempre usou o marxismo dessa maneira, o que lhe permitiu rejuvenescer e se adaptar a novos momentos de crise. A teoria do imperialismo de Lênin, a compreensão de Luxemburgo da greve de massa e a tese de Trótski sobre a revolução permanente são exemplos dessa constante revivificação do marxismo em diferentes épocas, porque esses pensadores empregaram o método marxista para entender a realidade social de seu tempo.

O presente volume é, de modo similar, encorajado por esse sentido da abordagem materialista histórica como, essencialmente, um método de análise que se aplica a situações históricas concretas. Conforme a economia neoliberal global continua a excluir alternativas de vida real para a grande maioria e os centros de resistência começam a se expandir a partir de sua matriz, esperamos que a TRS continue a desenvolver o marxismo como uma ferramenta real para entender nosso mundo e modificá-lo.

Esse projeto também deve, necessariamente, ser colaborativo. Este é, portanto, o início de uma conversa sobre TRS, uma contribuição, uma continuação da tradição de praticar o pensamento crítico de maneira aberta e exploratória para combater os desafios de nossos tempos difíceis e perigosos.

Este livro versa sobre escavar e recuperar a tradição marxista revolucionária do passado; reservamos, portanto, como Ernst Bloch, nossa maior empolgação para o que "ainda está por vir".

Nancy Fraser é professora titular na New School, em Nova York, e uma das mais proeminentes pesquisadoras no âmbito da teoria feminista e sociopolítica. É autora, entre outros títulos, de *O velho está morrendo e o novo não pode nascer* (Autonomia Literária, 2021), *Justiça interrompida: reflexões críticas sobre a condição "pós-socialista"* (Boitempo, 2022) e, com Rahel Jaeggi, de *Capitalismo em debate: uma conversa na teoria crítica* (Boitempo, 2020).

1 Crise do cuidado? Sobre as contradições sociorreprodutivas do capitalismo contemporâneo[1]

Nancy Fraser

Atualmente, ouvimos falar muito a respeito da crise do cuidado. Bastante associada a queixas como carência de tempo, equilíbrio família/trabalho e esgotamento social,[2] essa expressão se refere a pressões de várias direções que hoje estão esmagando um conjunto-chave de capacidades sociais: disponibilidade de dar à luz e criar filhos, cuidar de amigos e familiares, manter lares e comunidades mais amplas e sustentar conexões em geral. Historicamente, esse trabalho de reprodução social costuma ser atri-

1 Uma versão anterior deste ensaio apareceu sob o título "Contradictions of Capital and Care" [Contradições do capital e do cuidado], *New Left Review*, n. 100, p. 99-117, jul.-ago. 2016. Há também uma tradução ao francês: "Sur les contradictions sociales du capitalisme contemporain", *38ª Conferência Marc Bloch*, École de Hautes Études en Sciences Sociales, Paris, 14 jun. 2016. Agradeço a Pierre-Cyrille Hautcoeur pelo convite para a palestra, a Johanna Oksala por estimular discussões, a Mala Htun e a Eli Zaretsky pelos comentários úteis e a Selim Heper pela assistência de pesquisa.

2 Ver Ruth Rosen, "The Care Crisis" [A crise do cuidado], *The Nation*, 27 fev. 2007; Daniel Boffey, "Half of All Services Now Failing as UK Care Sector Crisis Deepens" [Metade de todos os serviços estão em falta com o aprofundamento da crise do setor de cuidado], *The Guardian*, 26 set. 2015; ver também Hess (2013). Para "carência de tempo", ver Hochschild (2001) e Boushey (2016). Para "equilíbrio entre família e trabalho", ver Amy Rees Anderson, "Work-Life Balance: 5 Ways To Turn It From the Ultimate Oxymoron into a Real Plan" [Equilíbrio entre trabalho e vida: cinco maneiras de ir do máximo oximoro a um plano real], *Forbes*, 26 jul. 2013; e Martha Beck, "Finding Work-Life Balance: How To Keep Your Job and Home Lives Separate and Healthy" [Encontrar o equilíbrio entre trabalho e vida: como manter separadas e saudáveis a vida em casa e no trabalho], *Huffington Post*, 10 abr. 2013. Para "esgotamento social", ver Rai, Hoskyns e Thomas (2013).

buído às mulheres, embora os homens sempre tenham feito parte dele. Compreender o trabalho afetivo e material, muitas vezes realizado sem remuneração, é fundamental. Ele é indispensável para a sociedade. Em sua ausência, não poderia haver cultura, economia ou organização política. Nenhuma sociedade que mina sistematicamente a reprodução social pode resistir por muito tempo. No entanto, uma nova forma de sociedade *capitalista* está fazendo exatamente isso nos dias atuais. O resultado, como explicarei, é uma grande crise — não apenas do cuidado, mas da reprodução social nesse sentido mais amplo.

Entendo essa crise como uma vertente de uma crise geral que também abrange outras — econômica, ecológica e política, e todas elas se entrecruzam e agravam umas às outras. A vertente da reprodução social constitui uma dimensão importante dessa crise geral, mas é amiúde negligenciada nas discussões atuais, que se concentram principalmente nas vertentes econômica e ecológica. Esse separatismo crítico é problemático. A vertente social é tão central para a crise mais ampla que nenhuma das outras pode ser adequadamente entendida se a abstraímos. O inverso também é verdadeiro. A crise da reprodução social não é autônoma e não pode ser compreendida adequadamente por si só.

Como, então, ela deve ser entendida? Em meu ponto de vista, o que alguns chamam de crise dos cuidados é uma expressão mais ou menos aguda das *contradições sociorreprodutivas do capitalismo financeirizado*. Essa formulação sugere duas ideias. Primeiro, as atuais tensões no cuidado não são acidentais, mas têm raízes sistêmicas profundas na estrutura de nossa ordem social, que caracterizo aqui como capitalismo financeirizado. Não obstante, e esse é o segundo ponto, a atual crise da reprodução social indica algo podre não apenas na forma atual e financeirizada do capitalismo, mas na sociedade capitalista em si.

São essas as teses que desenvolverei aqui. Para começar com o último aspecto mencionado, afirmo que *toda* forma de sociedade capitalista abarca uma tendência profundamente arraigada à crise ou à contradição sociorreprodutiva. Por um lado, a reprodução social é uma condição imprescindível para a acumulação sustentada do capital; por outro, a orientação do capitalismo para a acumulação ilimitada tende a desestabilizar os próprios processos de reprodução social em que se baseia. Essa contradição sociorreprodutiva do capitalismo está na raiz, eu afirmo, da nossa chamada crise do cuidado. Embora inerente ao capitalismo como tal, ela assume uma aparência diferente e distinta em todas as formas historicamente específicas da sociedade capitalista — por exemplo, no capitalismo liberal e competitivo do século XIX, no capitalismo gerenciado pelo Estado da era do pós-guerra e no capitalismo neoliberal de nosso tempo. Os déficits de cuidado que experimentamos hoje são a forma que essa contradição assume na terceira e mais recente fase do desenvolvimento capitalista.

Para explicar essa tese, proponho, primeiramente, um relato da contradição social do capitalismo *como tal*, sem referência a nenhuma forma histórica específica. Em um segundo momento, esboço um relato do desenrolar dessa contradição nas duas fases anteriores do desenvolvimento capitalista que acabei de mencionar. Por fim, sugiro uma leitura dos chamados déficits do cuidado de hoje como expressões da contradição social do capitalismo em sua atual fase financeirizada.

Contradições sociais do capitalismo como tal

A maioria dos analistas da crise contemporânea se concentra em contradições internas à economia capitalista. Em sua essência, afirmam, reside uma tendência intrínseca à autodesestabilização, que se expressa periodicamente em crises econômicas. Essa visão é correta, na medida do possível, mas falha em fornecer uma imagem completa das tendências inerentes à crise do capitalismo. Adotando uma perspectiva economicista, essa visão entende o capitalismo de modo muito estreito, como um *simplificador* do sistema econômico.

De minha parte, proponho uma compreensão ampliada do capitalismo, abrangendo tanto sua economia oficial quanto suas condições "não econômicas" de fundo.[3] Essa outra visão nos permite conceituar e criticar toda a gama de tendências de crise do capitalismo, incluindo aquelas centradas na reprodução social.

Meu argumento é que o subsistema econômico do capitalismo depende de atividades sociorreprodutivas externas a ele, que formam uma de suas condições básicas de existência. Outras condições de fundo incluem as funções de governança desempenhadas pelos poderes públicos e a disponibilidade da natureza como fonte de "insumos produtivos" e como "sumidouro" para o desperdício da produção.[4] Aqui, no entanto, vou me concentrar no modo como a economia capitalista depende de — ou, pode-se dizer, pega carona em — atividades de provisionamento, cuidado e interação que produzem e mantêm laços sociais, embora não lhes conceda valor monetário e os trate como se fossem livres. Chamada de *cuidado*, *trabalho afetivo* ou *subjetivação*, essa atividade forma os sujeitos humanos do capitalismo, sustentando-os como seres naturais corporificados e, ao mesmo tempo, constituindo-os como seres sociais, formando o *habitus* e o éthos cultural em que esses seres se movem. O trabalho de dar à luz e socializar os jovens é crucial nesse processo, assim como cuidar dos idosos, manter lares e membros da família, construir comunidades e sustentar os significados compartilhados, disposições afetivas e horizontes de valor que dão alicerce à cooperação social. Nas sociedades capitalistas, grande parte (embora não a totalidade) dessa atividade ocorre fora do mercado — em residências, bairros, associações da sociedade civil, redes informais e instituições públicas, como escolas. Relativamente pouco disso assume a forma de trabalho assalariado. A atividade social reprodutiva não remunerada é necessária à existência do tra-

3 Para uma crítica da visão do capitalismo como economia e uma defesa da visão "ampliada", ver Fraser (2014 [2015]).

4 Para uma descrição das condições políticas de fundo necessárias para uma economia capitalista, ver Fraser (2015 [2018]). Para as condições ecológicas necessárias, ver O'Connor (1988) e Moore (2015).

balho remunerado, à acumulação de mais-valia e ao funcionamento do capitalismo como tal. Nada disso poderia existir na ausência de tarefas domésticas, educação dos filhos, escolaridade, cuidados afetivos e uma série de outras atividades que servem para produzir novas gerações de trabalhadores e substituir os existentes, bem como para manter laços sociais e entendimentos compartilhados. A reprodução social é uma condição indispensável para a possibilidade de produção econômica em uma sociedade capitalista.[5]

No entanto, pelo menos desde a era industrial, as sociedades capitalistas separaram os trabalhos de reprodução social e de produção econômica. Associando o primeiro às mulheres e o segundo aos homens, o sistema passou a remunerar as atividades "reprodutivas" na moeda do "amor" e da "virtude", enquanto recompensava o "trabalho produtivo" com dinheiro. Dessa maneira, as sociedades capitalistas criaram uma base institucional para novas e modernas formas de subordinação das mulheres. Separando o trabalho reprodutivo do universo mais amplo de atividades humanas — no qual o trabalho das mulheres ocupou, no passado, um lugar reconhecido —, as sociedades da era industrial o relegaram a uma "esfera doméstica" recentemente institucionalizada, em que sua importância social foi obscurecida. Nesse novo mundo, em que o dinheiro se tornou um meio primário de poder, a ausência de remuneração para esse trabalho "bateu o martelo" sobre o assunto: aquelas que o fazem são estruturalmente subordinadas aos que ganham salários em dinheiro, mesmo que seu trabalho forneça uma condição prévia necessária para o trabalho assalariado — e mesmo que essa atividade fique saturada e mistificada por novos ideais domésticos de feminilidade.

Em geral, então, as sociedades capitalistas separam a reprodução social da produção econômica, associando a primeira às

5 Muitas teóricas feministas fizeram versões desse argumento. Para formulações feministas marxistas, ver Vogel (1983 [2022]), Federici (2012 [2019]) e Delphy (2016). Outra elaboração potente é a de Folbre (2002). Para a TRS, consultar Brenner e Laslett (1989), Bezanson e Luxton (2006), Bakker (2007) e Arruzza (2016).

mulheres e obscurecendo sua importância e seu valor. Paradoxalmente, porém, elas tornam suas economias dependentes dos mesmos processos de reprodução social, cujo valor renegam. Essa relação peculiar de separação/dependência/negação é uma fonte potencial interna de instabilidade. A produção econômica capitalista não é autossustentável e depende da reprodução social. No entanto, seu impulso à acumulação ilimitada ameaça desestabilizar os próprios processos e capacidades reprodutivos de que o capital — e o resto de nós — precisa. O efeito ao longo do tempo, como veremos, pode colocar em risco as condições sociais necessárias ao funcionamento da economia capitalista.

Aqui, efetivamente, há uma "contradição social" inerente à estrutura profunda da sociedade capitalista. Como a(s) contradição(ões) econômica(s) enfatizada(s) pelos marxistas, essa também fundamenta uma tendência à crise. Nesse caso, no entanto, a contradição não está localizada dentro da economia capitalista, mas na fronteira que simultaneamente separa e conecta produção e reprodução. Nem intraeconômica nem intradoméstica, trata-se de uma contradição *entre* esses dois elementos constitutivos da sociedade capitalista.

Muitas vezes, é claro, essa contradição é abafada, e a tendência à crise a ela associada permanece obscura. Torna-se aguda, no entanto, quando o impulso do capital para a acumulação expandida se mostra preocupante em suas bases sociais e se volta contra ele. Nesse caso, a lógica da produção econômica substitui a lógica da reprodução social, desestabilizando os próprios processos sociais dos quais o capital depende, comprometendo as capacidades sociais, tanto domésticas quanto públicas, necessárias para sustentar a acumulação em longo prazo. Destruindo suas próprias condições de existência, a dinâmica de acumulação do capital efetivamente come sua própria cauda.

Essa é a tendência geral de crise social do capitalismo. No entanto, a sociedade capitalista existe apenas em formas ou regimes de acumulação historicamente específicos. De fato, a organização capitalista da reprodução social passou por grandes mudanças históricas — frequentemente como resultado de contestação política. Presentes sobretudo em períodos de crise, os atores sociais lutam além dos limites que delimitam a economia da sociedade, a produção da reprodução e o trabalho da família, e, às vezes, conseguem redesenhá-los. Tais *lutas de fronteira*, como eu as chamei (Fraser, 2014 [2015]), são tão centrais para as sociedades capitalistas quanto as lutas de classes analisadas por Marx. As mudanças que elas produzem marcam transformações de época. Se adotarmos uma perspectiva que inclua essas mudanças, poderemos distinguir (pelo menos) três regimes de reprodução/produção econômico-sociais na história do capitalismo.

O primeiro é o regime do capitalismo competitivo liberal do século XIX. Combinando a exploração industrial no núcleo europeu com a expropriação colonial na periferia, esse regime tendia a deixar os trabalhadores se reproduzirem "autonomamente", fora dos circuitos de valor monetizado, enquanto os Estados observavam à margem. No entanto, criou um imaginário burguês de domesticidade. Lançando a reprodução social como jurisdição das mulheres na família privada, também elaborou o ideal de "esferas separadas", ainda que privasse a maioria das pessoas das condições necessárias para realizá-lo.

O segundo regime é o capitalismo gerenciado pelo Estado do século XX. Com base na produção industrial em larga escala e no consumismo doméstico, sustentado pela contínua desapropriação colonial e pós-colonial da periferia, esse regime internalizou a reprodução social por meio da provisão estatal e corporativa de bem-estar social. Modificando o modelo vitoriano de esferas separadas, promoveu o ideal aparentemente mais moderno do "salário da família" — mesmo que, mais uma vez, relativamente poucas famílias pudessem alcançá-lo.

O terceiro regime é o capitalismo financeiro globalizado da era atual. Esse regime transferiu a manufatura para regiões de baixos salários, recrutou mulheres para a força de trabalho remunerado e promoveu o desinvestimento estatal e corporativo do bem-estar social. Ao externalizar o trabalho de assistência às famílias e comunidades, diminuiu simultaneamente sua capacidade de realização. O resultado, em meio à crescente desigualdade, é uma organização dualizada de reprodução social, mercantilizada para quem pode pagar, e privada para quem não pode — tudo encoberto pelo ideal ainda mais moderno da "família de dois assalariados".

Em cada regime, portanto, as condições de reprodução social para a produção capitalista assumiram uma forma institucional diferente e incorporaram uma ordem normativa diferente: primeiro esferas separadas, depois o salário da família, e agora a família de dois provedores. Em cada caso, também a contradição social capitalista assumiu um disfarce diferente e encontrou expressão em um conjunto variado de fenômenos de crise. Em cada regime, por fim, essa contradição incitou inúmeras formas de luta social — lutas de classes, certamente, mas também de fronteira, entrelaçadas entre si e com outras lutas destinadas a emancipar mulheres, escravizados e povos colonizados.

Contradições sociais do capitalismo liberal

Consideremos, primeiramente, o capitalismo competitivo liberal do século XIX. Nessa era, os imperativos de produção e reprodução pareciam estar em contradição direta entre si. É certo que esse foi o caso nos primeiros centros de manufatura do núcleo capitalista. Os industriais arrastaram mulheres e crianças para fábricas e minas, ansiosos por seu trabalho barato e sua suposta docilidade. Recebendo uma ninharia e trabalhando longas horas em condições insalubres, esses trabalhadores tornaram-se ícones do desrespeito do capital pelas relações e capacidades sociais que sustentavam sua produtividade (Tilly & Scott, 1987). O resultado foi uma crise em pelo menos dois níveis: uma crise de reprodução social entre os pobres e as classes trabalhadoras, cujas capacidades de sustento e reposição foram esticadas até o ponto de ruptura, e uma crise de pânico moral entre as classes médias, que ficaram escandalizadas com o que elas entendiam como a "destruição da família" e a "dessexualização" das mulheres proletárias. Essa situação foi tão terrível que até críticos tão inteligentes como Marx e Engels tomaram erroneamente como "final" esse conflito inicial entre produção econômica e reprodução social. Imaginando que o capitalismo havia entrado em sua crise terminal, eles acreditavam que, ao eviscerar a família da classe trabalhadora, o sistema também estava erradicando a base da opressão das mulheres (Marx & Engels, 1978 [1998]; Engels, 2010, p. 106-14). Mas o que de fato aconteceu foi exatamente o contrário: com o tempo, as sociedades capitalistas encontraram recursos para gerenciar essa contradição, e parte da solução foi criar "a família" em sua forma moderna e restrita, inventando novos significados intensificados de diferença de gênero e modernizando a dominação masculina.

O processo de ajuste começou, no núcleo europeu, com a legislação de proteção. A ideia era estabilizar a reprodução social limitando a exploração de mulheres e crianças no trabalho industrial (Woloch, 2015). Liderada por reformistas da classe média em aliança com organizações nascentes de trabalhadores, essa "solução" refletia uma amálgama complexa de motivos diferentes. Um objetivo, popularizado por Karl Polanyi (2001, p. 87, 138-9, 213 [2000, p. 105-6, 163-5, 240]), era defender a "sociedade" contra a "economia". Outro era aliviar a ansiedade pelo "nivelamento de gênero". Mas esses motivos também estavam entrelaçados com outra coisa: uma insistência na autoridade masculina sobre mulheres e crianças, especialmente dentro da família (Baron,

1981). Como resultado, a luta para garantir a integridade da reprodução social se enredou na defesa da dominação masculina.

O efeito pretendido, no entanto, era de suavizar a contradição social no núcleo capitalista, até mesmo quando a escravidão e o colonialismo a elevaram a um ponto extremo na periferia. Criando o que Maria Mies (2014, p. 74 [2022, p. iv, 29, 68]) chamou de "donadecasificação" (*housewifization*) como o outro lado da colonização, o capitalismo competitivo liberal elaborou um novo imaginário de gênero centrado em esferas separadas. Fazendo a caricatura da mulher como "o anjo do lar", seus defensores procuraram criar um reator estabilizador para a volatilidade da economia. A realidade impiedosa da produção seria flanqueada por um "refúgio em um mundo sem coração" (Zaretsky, 1986; Coontz, 1988). Enquanto cada lado se mantivesse em sua própria esfera designada e servisse como complemento do outro, o potencial conflito entre eles permaneceria velado.

Na realidade, essa solução mostrou-se bastante instável. A legislação protetiva não podia garantir a reprodução do trabalho enquanto os salários permaneciam abaixo do nível necessário para sustentar uma família, enquanto prédios lotados e poluídos danificavam a privacidade e os pulmões avariados, e enquanto o próprio emprego (quando disponível) estava sujeito a flutuações violentas devido a falências, mercado, acidentes e pânico financeiro. Tais acordos também não satisfaziam os trabalhadores. Demandando salários mais altos e melhores condições de trabalho e vida, eles formaram sindicatos, entraram em greve e juntaram-se a partidos trabalhistas e socialistas. Impulsionado por conflitos de classe cada vez mais nítidos e amplos, o futuro do capitalismo parecia tudo, menos garantido.

As esferas separadas se mostraram igualmente problemáticas. Mulheres pobres, racializadas e da classe trabalhadora não estavam em posição de satisfazer os ideais vitorianos de domesticidade; se a legislação de proteção mitigava sua exploração direta, não fornecia apoio material ou compensação por salários perdidos. As mulheres de classe média, que *podiam* se adaptar aos ideais vitorianos, nem sempre se contentavam com sua situação, que combinava conforto material e prestígio moral com minoria legal e dependência institucionalizada. Para ambos os grupos, a solução de esferas separadas ocorreu em grande parte à custa das mulheres, mas também as colocou umas contra as outras — vide as lutas do século XIX contra a prostituição, que alinharam as preocupações filantrópicas das mulheres da classe média vitoriana contra os interesses materiais de suas "irmãs decaídas" (Walkowitz, 1980; Hobson, 1990).

Uma dinâmica diferente se desenrolou na periferia. Lá, quando o colonialismo extrativista devastou populações subjugadas, nem esferas separadas nem proteção social tiveram lugar. Longe de proteger as relações de reprodução social indígenas, os poderes metropolitanos promoveram ativamente sua destruição. Camponeses foram saqueados e tiveram suas comunidades destruídas para fornecer alimentos baratos, têxteis, minérios e energia sem os quais a exploração de trabalhadores industriais metropolitanos não teria sido lucrativa. Enquanto isso, nas Américas, as capacidades reprodutivas das mulheres escravizadas eram instrumentalizadas para os cálculos de lucro dos latifundiários, que rotineiramente destituíam as famílias, vendendo seus membros separadamente para diferentes proprietários de escravizados (Davis, 1972). As crianças ameríndias também foram arrancadas de suas comunidades, recrutadas em escolas missionárias e sujeitas a disciplinas coercitivas de assimilação (Adams, 1995; Churchill, 2004). Quando eram necessárias racionalizações, o Estado "atrasado, patriarcal" e pré-capitalista de laços de parentesco indígenas serviu muito bem. Também aqui, entre os colonialistas, as mulheres filantrópicas encontraram uma plataforma pública, pedindo, nas palavras de Gayatri Spivak (1988, p. 305), "homens brancos para salvar mulheres pardas de homens pardos".

Nos dois cenários, periferia e núcleo, os movimentos feministas se viram negociando um campo minado político. Rejeitando a dependência do matrimônio[6] e as esferas separadas, exigindo

6 Em inglês, *coverture*, antiga lei anglo-estadunidense segundo a qual a mulher não tinha identidade legal, logo, não podia adquirir ou herdar bens, mover processos jurí-

o direito de votar, de recusar sexo, de possuir propriedade privada, de assinar contratos, de praticar profissões e de controlar seus próprios salários, feministas liberais pareciam valorizar a aspiração "masculina" à autonomia sobre os ideais "femininos" de cuidado. Nesse ponto, se não em muitos mais, suas contrapartes socialistas-feministas concordaram efetivamente. Concebendo a entrada das mulheres no universo do trabalho assalariado como o caminho para a emancipação, elas também preferiram os valores "masculinos" associados à produção aos associados à reprodução. Essas associações eram ideológicas, com certeza. Mas por trás delas havia uma profunda intuição: apesar das novas formas de dominação que trouxe, a erosão das relações tradicionais de parentesco no capitalismo continha um momento emancipatório.

Presas em um duplo vínculo, diversas feministas não encontraram muito conforto em quaisquer dos lados do duplo movimento de Polanyi — nem no lado da proteção social, vinculado à dominação masculina, nem no lado da mercantilização, que desrespeitava a reprodução social. Incapazes de rejeitar ou de abraçar a ordem liberal, elas precisavam de uma terceira alternativa, que chamavam de *emancipação*. À medida que as feministas puderam incorporar com credibilidade esse termo, elas efetivamente explodiram a figura dualista de Polanyi e a substituíram pelo que podemos chamar de *movimento triplo* (Fraser, 2011; 2013). Nesse cenário de conflito de três lados, as proponentes da proteção e da mercantilização colidiram não apenas entre si, mas também com partidárias da emancipação: com feministas, com certeza, mas também com socialistas, abolicionistas e anticolonialistas, que se esforçaram para colocar as duas forças polanyianas em disputa, mesmo enquanto se enfrentavam.

---

dicos, assinar contratos etc. Sua existência estava sob completa responsabilidade do marido, que tinha também o direito legal de agredi-la física e verbalmente. Herança de uma legislação medieval, foi erodida aos poucos, mas vigorou até pelo menos o fim do século XIX. [N.E.]

Por mais promissora que fosse em teoria, essa estratégia era difícil de implementar. Enquanto os esforços para "proteger a sociedade da economia" fossem identificados com a defesa da hierarquia de gênero, a oposição feminista à dominação masculina poderia ser facilmente entendida como apoio às forças econômicas que assolavam a classe trabalhadora e as comunidades periféricas. Essas associações se mostrariam surpreendentemente duradouras mesmo depois do colapso do capitalismo competitivo liberal sob o peso de suas (múltiplas) contradições em meio a guerras interimperialistas, depressões econômicas e caos financeiro internacional — dando lugar, em meados do século XX, a um novo regime: o do capitalismo gerenciado pelo Estado.

Contradições sociais do capitalismo gerenciado pelo Estado

Emergindo das cinzas da Grande Depressão e da Segunda Guerra Mundial, esse regime tentou neutralizar a contradição entre produção econômica e reprodução social de uma maneira diferente: evocando o poder do Estado em prol da reprodução. Ao assumir alguma responsabilidade pública pelo bem-estar social, os Estados dessa época procuraram combater os efeitos corrosivos na reprodução social não apenas da exploração como também do desemprego em massa. Esse objetivo foi adotado pelos Estados de bem-estar democráticos do núcleo capitalista, assim como pelos novos e recém-independentes Estados em desenvolvimento da periferia, a despeito de suas capacidades desiguais para alcançá-lo.

Mais uma vez, os motivos foram vários e combinados. Um estrato de elites esclarecidas passou a acreditar que o interesse do capital em obter lucros máximos no curto prazo precisava estar subordinado aos requisitos de longo prazo para sustentar a acumulação no decorrer do tempo. Para esses atores, a criação do regime gerenciado pelo Estado era uma questão de salvar o sistema capitalista de suas próprias propensões desestabilizadoras, bem como do espectro da revolução em uma era de mobilizações de massa. A produtividade e a lucratividade exigiam o cultivo "biopolítico" de uma força de trabalho saudável e educada, com uma participação no sistema, em oposição a uma multidão revolucionária irregular (Foucault, 1991; 2010, p. 64 [2008, p. 87-8]). O investimento público em assistência médica, educação, cuidados infantis, aposentadorias por idade, suplementados por provisões corporativas, era percebido como uma necessidade numa época em que as relações capitalistas haviam penetrado a vida social a tal ponto que as classes trabalhadoras não possuíam mais os meios para se reproduzir por si próprias. Nessa situação, a reprodução social precisava ser internalizada, trazida para o domínio oficialmente gerenciado da ordem capitalista.

Esse projeto se encaixou na nova problemática da demanda econômica. Buscando suavizar os ciclos endêmicos de boom e falência do capitalismo, os reformistas econômicos procuraram garantir um crescimento contínuo, permitindo que os trabalhadores do núcleo capitalista cumprissem o dever de consumir. Ao aceitar a sindicalização, que trouxe salários mais altos, e os gastos do setor público, que criaram empregos, esses atores reinventaram o lar como um espaço privado para o consumo doméstico de objetos de uso diário produzidos em massa (Ross, 1996; Hayden, 2003; Ewen, 2008). O vínculo da linha de montagem com o consumismo da família da classe trabalhadora, por um lado, e com a reprodução apoiada pelo Estado, por outro, estabeleceu o modelo "fordista" que forjou uma nova síntese de mercantilização e proteção social, projetos que Polanyi considerou antitéticos.

No entanto, foram sobretudo as classes trabalhadoras — homens e mulheres — que lideraram a luta pela provisão pública, agindo por razões próprias. Para eles, a questão era pertencer à sociedade como cidadãos democráticos, requerendo, assim, dignidade, direitos, respeitabilidade e bem-estar material: uma vida familiar estável. Ao abraçar a social-democracia, as classes trabalhadoras também valorizavam a reprodução social contra o dinamismo consumista da produção econômica. Na verdade, elas estavam votando em prol da família, do país e da vida, e contra a fábrica, o sistema e a máquina.

Ao contrário da legislação protetora do regime liberal, o acordo capitalista de Estado resultou de um compromisso de classe e representou um avanço democrático. Diferentemente de seus antecessores, os novos arranjos serviram (pelo menos para alguns e por um tempo) para estabilizar a reprodução social. Para os trabalhadores de etnia majoritária no núcleo capitalista, eles reduziram as pressões materiais sobre a vida familiar e promoveram a incorporação política. Antes, porém, de nos apressarmos em proclamar uma idade de ouro, devemos registrar as exclusões constitutivas que tornaram possíveis essas conquistas.

Aqui, como antes, a defesa da reprodução social no núcleo estava enredada no imperialismo. Os regimes fordistas financiaram direitos sociais em parte pela expropriação contínua da periferia (incluindo a periferia dentro do núcleo), que persistiu em formas antigas e novas, mesmo após a descolonização.[7] Enquanto isso, os Estados pós-coloniais que estavam na mira da Guerra Fria direcionavam a maior porção de seus recursos, já esgotados pela predação imperial, a projetos de desenvolvimento em larga escala, que geralmente envolviam a expropriação de "seus próprios" povos indígenas. A reprodução social, para a grande maioria na periferia, permaneceu externa, uma vez que as populações rurais foram deixadas à própria sorte. Como seu antecessor, também o regime gerenciado pelo Estado estava enredado na hierarquia racial. O seguro social dos Estados Unidos excluiu trabalhado-

7 Nessa época, o apoio estatal à reprodução social era financiado por receitas tributárias e fundos dedicados para os quais contribuíam, em diferentes proporções, tanto os trabalhadores metropolitanos quanto o capital, a depender das relações de poder de classe dentro de determinado Estado. No entanto, esses fluxos de receita estavam inchados com o valor desviado da periferia por causa dos lucros do investimento direto estrangeiro e do comércio baseado em trocas desiguais (Prebisch, 1950; Baran, 1957; Pilling, 1973; Köhler & Tausch, 2001).

res domésticos e agrícolas, efetivamente privando muitos afro-estadunidenses dos direitos sociais (Quadagno, 1994; Katznelson, 2005). A divisão racial do trabalho reprodutivo, iniciada durante a escravidão, assumiu um novo disfarce sob a era Jim Crow,[8] pois mulheres de cor encontravam trabalho mal remunerado criando os filhos e limpando os lares das famílias brancas em detrimento de seus próprios filhos e lares (Jones, 1985; Glenn, 1992; 2010).

A hierarquia de gênero também não estava ausente desses arranjos, pois as vozes feministas foram relativamente silenciadas durante todo o processo de sua construção. Num período (aproximadamente entre as décadas de 1930 a 1950) em que os movimentos feministas não tiveram muita visibilidade pública, quase ninguém contestou a visão de que a dignidade da classe trabalhadora exigia o salário da família, a autoridade masculina no lar e um forte senso de diferença de gênero. Como resultado, a ampla tendência do capitalismo gerenciado pelo Estado nos países do núcleo era a valorização do modelo heteronormativo de homem provedor/mulher dona de casa. O investimento público em reprodução social reforçou essas normas. Nos Estados Unidos, o sistema de assistência social assumiu uma forma dualizada, dividida em uma assistência estigmatizada para mulheres e crianças (brancas), sem acesso a salário masculino e seguro social respeitáveis para aqueles considerados "trabalhadores" (Fraser, 1989; Nelson, 1984; Pearce, 1979; Brenner & Laslett, 1991). No entanto, de maneira diferente, acordos europeus estabeleceram a hierarquização androcêntrica na divisão entre pensões das mães e direitos vinculados ao trabalho assalariado, conduzido em muitos casos por agendas pró-natalistas oriundas da competição interestatal (Land, 1978; Holter, 1984; Ruggie, 1984; Siim, 1990; Orloff, 1993; 2009; O'Connor, Orloff & Shaver, 1999; Sainsbury, 2000; Lister *et al.*, 2007). Ambos os modelos validaram, assumiram e incentivaram o salário da família. A institucionali-

8 Como ficou conhecido o período em que estiveram em vigor leis de segregação racial no Sul dos Estados Unidos, do fim do século XIX até os anos 1960. [N.E.]

zação dos entendimentos androcêntricos de família e de trabalho naturalizou a heteronormatividade e a hierarquia de gênero, removendo-as amplamente da contestação política.

Em todos esses aspectos, a social-democracia sacrificou a emancipação por uma aliança de proteção social e mercantilização, mesmo que mitigando a contradição social do capitalismo por várias décadas. Mas o regime capitalista de Estado começou a se desfazer: primeiro politicamente, na década de 1960, quando a nova esquerda global entrou em erupção para desafiar suas exclusões imperiais, de gênero e raciais, bem como seu paternalismo burocrático, tudo em nome da *emancipação*; depois, economicamente, na década de 1970, quando a "estagflação", a "crise de produtividade" e as taxas de lucro em declínio galvanizaram os esforços dos neoliberais para trazer de volta a *mercantilização*. O que seria sacrificado pela união das duas partes seria a *proteção social*.

Contradições sociais do capitalismo financeiro

Como o regime liberal que a precedeu, a ordem capitalista administrada pelo Estado se dissolveu no curso de uma prolongada crise. Na década de 1980, observadores prescientes puderam discernir os contornos emergentes de um novo regime que se tornaria o capitalismo financeiro da era atual. Globalizado e neoliberal, esse regime está agora promovendo o desinvestimento estatal e corporativo do bem-estar social, enquanto recruta mulheres para a força de trabalho remunerada. Está, portanto, externalizando o trabalho de assistência às famílias e comunidades e diminuindo sua capacidade de realizá-lo. O resultado é uma nova e *dualizada* organização de reprodução social, mercantilizada para quem pode pagar por ela e privada para quem não pode, pois alguns da segunda categoria prestam assistência em troca de salários (baixos) para os que estão na primeira. Enquanto isso, o golpe duplo da crítica feminista e da desindustrialização privou definitivamente o salário da família de toda a credibilidade. Esse ideal deu lugar à norma mais moderna de hoje: a família de dois provedores.

O principal fator desses desenvolvimentos — e a característica definidora desse regime — é a nova centralidade da dívida. A dívida é o instrumento pelo qual as instituições financeiras globais pressionam os Estados a reduzir gastos sociais, impor a austeridade e geralmente conspirar com os investidores para extrair valor de populações indefesas. Grosso modo, também é por meio das dívidas que os camponeses do Sul global são desapropriados por uma nova rodada de apropriações de terras pelas empresas privadas, as quais restringem o suprimento de energia, água, terras aráveis e compensações de carbono. E é a dívida que cada vez mais serve à continuidade da acumulação também no núcleo histórico. Como o trabalho precário e de baixo salário substitui o trabalho industrial sindicalizado, os salários ficam abaixo dos custos socialmente necessários para a reprodução; nessa "megaeconomia", os gastos contínuos do consumidor levam-no a uma larga dívida, que cresce exponencialmente (Roberts, 2013). Em outras palavras, é mais e mais por meio do endividamento que o capital agora canibaliza o trabalho, disciplina Estados, transfere riqueza da periferia para o núcleo e suga valor de lares, famílias, comunidades e natureza.

O efeito é a intensificação da contradição inerente ao capitalismo entre produção econômica e reprodução social. O regime anterior autorizou os Estados a subordinar os interesses de curto prazo das empresas privadas ao objetivo de longo prazo da acumulação sustentada, em parte estabilizando a reprodução por meio de provisão pública, enquanto o atual regime autoriza o capital financeiro a disciplinar Estados e populações no interesse imediato de investidores privados, inclusive exigindo o desinvestimento público na reprodução social. E enquanto o regime anterior aliava a mercantilização à proteção social contra a emancipação, este gera uma configuração ainda mais perversa, na qual a emancipação se une à mercantilização para minar a proteção social.

O novo regime emergiu da fatídica interseção de dois conjuntos de lutas. Um deles colocou um ascendente partido do livre mercado, empenhado em liberalizar e globalizar a economia capitalista, contra os movimentos trabalhistas em declínio nos países do núcleo, antes a base mais poderosa de apoio à social-democracia, mas agora na defensiva ou então totalmente derrotada. O outro conjunto de lutas colocou "novos movimentos sociais" progressistas, contrários às hierarquias de gênero, sexo, "raça", etnia e religião, contra populações que defendiam modos de vida e privilégios estabelecidos, agora ameaçados pelo "cosmopolitismo" da nova economia. Da colisão desses dois conjuntos de lutas, surgiu um resultado surpreendente: um neoliberalismo "progressista" que celebra a "diversidade", a meritocracia e a "emancipação", enquanto desmantela proteções sociais e externaliza novamente a reprodução social. O resultado não é apenas o abandono de populações indefesas às predações do capital: é também a redefinição da emancipação nos termos do mercado.[9]

Movimentos emancipatórios participaram desse processo. Todos eles, incluindo o antirracista, o multiculturalista, o da libertação LGBTQ e o ecológico, geraram correntes neoliberais favoráveis ao mercado. No entanto, a trajetória feminista mostrou-se especialmente fatídica, dado o relacionamento de longa data entre gênero e reprodução social no capitalismo (Fraser, 2009). Como cada um de seus regimes predecessores, o capitalismo financeirizado institucionaliza a divisão entre produção e reprodução baseada em gênero. Ao contrário de seus antecessores, no entanto, seu imaginário dominante é liberal-individualista e pró-igualdade de gênero: as mulheres são consideradas iguais aos homens em todas as esferas, merecendo as mesmas oportunidades para realizar seus talentos, inclusive — e talvez especialmente — na esfera

9 Fruto de uma aliança improvável entre o livre mercado e os "novos movimentos sociais", o novo regime embaralha todos os alinhamentos políticos usuais, colocando feministas neoliberais "progressistas", como Hillary Clinton, contra populistas nacionalistas autoritários, como Donald Trump.

da produção. A reprodução, ao contrário, aparece como um resíduo atrasado, um obstáculo ao avanço, e deve ser descartada de uma maneira ou de outra no caminho da libertação.

Apesar — ou talvez por causa — de sua aura feminista, essa concepção resume a forma atual da contradição social do capitalismo, que assume uma nova intensidade. Além de diminuir a provisão pública e recrutar mulheres para o trabalho remunerado, o capitalismo financeiro reduz os salários reais, aumentando assim o número necessário de horas de trabalho remunerado para sustentar uma família e provocando uma disputa desesperada para delegar o trabalho de cuidado a outras pessoas (Warren & Tyagi, 2003). Para preencher a "lacuna dos cuidados", o regime importa trabalhadores imigrantes dos países mais pobres para os mais ricos. Normalmente, são mulheres racializadas e/ou rurais de regiões pobres que realizam o trabalho reprodutivo e de cuidado, anteriormente realizado por mulheres mais privilegiadas. No entanto, para fazê-lo, as imigrantes devem transferir suas próprias responsabilidades familiares e comunitárias para outras cuidadoras ainda mais pobres, que, por sua vez, devem fazer o mesmo — e assim por diante, em "cadeias globais de cuidado" cada vez mais longas. Longe de preencher a lacuna desses cuidados, o efeito é o seu deslocamento — das famílias mais ricas para as mais pobres, e do Norte para o Sul global (Hochschild, 2002; Young, 2001).

Esse cenário se encaixa nas estratégias de igualdade gênero de Estados pós-coloniais endividados e sem dinheiro, sujeitos aos programas de ajuste estrutural do Fundo Monetário Internacional (FMI). Desesperados por uma moeda forte, alguns deles promoveram ativamente a emigração de mulheres para realizar trabalhos de assistência paga no exterior, para receberem remessas, enquanto outros cortejaram investimentos estrangeiros diretos, criando zonas de processamento de exportação, geralmente em indústrias (como têxtil e de montagem de produtos eletrônicos) que preferem empregar mulheres (Sassen, 2000; Bair, 2010). Em ambos os casos, as capacidades sociorreprodutivas são ainda mais reduzidas.

Dois desdobramentos recentes nos Estados Unidos resumem a gravidade da situação. O primeiro é a contínua popularidade do congelamento de óvulos, em geral um procedimento de dez mil dólares, e agora oferecido gratuitamente pelas empresas de tecnologia da informação como um benefício adicional para funcionárias altamente qualificadas. Ansiosas para atrair e reter essas trabalhadoras, corporações como Apple e Facebook oferecem um forte incentivo para o adiamento da gravidez, afirmando explicitamente: "Espere e tenha seus filhos aos quarenta, cinquenta ou sessenta anos; dedique-nos seus anos produtivos e de alta energia".[10]

Um segundo desdobramento nos Estados Unidos e também um sintoma da contradição entre reprodução e produção é a abundância de bombas mecânicas caras e de alta tecnologia para coletar leite materno. Essa é a "solução" escolhida em um país com uma alta taxa de participação feminina na força de trabalho, sem licença-maternidade ou parental remunerada obrigatória e que vive um caso de amor com a tecnologia. Também é um país em que a amamentação é *rigorosa*, mas mudou além de qualquer reconhecimento. Já não se trata de amamentar uma criança no seio de uma pessoa, mas de coletar mecanicamente o leite e armazená-lo para que seja posteriormente ministrado em mamadeira pela babá. Em um contexto de extrema carência de tempo, as bombas de leite com copo duplo e que permitem manter as mãos livres são consideradas as mais desejáveis, pois permitem coletar leite de ambos os

10 Siri Srinivas, "Apple and Facebook Offer to Freeze Eggs for Female Employees" [Apple e Facebook oferecem congelamento de óvulos para trabalhadoras], *The Guardian*, 15 out. 2014. É importante ressaltar que esse benefício não é mais reservado exclusivamente à classe profissional técnico-gerencial. O Exército dos Estados Unidos agora disponibiliza gratuitamente o congelamento de óvulos para as mulheres alistadas que se inscrevem para longas jornadas de serviço; ver Michael S. Schmidt, "Pentagon to Offer Plan to Store Eggs and Sperm to Retain Young Troops" [Pentágono oferecerá plano para armazenar óvulos e espermatozoides para reter jovens soldados], *The New York Times*, 3 fev. 2016. Nesse caso, a lógica do militarismo substitui a da privatização. Que eu saiba, ninguém abordou ainda a questão iminente do que fazer com os óvulos de uma mulher soldado que morre em conflito.

seios ao mesmo tempo, enquanto as mulheres dirigem para o trabalho (Jung, 2015, especialmente p. 130-1).[11]

Diante de pressões como essas, alguém se impressiona com a explosão das lutas pela reprodução social nos últimos anos? As feministas do Norte geralmente descrevem seu foco como o "equilíbrio entre família e trabalho" (Warner, 2006; Slaughter, 2015).[12] No entanto, as lutas pela reprodução social abrangem muito mais — incluindo movimentos comunitários populares por moradia, assistência médica, segurança alimentar e uma renda básica incondicional; lutas pelos direitos de imigrantes, trabalhadoras domésticas e funcionários públicos; campanhas para sindicalização de prestadores de serviço social em casas de repouso, hospitais e creches com fins lucrativos; lutas por serviços públicos, como creches e asilos, por uma semana mais curta de trabalho e por licença-maternidade paga e licença parental. Em conjunto, essas alegações são equivalentes à demanda por uma reorganização maciça da relação entre produção e reprodução: por arranjos sociais que permitam a pessoas de todas as classes, gêneros, sexualidades e raças combinar atividades reprodutivas sociais com um trabalho seguro, interessante e bem remunerado.

Na conjuntura atual, as lutas de fronteira na reprodução social são tão centrais quanto as lutas de classes na produção econô-

11 A Patient Protection and Affordable Care Act [Lei de proteção e cuidado acessível ao paciente] (mais conhecida como "Obamacare") agora exige que as seguradoras de saúde forneçam essas bombas gratuitamente às suas beneficiárias. Esse benefício também não é mais uma prerrogativa exclusiva das mulheres privilegiadas, portanto. O efeito é criar um novo e enorme mercado para os fabricantes, que estão produzindo as bombas em lotes muito grandes nas fábricas de seus subcontratados chineses. Ver também Sarah Kliff, "The Breast Pump Industry is Booming, Thanks to Obamacare" [A indústria das bombas de leite está em crescimento graças ao Obamacare], *The Washington Post*, 4 jan. 2013.

12 Ver também Lisa Belkin, "The Opt-Out Revolution" [A revolução de optar pela saída], *The New York Times*, 26 out. 2003; Lisa Miller, "The Retro Wife" [A esposa retrô], *New York Magazine*, 15 mar. 2013; Anne-Marie Slaughter, "Why Women Still Can't Have It All" [Por que as mulheres ainda não podem ter tudo], *The Atlantic*, jul.-ago. 2012; Judith Shulevitz, "How To Fix Feminism" [Como consertar o feminismo], *The New York Times*, 10 jun. 2016.

mica. Elas respondem, acima de tudo, a uma crise do cuidado que está enraizada na dinâmica estrutural do capitalismo financeirizado. Globalizado e impulsionado pela dívida, esse capitalismo está desapropriando sistematicamente as capacidades disponíveis para sustentar as conexões sociais. Ao proclamar seu ideal da família de dois provedores, recupera os movimentos de emancipação, que se juntam a defensores da mercantilização para se opor aos partidários da proteção social, agora cada vez mais ressentidos e chauvinistas.

O que pode emergir dessa crise?

Mais uma mutação?

A sociedade capitalista se reinventou várias vezes ao longo de sua história. Especialmente em momentos de crise geral, quando múltiplas contradições — políticas, econômicas, ecológicas e sociorreprodutivas — se entrelaçam e se exacerbam, surgem lutas de fronteiras nos locais das divisões institucionais constitutivas do capitalismo: onde a economia encontra a política, onde a sociedade encontra a natureza e onde a produção encontra a reprodução. Nessas fronteiras, os atores sociais se mobilizam para redesenhar o mapa institucional da sociedade capitalista. Seus esforços impulsionaram a mudança do capitalismo competitivo liberal do século XIX para o capitalismo gerenciado pelo Estado no século XX, e depois para o capitalismo financeirizado da era atual. Historicamente, a contradição social do capitalismo formou também uma importante vertente da crise precipitada, pois a fronteira que separa a reprodução social da produção econômica emergiu como local importante e central à luta social. Em cada caso, a ordem de gênero da sociedade capitalista foi contestada, e o resultado dependeu de alianças forjadas entre os principais polos de um movimento triplo: mercantilização, proteção social e emancipação.

Essas dinâmicas impulsionaram a mudança de esferas separadas para o salário da família e depois para a família de dois provedores.

O que há em seguida na conjuntura atual? As presentes contradições do capitalismo financeiro são graves o suficiente para serem qualificadas como uma crise geral, e devemos antecipar outra mutação da sociedade capitalista? A crise atual galvanizará lutas de amplitude e visão suficientes para transformar o regime atual? Uma nova forma de feminismo socialista conseguirá romper o caso amoroso do movimento feminista mainstream com a mercantilização, criando uma aliança entre a emancipação e a proteção social, e, se sim, com que objetivo? Como a divisão entre reprodução e produção pode ser reinventada hoje, e o que pode substituir a família de dois provedores?

Nada do que eu disse aqui serve para responder diretamente a essas questões. No entanto, ao lançar as bases que nos permitem perguntá-las, tentei jogar alguma luz sobre a conjuntura atual. Sugeri, especificamente, que as raízes da crise de cuidados de hoje estão na contradição social inerente ao capitalismo, ou melhor, na forma aguda que essa contradição assume hoje, no capitalismo financeirizado. Se isso estiver certo, essa crise não será resolvida modificando a política social. O caminho para sua resolução só pode passar por uma profunda transformação estrutural dessa ordem social. O que é necessário, acima de tudo, é superar a subjugação voraz da reprodução à produção pelo capitalismo financeiro, mas desta vez sem sacrificar a emancipação ou a proteção social. Isso, por sua vez, exige reinventar a distinção entre produção e reprodução e reimaginar a ordem de gênero. Se o resultado será compatível com o capitalismo, não é possível afirmar.

Salar Mohandesi é doutor em história pela Universidade da Pensilvânia e dedica-se ao estudo historiográfico da Europa moderna, com ênfase em movimentos sociais e políticas culturais em contextos de guerra, revolução e imperialismo, sobretudo no século XX. Com Laurence Cox e Bjarke Risager, é organizador de *Voices of 1968: Documents from the Global North* [Vozes de 1968: documentos do Norte global] (Pluto, 2018).

Emma Teitelman é professora e pesquisadora no departamento de história da Universidade da Pensilvânia. Dedica-se a estudar a Guerra de Secessão e o período da Reconstrução estadunidense, a história do trabalho, as desigualdades e o capitalismo.

2 Sem reservas

Salar Mohandesi
Emma Teitelman

A experiência histórica não é estar no presente e olhar para trás. Pelo contrário: é voltar do passado ao presente com uma consciência mais ampla e intensa das restrições de nossa perspectiva anterior. Retornamos com uma consciência mais ampla das alternativas abertas a nós e armados com uma percepção mais nítida, com a qual podemos fazer nossas escolhas. Dessa maneira, é possível livrar-se dos fantasmas do passado e transformá-los em uma ferramenta viva para o presente e o futuro.

— William Appleman Williams, *The Contours of American History* [Os contornos da história estadunidense] (2011)

Desde a década de 1970, quando as feministas o desenvolveram por meio das reflexões superficiais de Karl Marx, o conceito da reprodução social assumiu um lugar central em nosso arsenal teórico. Essa noção nos ajudou a refinar o modo de pensar a relação entre gênero, sexualidade, raça e classe; a entender melhor as origens da opressão das mulheres; a reconhecer como o capitalismo é dependente do trabalho doméstico não remunerado; e a ressaltar a diversidade da luta de classes, entre tantas outras coisas. Infelizmente, quando se trata de narrativas dominantes sobre o capitalismo, as descobertas da TRS apenas acrescentaram mais epiciclos ao modelo herdado, sem transformá-lo fundamentalmente. Em essência, a história ainda se centra no declínio do campesinato, na ascensão das fábricas, nas lutas de trabalhadores braçais e na desindustrialização — mesmo que agora se acrescente, aqui e ali, mais alguns capítulos sobre as mulheres.

O que há de mais trágico nisso não é apenas o fato de a história ser excludente e, em muitos aspectos, errada, mas também o fato de as estudiosas feministas já terem criado os elementos necessários para uma história do capitalismo completamente revisada, mais inclusiva e diferenciada. Elas não só geraram numerosos estudos localizados como também escreveram extensos relatos sobre o trabalho das mulheres, a reprodução social, o trabalho de cuidado e o Estado de bem-estar social. No entanto, tudo isso muitas vezes passa despercebido ou é categorizado exclusivamente como uma história das mulheres. O que se segue, portanto, é uma tentativa modesta de recorrer a essas ricas ideias para iniciar o longo processo de reescrita de uma narrativa geral do capitalismo, da composição de classes e da formação estatal nos Estados Unidos na perspectiva da reprodução social. Certamente, não estamos tentando escrever aqui a contra-história definitiva. O espaço nos obriga a traçar tendências principais, em vez de narrar fenômenos históricos exatos. Embora isso signifique que muita coisa tenha sido deixada de lado, essa abordagem nos permite sintetizar uma série de tendências que melhor iluminam nossa conjuntura atual.

Mudar nossa perspectiva do ponto de vista da produção para o da reprodução social não se resume à narrativa: promove o potencial de transformar essa história. Permite-nos uma abordagem muito mais sutil da formação de classes, que se concentra não somente nos trabalhadores assalariados das fábricas, mas também na articulação de diferentes tipos de lutas — as dos remunerados e não remunerados, homens e mulheres, brancos e não brancos, cidadãos locais e imigrantes. Possibilita-nos aprofundar nossa compreensão do modo de produção capitalista, mostrando como seu crescimento se baseou em parte no múltiplo enquadramento de atividades socialmente reprodutivas sob relações capitalistas. Por fim, ajuda-nos a enfocar o Estado de uma maneira mais complexa, revelando o papel crucial que as disputas sobre a reprodução social exercem na formação histórica do Estado e em sua relação com os capitalistas.

Há uma particular urgência em se revisitar a história do capitalismo hoje, pois novos debates sobre o momento presente foram baseados em comparações com o passado. Alguns argumentam que, de fato, estamos testemunhando um retorno a uma era anterior ao compromisso social-democrata de meados do século XX, com um capitalismo não regulamentado, trabalhadores desprotegidos e ausência de bem-estar social substancial.[1] Outros sugerem que entramos em um momento inteiramente distinto, marcado pelo aumento da precarização e da população excedente e por um sistema salarial em risco.[2] Esse debate não é apenas acadêmico. O modo como entendemos nosso próprio lugar dentro do arco da história do capitalismo lança luz sobre o campo de estratégias políticas disponíveis hoje. Se o presente se assemelha ao passado de modo crucial, talvez ainda sejam apropriadas estratégias, organizações e formas de luta herdadas desse passado. Contudo, se a acumulação capitalista, a composição da classe trabalhadora e o papel do Estado mudaram completamente, então as estratégias devem ser repensadas.

A despeito das divergências sobre as relações entre presente e passado, parece haver um consenso na narrativa histórica abrangente: tanto no passado como no presente, tudo começa e termina no ponto de produção. Ao desafiar essa narrativa, pretendemos ir além desse impasse. Visualizar a história do capitalismo nos Estados Unidos através das lentes da reprodução social nos obriga a enfrentar, nas palavras de William Appleman Williams (2011, p. 19), as "restrições de nossa perspectiva anterior", permitindo novas formas de pensar uma política do presente.

1 Ver, por exemplo, "We're All Precarious Now: An Interview with Charlie Post" [Somos todos precarizados agora: uma entrevista com Charlie Post], *Jacobin*, 20 abr. 2015; Cowie (2016).

2 Ver, por exemplo, Aaron Benanav, "Precarity Rising" [Precarização crescente], *Viewpoint Magazine*, 15 jun. 2015.

As funções do lar

No modo de produção capitalista, a reprodução social, com ou sem remuneração, refere-se à totalidade das atividades necessárias para criar, manter e restaurar a força de trabalho mercantilizada.[3] Embora esse tipo de trabalho tenha se desdobrado historicamente em vários espaços, como campos, escolas, orfanatos, igrejas, associações cívicas e comunas, as atividades de reprodução social ocorreram, durante a maior parte da história estadunidense, predominantemente dentro e ao redor de lares familiares, tornando o lar uma das mais vitais instituições na reprodução das relações capitalistas como um todo (Ferguson & McNally, 2013).

O lar, é claro, sempre teve uma existência contraditória. Por um lado, o capitalismo depende fortemente dele para reabastecer a força de trabalho e reproduzir hierarquias de gênero. Por outro, como espaço de ajuda mútua, acúmulo de renda e de reservas vitais, o agregado familiar, embora sempre em mudança, mostrou-se vital à sobrevivência da classe trabalhadora. Em suma, o lar tem sido essencial para a reprodução de ambos os lados da equação capital e trabalho.

3 O conceito de reprodução social, de modo geral, passou a ter significado em pelo menos três níveis distintos. Primeiro, a reprodução da força de trabalho individual, ou como a mercadoria força de trabalho é produzida e reproduzida. Segundo, a reprodução da força de trabalho total de uma dada formação social capitalista, o que necessariamente envolve uma discussão sobre substituição geracional, imigração, colonização e escravidão. Terceiro, a reprodução do próprio sistema capitalista. Neste texto, abordamos os três níveis, mas nos concentramos principalmente no primeiro. Para outras definições de reprodução social, às vezes opostas, ver Fortunati (1995), Vogel (1983 [2022]), Brenner e Laslett (1989), Bezanson e Luxton (2006), Federici (2012 [2019]) e Tithi Bhattacharya, "How Not to Skip Class: Social Reproduction of Labor and the Global Working Class" [Como não passar por cima da classe: reprodução social do trabalho e a classe trabalhadora internacional], *Viewpoint Magazine*, 31 out. 2015. Ver também, neste volume, o ensaio "Do feminismo da reprodução social à greve das mulheres", de Cinzia Arruzza (p. 303-9). Para a trajetória da TRS, ver Ferguson (1999).

A reprodução social não cria e recria a força de trabalho do nada. Como todo tipo de trabalho, o socialmente reprodutivo requer uma variedade de materiais, eles próprios históricos. No século XIX, a culinária exigia não só comida mas também lenha e utensílios de cozinha. Para fazer roupas, eram necessários algodão, linha e agulhas. Para a lavagem, sabão, água, uma bacia e uma tábua de lavar; e, para curar, ervas e medicamentos. Para manter o moral, brinquedos, álcool e instrumentos musicais. De onde vieram essas matérias-primas? No mais das vezes, eram produzidas ou adquiridas diretamente: tomates cultivados no jardim ou porcos no chiqueiro. Outras vezes eram coletadas ou saqueadas, adquiridas por escambo ou recebidas como presentes.

Ao longo do século XIX, esses itens passaram a chegar de modo cada vez mais indireto, pelo dinheiro — o meio pelo qual as mercadorias necessárias passaram a ser compradas. Alguns lares geraram renda ao alugar um quarto. Em outros casos, as famílias receberam uma herança: roupas, móveis, moedas. Os membros de uma família poderiam estar envolvidos na produção de pequenos produtos, vendendo o excedente. O lar era — e continua sendo — um espaço cujos membros podiam não ter relação biológica e talvez vivessem em lugares diferentes, mas com o qual contribuíam com suas várias rendas, aumentando significativamente as chances individuais de sobrevivência (Wallerstein & Smith, 1992, p. 13). Dessa forma, podemos falar do lar como uma unidade de agrupamento de rendimentos, entre suas muitas outras funções. Assim, os lares serviram historicamente como baluartes contra o capitalismo e até como núcleos organizacionais das lutas de classes. No entanto, ao mesmo tempo, as famílias proletárias quase sempre constituíram espaços de opressão, principalmente de adultos sobre crianças e, acima de tudo, de homens sobre mulheres.

Na virada do século, para grande parte da classe trabalhadora nos Estados Unidos, o dinheiro oriundo do trabalho assalariado passou a representar uma parcela muito maior da renda familiar total. Diversas pressões históricas relacionadas, embora distintas, produziram essa dependência maior da renda assalariada. Apesar de recessões e pânico, havia mais empregos assalariados. Para alguns, a oportunidade de trabalhar por salários foi uma pausa bem-vinda dos trabalhos domésticos tradicionais e das hierarquias.

No entanto, a mera disponibilidade de empregos remunerados não se traduzia automaticamente em mais trabalhadores assalariados. Para muitos, a dependência do salário foi uma coação direta ou indireta. Os inquilinos rurais do Nordeste estadunidense, por exemplo, lutaram arduamente pela manutenção da agricultura de subsistência e desafiaram o desenraizamento com greves de aluguéis em meados do século XIX. Esse levante enfrentou a repressão armada de milicianos locais. Enquanto isso, muitos camponeses esperavam que a fronteira oeste proporcionasse oportunidades para reproduzir as economias domésticas tradicionais. Mas o imperialismo ocidental, desde muito antes, era baseado na desapropriação colonial dos povos indígenas. Além disso, os imigrantes tiveram de competir com especuladores de terras, construtores de ferrovias e industriais, muitos dos quais subsidiados pelas políticas do governo. Era muito mais provável que esses camponeses acabassem nas vilas e cidades em busca de emprego (Shannon, 1945, p. 357-59; Kulikoff, 1992, p. 34-59; Summerhill, 2005).

À medida que o capitalismo se expandia ao longo do século XIX, tornava-se cada vez mais difícil sustentar formas alternativas de vida. Para reforçar essa dificuldade, o governo dos Estados Unidos montou campanhas violentas contra comunidades que não dependiam exclusivamente de relações capitalistas, como povos indígenas e mórmons, e lutou para reorganizar seus modos de vida. Perseguir a poligamia, devastar as propriedades da igreja mórmon e abrir o estado de Utah para ferrovias transcontinentais foram ações que precipitaram o fracasso das economias dos mórmons do século XIX, que se esforçavam para manter sua independência ao unir terra e mão de obra (White, 1991, p. 241-2). Outro exemplo é a Lei Dawes, de 1887, que subdividiu as terras de reservas indígenas em lotes de quarenta acres, cada um distribuído para uma família nuclear chefiada por um homem. Esse lote de terras marcou o ápice das políticas coloniais, minando as soberanias dos nativos estadunidenses e desapropriando-os de mais da metade de suas terras de reserva (White, 1991, p. 115; Genetin-Pilawa, 2012; Cahill, 2011).

O cercamento de terras comuns prosseguiu até o fim do século XIX, principalmente no Sul e no Oeste dos Estados Unidos. No Sul pós-guerra civil, por exemplo, o desejo por independência econômica das pessoas anteriormente escravizadas foi frustrado pelo movimento de agricultores brancos para limitar o acesso dos libertos a terras comuns. Essas políticas não apenas asseguraram que os sulistas negros permanecessem como força de trabalho agrícola, mas também transformaram as economias domésticas dos pequenos agricultores (*yeoman*) brancos, que dependiam dessas terras para caçar, pescar e procurar gado. No fim do século, a maioria dos sulistas — brancos e negros — estava sem terra e dependia de relações capitalistas para sua subsistência (Hahn, 1982). No mesmo período, nas antigas regiões mexicanas do Sudoeste, o Congresso e os tribunais negaram a muitos novo-mexicanos, texanos e californianos falantes de língua espanhola os direitos tradicionais a propriedades comunais e pastagens. As empresas de gado e a agricultura comercial substituíram as economias e os ranchos de pastoreio, tirando esses recursos das aldeias e comunidades que haviam subsistido. Esses processos criaram uma mão de obra de trabalhadores agrícolas, mineradores e migrantes (White, 1991, p. 237-41).

Embora os movimentos mais abrangentes de cercamento tenham ocorrido no campo, os moradores urbanos não ficaram imunes a processos semelhantes. Por exemplo, a partir do início do século XIX e durante o século XX, as autoridades municipais dos centros urbanos de todo o país baniram o gado das ruas da cidade. Os porcos, em particular, tornaram-se alvos das regulamentações de saúde pública, sobretudo após a febre amarela e as epidemias de cólera. Não por acaso, os porcos eram frequentemente os animais de fazenda mais acessíveis para as pessoas da classe trabalhadora, porque podiam sobreviver com lixo e em espaço limitado (ou seja, não requeriam campos abertos para pastagem). Na cidade de Nova York, foram necessárias muitas décadas — e um policiamento significativo — para que as leis municipais relativas a suínos prevalecessem sobre os costumes sociais (Fitzgerald, 2002, p. 255-6; Mizelle, 2015; Hartog, 1985).

Como sugerem esses movimentos de cercamento, a crescente dependência dos salários foi um processo altamente desigual, que expressou a vasta e heterogênea geografia política dos Estados Unidos. Conforme cresciam as populações desprovidas, as relações de trabalho não apenas se homogeneizaram como também se especificaram em cada região. No Sul de fins do século XIX, por exemplo, a parceria rural, uma forma particular de trabalho agrícola, emergiu das lutas entre os proprietários de terras e as pessoas anteriormente escravizadas. Sob esse sistema, os contratados eram legalmente definidos como assalariados, e a maioria dos proprietários de terras se recusava explicitamente a pagar pelo trabalho reprodutivo, a fim de forçar todos os membros da família a se envolverem diretamente na produção. Como trabalhadores assalariados, os contratados eram obrigados a comprar seus próprios bens de subsistência, geralmente em lojas de campo, com proprietários de terra ou com comerciantes. Contudo, como havia pouca circulação monetária no Sul durante esse período, a captação de recursos funcionou quase inteiramente no crédito, um padrão que prendia os trabalhadores em ciclos repressivos de dívida. Assim, os parceiros rurais viviam e trabalhavam na terra de outra pessoa não por salários, mas por uma porcentagem da futura safra de algodão, prometida a eles como garantia para que comprassem dos credores os produtos necessários no dia a dia. Em muitos lugares do Sul, o dinheiro não mediava diretamente as relações de trabalho, mas os trabalhadores dependiam de alguma forma de compensação para adquirir os meios de sua reprodução (Anderson, 2013, p. 79-81; Woodman, 1995; Hahn, 1983, p. 155-6; Ransom & Sutch, 1977; Wiener, 1978, p. 36-47, 66-9; Bercaw, 2003, p. 46, 108-9).[4]

A capitalização da reprodução social

Como muitos estudiosos demonstraram, a expansão espontânea do trabalho assalariado transformou completamente a composição das famílias proletárias e a relação entre produção e reprodução social. No início da história dos Estados Unidos, não existia uma separação estrita entre produção e o que hoje é chamado de reprodução social, e, apesar de uma divisão de trabalho por gênero, homens e mulheres não realizavam atividades de tipos categoricamente distintos. A historiadora Jeanne Boydston (1990, p. 20) mostrou que homens e mulheres "traziam matérias-primas para casa, passavam longas horas transformando-as em bens utilizáveis e realizavam as trocas necessárias para complementar os recursos próprios da família".[5] Com o tempo, no entanto, a industrialização tendeu a separar fisicamente o local de trabalho do local de reprodução social, divisão que contribuiu para a crença de que existiam duas esferas de atividade separadas. A crescente dependência das famílias em relação aos salários deu maior poder social aos homens, que passaram a acreditar que eram os principais provedores. Isso encorajou uma divisão adicional da vida social entre o mundo do trabalho, dominado pelos homens, e o do lar, domínio das mulheres. Desse modo, como o trabalho dos homens os levava cada vez mais para fora de casa, seu valor como assalariados

4 Para uma visão geral dos debates sobre caracterização das relações sociais de parceria no campo, ver Marler (2004).

5 Ver também McCurry (1995, p. 37-92).

era legitimado pela desvalorização cultural e ideológica do trabalho doméstico das mulheres. As tarefas domésticas de esposas e mães tornaram-se invisíveis como trabalho, enquanto as mulheres assalariadas eram consideradas a exceção, não a regra. A dependência salarial, portanto, integrou homens e mulheres nas relações capitalistas e contribuiu para formalizar uma divisão rígida e hierárquica do gênero no trabalho das famílias da classe trabalhadora.[6]

A separação ideológica entre produção no local de trabalho e reprodução social no lar obscureceu o fato de que a acumulação de capital era dependente da transformação de atividades socialmente reprodutivas em trabalho diretamente produtivo de mais-valia. A manufatura industrial de têxteis e outros bens de consumo, condição *sine qua non* do capitalismo estadunidense, beneficiou-se diretamente do trabalho externo de mulheres e crianças. Por meio desse sistema de externalização, os fabricantes distribuíam matérias-primas ou produtos semiacabados para lares particulares e pagavam às mulheres para fiar, costurar tecidos, atar solas, trançar palha etc. Milhares de mulheres nas vilas, cidades e sertões estavam, portanto, envolvidas em trabalho socialmente reprodutivo remunerado, mesmo que continuassem atomizadas em suas próprias casas. O aumento do trabalho externo coincidiu com o declínio da autossuficiência das famílias, embora esse trabalho muitas vezes se assemelhasse às tarefas domésticas tradicionais (Dublin, 1985; Stansell, 1987, p. 15).

Eventualmente, muitas dessas atividades se deslocaram para locais de trabalho fora das residências individuais. A indústria têxtil, por exemplo, confiava cada vez menos no sistema de externalização da produção à medida que novas tecnologias se tornavam disponíveis. Em vez disso, a produção passava a ser organizada em fábricas integradas de larga escala, cercadas de

6 Muitas mulheres assalariadas se organizaram para desafiar esses combinados: na década de 1860, por exemplo, trabalhadoras em Boston distribuíram petições por "propriedades rurais", que redistribuiriam terras para mulheres solteiras e permitiriam que elas cultivassem alimentos de forma independente (Vapnek, 2009, p. 19-20).

moradias (pensões) para trabalhadoras, geralmente mulheres jovens, supervisionadas de perto. O trabalho de costura, outrora não remunerado, já que era constitutivo da reprodução das famílias, primeiro foi assalariado e depois fisicamente separado de seu contexto social. As roupas se tornaram mercadorias produzidas em fábricas, vendidas no mercado e compradas com dinheiro.

Outra forma de trabalho socialmente reprodutivo que recebia pagamento era o serviço doméstico, que representava grande parte das ocupações remuneradas no século XIX. Em algumas grandes cidades na década de 1880, por exemplo, havia um empregado doméstico para cada quatro famílias estadunidenses (Duffy, 2007, p. 320; Sutherland, 1981). Algumas casas empregavam uma profusão de serviçais. A centralidade do trabalho doméstico sugere que a distinção entre trabalho socialmente reprodutivo remunerado e não remunerado não era tão nítida.[7] Afinal, as empregadas domésticas realizavam o mesmo tipo de trabalho que executavam para sua própria família; a única diferença era que agora o faziam na casa de outra pessoa e por um salário.

É significativo que esse tipo de reprodução social remunerada ainda tendesse a ser realizado por mulheres. Conforme a distinção ideológica entre produção e reprodução ficava mais rígida, toda uma categoria de "trabalho feminino" se enraizou firmemente, englobando atividades que mais se assemelhavam às do lar. As mulheres que recebiam salários estavam agrupadas nas indústrias têxtil e de confecção, na lavagem, na enfermagem, no serviço e, sobretudo, no trabalho doméstico em casas alheias. Em 1870, por exemplo, 50% de todas as mulheres empregadas trabalhavam como domésticas.[8] É claro que não havia nada de "natural" em atribuir às mulheres a realização dessa categoria de trabalho socialmente

7 Enquanto muitas feministas inicialmente limitaram a reprodução social ao trabalho doméstico não remunerado, alguns estudos têm tentado expandir o conceito para fazer a ponte entre a divisão remunerada e não remunerada. Ver, por exemplo, Glenn (1992) e Duffy (2007).

8 Esse número oscilava de acordo com a região; ver Glenn (1992, p. 7-11), Folbre (1991, p. 465), Weiner (1985, p. 27) e Duffy (2007, p. 320).

reprodutivo. Em vez disso, ideologias de esferas separadas foram reforçadas por noções de que os papéis sociais de homens e mulheres eram atribuídos biologicamente, e não culturalmente. A feminilidade tornou-se associada à domesticidade, ao cuidado, à fraqueza física e à dependência, e essa ideologia moldou quais empregos eram acessíveis às mulheres e o valor dos salários. Empregadores e homens assalariados podiam deduzir que elas eram apenas membros temporários da força de trabalho, que não eram responsáveis por sustentar o próprio lar e que eram física e mentalmente incapazes de executar certos serviços. Assim, as mulheres foram relegadas a empregos com baixos salários e denominados "não qualificados" (Kessler-Harris, 1978; Abramovitz, 1992, p. 26).

Para muitas delas, o trabalho assalariado era, de fato, temporário. Muitas o faziam apenas até o casamento: em 1900, mais de 40% das mulheres solteiras trabalhavam por salários; entre as casadas, essa média era de 6%. No entanto, esses números eram muito mais altos entre as mulheres não brancas e imigrantes, para quem o trabalho assalariado era muitas vezes necessário até a idade adulta (Glenn, 1986, p. 4; Sobek, 2006). Mulheres negras casadas, por exemplo, tinham cinco vezes mais chances de trabalhar por salários do que as brancas. Uma mulher casada podia ser assalariada em empregos diretamente relacionados à situação empregatícia de seu marido — e, em um mercado de trabalho segmentado racialmente, os ganhos dos homens negros eram, em geral, insuficientes para sustentar toda a família; ou, ainda, os homens podiam se dirigir para outras cidades em busca de emprego. Essa maior dependência relativa do salário significava que os lares de famílias negras e imigrantes eram mais precários quando havia flutuação de renda. Para as mulheres casadas dependentes do trabalho remunerado, aqueles que permitiam versões de externalização — como a lavagem de roupas — costumavam ser mais atraentes. Embora os salários fossem baixos, lavar roupa significava que as mulheres casadas podiam realizar trabalho reprodutivo remunerado e não remunerado simultaneamente, até mesmo integrando o trabalho de crianças ou outros membros da família no processo (Dudden, 1983, p. 224-5; Hunter, 1993, p. 208).

Dentro da categoria "trabalho feminino", havia estratificações significativas de raça e classe, e mulheres pobres, negras ou estrangeiras frequentemente encontravam empregos fora do âmbito da agricultura com os mais baixos status e salários. Enquanto muitas mulheres estadunidenses solteiras e brancas podiam, na virada do século, encontrar oportunidades como professoras, em escritórios ou como vendedoras, as imigrantes eram mais propensas a trabalhar na indústria têxtil ou como ajudantes contratadas por famílias de classe média. As mulheres negras encontravam trabalho fora das lavouras quase exclusivamente em serviços domésticos e como lavadeiras. Essa segmentação racial foi tão acentuada que, em algumas grandes cidades, até 90% das mulheres negras remuneradas eram trabalhadoras domésticas (Weiner, 1985, p. 84-7; Jones, 1985, p. 105, 156; Stansell, 1987, p. 156-8; Glenn, 1992, p. 8).[9] Dessa forma, a reprodução social não era apenas de gênero, mas racializada.

O terreno da reprodução social

Assalariada ou não, a reprodução social se tornou crucial, embora muitas vezes negligenciada, na luta da classe trabalhadora nos Estados Unidos. Com a expansão das relações capitalistas, o trabalho não remunerado do consumo — orçamento doméstico, compras de alimentos, gerenciamento das necessidades familiares — tornou-se politizado de novas maneiras, sobretudo em resposta à inflação e ao aumento dos preços no início do século XX. Aluguel, alimentação e custo de vida foram os pontos-chave da contestação que inspirou uma variedade de ações, como boico-

9 Sobre as mulheres irlandesas no serviço doméstico na primeira metade do século XIX, ver Dudden (1983, p. 59-65).

tes, greves de aluguel e organização de cooperativas. Os conflitos relacionados ao consumo — inextricavelmente ligados à contínua dependência dos salários — também se refletiram na ênfase crescente do movimento trabalhista por um "salário digno", que rejeitava ideias mais antigas sobre a determinação salarial econômica e insistia que os valores pagos deveriam sustentar um padrão acima dos níveis de subsistência (Glickman, 1997).

Uma das lutas mais conhecidas por aluguel e alimentação ocorreu no Lower East Side, bairro da cidade de Nova York onde mulheres judias da classe trabalhadora organizaram grandes greves de inquilinos e boicotes de consumo no início do século XX. Em 1902, milhares delas, a maioria donas de casa, organizaram um boicote de três semanas ao Meat Trust [truste da carne] e aos varejistas de carne kosher. Elas fizeram tumultos, piquetes, coordenaram ações com sindicatos, organizaram cooperativas e reuniram recursos para subsidiar alimentos e arrecadar fundos. Esse método inspirou uma onda de organização de inquilinos poucos anos depois e deu início a uma temporada de greves de aluguel a partir de 1907. Essas ações autônomas dos trabalhadores logo ficaram sob a égide do Partido Socialista, que organizou uma greve de aluguel massiva e coordenada em 1908. Os trabalhadores enfrentaram a polícia, enforcaram efígies de proprietários e acenaram com panos vermelhos em suas janelas (Joselit, 1986; Hyman, 1980; Orleck, 1995, cap. 1). Menos de uma década depois, quando a inflação em tempo de guerra chegou ao maior patamar de todos os tempos, as mulheres no Brooklyn novamente responderam com protestos aos aumentos de preços, derrubando carrinhos de mão, colocando a produção em chamas e combatendo a polícia. Essas lutas logo se espalharam para outras cidades, como Washington, Boston e Filadélfia (Frieburger, 1984).

Assim, a política do consumo frequentemente ligava as lutas das não remuneradas a um movimento trabalhista mais amplo. O trabalho de Dana Frank na greve geral de 1919 foi um bom exemplo desse contexto. A greve geral envolveu uma grande coordenação de consumidores em cooperativas de alimentos que sustentavam cerca de trinta mil pessoas por dia. As cooperativas de consumidores resistiram após o fim da greve, valorizando o poder das atividades de compra dos trabalhadores e desafiando a exploração no ponto de consumo, como alguns diziam na época. Embora dificilmente estivessem livres de tensões e contradições internas, esses movimentos foram construídos por homens e mulheres, assalariados ou não. De fato, as donas de casa da classe trabalhadora eram particularmente ativas, pois seu trabalho no orçamento familiar foi profundamente afetado pela alta inflação da época (Frank, 1991, p. 38-71).

No entanto, se as lutas pela reprodução social vinculavam os trabalhadores não remunerados ao ponto de consumo, também desempenhavam uma função articuladora interessante entre os trabalhadores assalariados, entrelaçando diferentes tipos de lutas. A greve das lavadeiras do Sul dos Estados Unidos, em 1881, foi uma representação notória dessa situação. Exigindo maior remuneração, respeito e controle sobre seu trabalho, vinte lavadeiras negras formaram um sindicato em Atlanta, na Geórgia, convocando uma greve em julho daquele mesmo ano (Hunter, 1997, p. 88-97). Apoiando-se na natureza comunitária do serviço de lavanderia na comunidade negra, e conversando de porta em porta, essa greve evoluiu para uma grande luta. Em três semanas, a Washing Society [Sociedade das lavadeiras] não apenas representava três mil grevistas e simpatizantes como também conseguiu envolver algumas lavadeiras brancas, e isso em um período de segregação racial. A greve resistiu à repressão feroz e se espalhou para outras indústrias da reprodução social. Enfermeiras, cozinheiras e empregadas domésticas começaram a protestar por salários mais altos, e até os homens que trabalhavam em outras indústrias de serviços entraram em greve. Como a greve das lavadeiras revelou, os trabalhadores podiam usar o terreno da reprodução social como poderoso espaço de ação da classe trabalhadora. Como conclui a historiadora Tera W. Hunter:

> Por meio de redes comunitárias formais e informais, nas quais eram compartilhadas rotinas e locais de trabalho, espaços de con-

> vivência e atividades sociais, os grevistas chegaram a milhares de mulheres e homens. Essas importantes redes cotidianas e espaços sociais confluíram para reforçar a greve: não apenas promoveram a sobrevivência cotidiana, mas também construíram uma base para a ação política. As áreas da sobrevivência cotidiana, por um lado, e a resistência e os protestos políticos em larga escala, por outro, reforçavam-se mutuamente; ambos eram partes necessárias de um conjunto cultural coletivo de atividade da classe trabalhadora. (Hunter, 1997, p. 97)

Embora altamente desigual, segmentado entre trabalhos assalariados, femininos e muitas vezes invisíveis, o terreno irregular da reprodução social não era somente um espaço de luta: era um potencial espaço de formação de classe. Greves de aluguel, boicotes de consumo e manifestações exigiram muita auto-organização. A autoconfiança e a ajuda mútua tinham o potencial de construir solidariedade. As ações em torno da reprodução social não só poderiam desencadear lutas em outros espaços, mas fundi-las. Reconhecer esses fatores modifica nossa compreensão da história da formação da classe trabalhadora nos Estados Unidos. Em vez de uma história confinada ao trabalhador industrial masculino, vemos que a cada passo do caminho as lutas proletárias se desenvolveram por meio da reprodução social, muitas vezes provocando grandes agitações.

Auxílio social

A ação coletiva muitas vezes mostrou-se fundamental ao bem-estar material dos trabalhadores, que, no entanto, também procuraram alguma forma de ajuda externa. A dependência salarial gerava precariedade. O emprego em tempo integral estava longe da norma; muitas ocupações eram sazonais, e os contratos geralmente eram de meio período. Quando o pânico econômico se instaurava, o que ocorria com frequência, acentuava-se a insegurança dos trabalhadores (Keyssar, 1986, p. 50). Ao longo do século XIX, muitas pessoas precariamente empregadas buscaram ajuda em casas de caridade ou contaram com auxílios públicos para sem-teto, que garantiam aos necessitados suporte material sem que dependessem de esmolas ou fossem forçados a ingressar em instituições assistenciais. No entanto, o pânico e o aumento da classe trabalhadora geraram uma demanda crescente que sobrecarregou a tradição de caridade e as instituições locais. Ao mesmo tempo, o pensamento social da elite tornou-se cada vez mais hostil às formas tradicionais de assistência pública: muitos na classe média acreditavam que isso incentivava a "ociosidade" entre os trabalhadores (Gutman, 1965, p. 255, 257, 261).

Nas décadas de 1870 e 1880, essa pressão sobre o auxílio público aos pobres inspirou inovações — e recuos — nos serviços de assistência social. A classe média defensora da chamada "caridade científica" liderou campanhas para reduzir auxílios que não fossem dados por meio de instituições (Huyssen, 2014, p. 141). Com suposições enraizadas sobre o fracasso das pessoas pobres, essas políticas tentavam remover indivíduos sem deficiência da lista de beneficiários de ajuda pública, transformar albergues tradicionais em instituições para idosos e doentes mentais e transferir os filhos de pais pobres para orfanatos. Algumas pessoas que não trabalhavam recebiam cuidados em instituições públicas, mas essas políticas se mostrariam desastrosas para as famílias de trabalhadores e sua capacidade de se sustentar. O auxílio para homens e mulheres empregados passou a ser cada vez mais delegado a organizações de caridade, que se reorganizavam para alcançar a máxima eficiência e racionalidade burocrática. Essas instituições de caridade "científicas" particulares faziam julgamentos sobre quem merecia ajuda e excluíam os fisicamente capazes de trabalhar. O objetivo era incutir disciplina na classe trabalhadora, dissuadi-la da dependência e da ideia de que o auxílio público era um direito. O efeito foi institucionalizar a noção de pobres merecedores e não merecedores, que permanece embutida nas políticas públicas dos Estados Unidos até hoje (Kaplan, 1978; Abramovitz, 1996, p. 137-71; Katz, 1996, cap. 3; 1989).

Contudo, a ação e a militância constantes da classe trabalhadora, o crescimento explosivo das cidades e da imigração, a disseminação do socialismo e das insurgências dos agricultores e a depressão de 1893 revelaram as inadequações desse modelo de auxílio à pobreza. De fato, como Michael Katz (1996, p. 117) escreveu, "os anos 1890 marcam o início de uma nova era na história do bem-estar social". Essa onda de reforma envolveu um espectro de atividades e grupos de objetivos heterogêneos, mas unidos na crença de que essa forma de capitalismo era insustentável. Entre as elites corporativas, surgiu um movimento pelo "capitalismo social", que reconheceu que a capacidade insuficiente dos trabalhadores para se reproduzir era ruim para os negócios: trabalhadores mais felizes e saudáveis — eles argumentaram — ajudariam a mitigar as altas taxas de rotatividade. Assim, organizações como a National Civic Federation [Federação cívica nacional] (NCF) fizeram tentativas de aliança com os segmentos mais conservadores do movimento trabalhista e defenderam políticas para subsidiar a saúde, a recreação e a habitação dos trabalhadores.

Não por coincidência, o movimento em prol de programas de bem-estar corporativo também teve como objetivo minar o poder dos sindicatos, que em alguns setores começaram a organizar suas próprias iniciativas de seguridade. A organização sindical United Mine Workers of America [Trabalhadores de minas unidos dos Estados Unidos], por exemplo, negociava melhores salários e condições de trabalho, e também garantiu hospitais e seguro-saúde, de invalidez e de vida, com o objetivo de proteger os trabalhadores dos consideráveis perigos da mineração. Os afiliados travaram lutas significativas para impedir que esses programas fossem cooptados por iniciativas de bem-estar corporativo e para manter o controle dos trabalhadores sobre a esfera da saúde (Derickson, 1988; 1992; United States Bureau of Labor Statistics, 1909). Como esse exemplo sugere, as disputas entre capital e organizações trabalhistas se desenrolaram não apenas no chão da fábrica, mas também no terreno da reprodução social.

Entre os capitalistas, o desejo de controlar a vida social dos trabalhadores foi representado por Henry Ford. De fato, os experimentos de Ford com a racionalização da produção em sua fábrica vieram acompanhados da racionalização do trabalho socialmente reprodutivo em casa, ressaltando novamente o vínculo inextricável entre os dois. Por um lado, Ford esperava que os homens se mantivessem em boa posição moral, que seus filhos frequentassem a escola e suas esposas ficassem em casa. Por outro, esperava-se que as esposas administrassem o orçamento de acordo com o salário do marido, mantivessem a casa arrumada e educassem a geração seguinte. Para ajudar nesse trabalho, a empresa concedia empréstimos para a compra de móveis e mantinha uma equipe de médicos e enfermeiros para oferecer conselhos de saúde. E, para garantir a máxima disciplina, o departamento de sociologia da Ford contratou quase duzentos inspetores para interrogar os trabalhadores, entrar na casa deles sem aviso prévio, verificar o trabalho das esposas e até investigar como o orçamento doméstico era administrado. Se não obedecessem ao modelo de reprodução social da Ford, os funcionários corriam risco de demissão. A empresa implementou essa racionalização como um projeto nacionalista, sujeitando inclusive os trabalhadores imigrantes aos moldes estadunidenses (Gramsci, 2000; Costa, 2015, p. 8-9).[10]

Ao sujeitar as rotinas domésticas dos funcionários à inspeção e à disciplina, Ford contribuiu para um movimento amplo e heterogêneo de reformistas da classe média, composto sobretudo por mulheres que se interessavam pela "elevação" moral e física da classe trabalhadora. Nas organizações filantrópicas privadas e nas associações profissionais de assistência social, a política maternalista das mulheres da classe média projetava os ideais da domesticidade para transformar a sociedade. Elas priorizavam uma série de causas (alimentação segura, por exemplo), porém concentravam

10 Sobre Ford, ver Snow (2013 [2014], cap. 13 e 14).

suas energias principalmente na regulação da vida e do trabalho de mulheres e crianças da classe trabalhadora. Horrorizadas com as condições de vida das trabalhadoras assalariadas, as reformistas da classe média pressionavam por proteções trabalhistas para limitar o número de horas de trabalho das mulheres e o esforço físico de seu trabalho. Em resposta a esse movimento reformista, nas primeiras décadas do século XX um número crescente de estados implementou programas de pensão materna para ajudar mães que não tinham o apoio da renda de um homem. Esse tipo de legislação reforçava o papel das mulheres como mães e esposas — as árbitras da reprodução social — e era frequentemente favorecido por sindicatos que temiam a crescente participação da força de trabalho feminina (Montgomery, 1987; Cyphers, 2002; Weinstein, 1968; Koven & Michel, 1990; Peiss, 1986, p. 42-3).

Assim, no fim do século XIX e início do XX, esse impulso reformista privado contribuiu para a expansão incremental da legislação de proteção, que se interessava particularmente pelas famílias e lares. Essas preocupações foram moldadas não apenas pela instabilidade do capitalismo mas também pelo endurecimento das ideias de pureza nacional. Por exemplo, na virada do século, a maioria dos estados implementou um sistema de ensino obrigatório que servia a propósitos sociais contraditórios. Se essas instituições públicas subsidiavam os cuidados e prometiam novas oportunidades para os filhos de imigrantes e da classe trabalhadora, elas também serviam para americanizar, propagar e inculcar certas ideologias e comportamentos culturais essenciais para forjar a mão de obra e a nação. O movimento educacional dos progressistas complementou, assim, a obsessão pela pureza racial e pelo nacionalismo. Os resultados dessas iniciativas reformistas foram particularmente radicais para as crianças indígenas dos Estados Unidos: muitas foram literalmente forçadas pelo governo federal a abandonar suas comunidades para frequentar escolas industriais, onde aprenderam ofícios manuais ou domésticos (Katz, 1996, p. 134-7, 215-7; Coontz, 1988, p. 274; Abramovitz, 1996, p. 185-7; Gordon, 1994; Adams, 1995).

Apesar dessa expansão dos regulamentos e do policiamento estaduais, a reforma progressiva se dava de modo geograficamente desigual e a conta-gotas. Isso ocorreu em grande parte porque as reformas foram realizadas pelos governos estaduais individualmente, e não pelo governo federal, cuja ação foi limitada por barreiras constitucionais e pela arquitetura do federalismo (Welke, 2001, p. 351-2; Gerstle, 2015, p. 80-2; Skocpol, 1992). A execução, então, ficava a cargo dos municípios, e até mesmo programas sociais mais robustos eram significativamente subfinanciados (Skocpol, 1992, p. 471-2). Assim, embora os estados tivessem se tornado uma força importante na vida material dos trabalhadores, essas reformas parecem menores em comparação com o que viria a seguir.

O compromisso histórico

A catástrofe da Grande Depressão transformou irreversivelmente a reprodução social nos Estados Unidos. Como o proletariado havia aumentado, e sempre tão dependente do salário, o súbito colapso econômico se mostrou desastroso para a maioria dos lares da classe trabalhadora. A crise fez as taxas de desemprego subirem para 25%, e quase treze milhões de estadunidenses ficaram sem trabalho. Com os salários em colapso e milhões desocupados, esses trabalhadores lutaram para sobreviver. Os alimentos eram simplesmente muito caros para famílias empobrecidas, e muitas cidades dos Estados Unidos sofreram com a escassez alimentar; pobres demais, os fazendeiros deixavam as colheitas apodrecerem nos campos. Milhares de famílias não podiam pagar aluguel. Despejadas, elas construíram favelas, conhecidas como Hoovervilles,[11] em torno das cidades. Muitos usaram papelão, estanho e mate-

11 Assentamentos de pessoas sem-teto construídos durante o período da Grande Depressão, os Hoovervilles ganharam esse nome graças ao então presidente dos

riais descartados para construir abrigos; outras famílias cavaram buracos na terra; muitos proletários se instalavam em canais de água vazios. A mortalidade infantil disparou, um quarto das crianças em idade escolar ficou desnutrida, doenças como tuberculose se espalharam sem controle, as taxas de suicídio aumentaram em todo o país e as grandes disparidades nas condições de vida dos estadunidenses foram totalmente reveladas (Piven & Cloward, 1979, p. 47-8; Costa, 2015, p. 27-35).

Essa conjuntura teve enormes consequências para a composição dos lares. Na esperança de somar rendas para enfrentar a crise, muitas famílias juntaram membros e cresceram substancialmente durante a década de 1930. Em outros casos, a Depressão dilacerou o ambiente familiar (Cooley, 1936). Os casais se divorciavam, as famílias se desmanchavam e muitos estadunidenses, homens e mulheres, pegavam a estrada. Estima-se que, no início dos anos 1930, mais de meio milhão de homens vagou pelo país, a pé ou de trem, procurando emprego (Crouse, 1986, p. 48). Nesse contexto, alguns experimentaram formas alternativas de organizar a vida social. Moradores de rua, por exemplo, criaram as "selvas de mendigos" para compartilhar comida, combustível, água, fogo e informações, além de cuidar e proteger uns aos outros. Ocasionalmente, proletários sem-teto formavam comunidades autônomas em larga escala, às vezes em grandes cidades (Crouse, 1986, p. 97-102; Anderson, 1961).[12]

Com a Grande Depressão, o capitalismo enfrentou uma crise de proporções sem precedentes. Muito mais grave do que a queda na taxa de lucro, a acumulação capitalista efetivamente interrompeu a reprodução contínua da classe trabalhadora e, com isso, sua própria condição de existência. Além disso, os trabalhadores começaram a revidar. Desempregados organizaram manifestações em massa em quase todas as grandes cidades

---

Estados Unidos, Herbert Hoover, que se recusava a prover auxílio federal à população mergulhada na miséria. [N.E.]

12 Ver DePastino (2003) para um panorama mais amplo dos sem-teto nos Estados Unidos.

estadunidenses.[13] Na primavera de 1932, milhares de veteranos famintos marcharam em Washington, ocupando partes da capital. Em 1934, uma greve geral paralisou a cidade de São Francisco por quatro dias. Em 1936, trabalhadores da indústria automobilística em Flint, Michigan, organizaram uma greve contra a General Motors. Lutas generalizadas logo se traduziram no rápido crescimento de organizações formais. O número de membros do sindicato United Auto Workers [Trabalhadores do setor automotivo unidos], por exemplo, cresceu de trinta mil para quinhentos mil em menos de um ano. Até o Partido Comunista dos Estados Unidos (CPUSA) ostentou cem mil filiados no fim da década de 1930, atraindo um número maior de desempregados do que de assalariados (Storch, 2009, p. 102).

Sob essa crise, as distinções entre produção e reprodução social, trabalhadores assalariados e não assalariados, foram novamente embaralhadas. As lutas se desenrolaram não apenas no chão de fábrica como também no terreno da reprodução social (Costa, 2015, cap. 3). Contra os altos preços, as mulheres organizaram greves de pão, carne e leite (Triece, 2007, p. 64-9). Em 1931, várias centenas de mulheres e homens famintos invadiram um mercado em Minneapolis para roubar pão, frutas, carnes e alimentos enlatados. Embora a mídia tenha se recusado a divulgar os tumultos por medo de propagá-los, essas ações se espalharam a tal ponto que, em 1932, "saques organizados de alimentos eram um fenômeno em todo o país", como escreveu Irving Bernstein (1970, p. 421-3). Esses protestos logo se uniram às greves de aluguel. Grupos de trabalhadores, muitas vezes liderados por comunistas, uniram forças para impedir despejos de famílias e até lutar contra a polícia a fim de reinstalar as pessoas que haviam sido despejadas (Piven & Cloward, 1979, p. 53-5).

Contudo, a reprodução social não era simplesmente um terreno de luta; ela emergiu rapidamente como um campo de recomposição

13 Sobre as lutas dos desempregados, ver Piven e Cloward (1979, cap. 2).

de classe.[14] Diferentes setores da classe trabalhadora estadunidense começaram a se articular em uma unidade classista mais ampla por meio de lutas pautadas pela reprodução social — por comida, moradia e assistência. Em Chicago e no Harlem, em Nova York, greves de aluguel uniram trabalhadores negros e brancos; em Detroit, o movimento trabalhista se juntou ao movimento dos desempregados; no Sul, os comunistas se vincularam às lutas contra o desemprego e contra o racismo; em todo o país, as mulheres lutaram ao lado dos homens, os trabalhadores superaram as divisões ocupacionais para exigir maior assistência, e as mulheres brigaram para vincular as demandas domésticas à esfera da produção (Naison, 1984; Ware, 1982, cap. 5; Shaffer, 1979; Triece, 2007; Lucia, 2010; Costa, 2015, p. 79-83). Embora esse processo fosse desigual e repleto de contradições, a reprodução social tornou-se um campo primário de formação de classe durante um dos momentos de mais intensa atividade militante da história dos Estados Unidos. Em bairros, prédios de apartamentos, parques, escolas e ruas, a classe trabalhadora se transformou em um sujeito político.[15]

Para essa recomposição como classe política, foi fundamental o reconhecimento de que a crise não decorreu de qualquer falha individual, mas do próprio sistema. Em vez de tratar a pobreza como sinal de fracasso pessoal, os trabalhadores se uniram para exigir que o sistema que causou a crise fosse responsabilizado. Esse movimento assumiu várias formas, mas a principal foi a demanda por maior auxílio (Piven & Cloward, 1972, parte 1). Os trabalhadores invadiram os escritórios locais de assistência e exigiram

14 Para pesquisas sobre o conceito de "composição de classe", ver Red Notes (1979); Wright (2002); Mohandesi (2013); e Grupo Kolinko, "Notas sobre composição de classe", trad. Grupo Autonomia, jan. 2002.

15 A ideia de que o terreno da reprodução social seja capaz de operar como local de recomposição de classe deriva do trabalho de feministas italianas da tradição operária. Embora formulada para refletir sobre as lutas no presente, essa visão também estimulou uma série de escritos históricos, e não apenas sobre a Itália. Em *Family, Welfare, and the State* [Família, bem-estar e o Estado] (2015), por exemplo, Mariarosa Dalla Costa afirma explicitamente que esse processo de recomposição de classe ocorreu nos Estados Unidos durante a Grande Depressão.

ajuda monetária, assistência médica gratuita, refeições e trabalho. Como um relatório da American Public Welfare Association [Associação pública de bem-estar dos Estados Unidos] (APWA) mais tarde descreveria,

> Os escritórios de assistência eram tomados por grandes comitês, com dez, quinze, vinte, e, às vezes, mais pessoas, que exigiam audiência imediata, sem hora marcada e desconsideravam os horários dos funcionários [...]. Frequentemente, esses grandes comitês eram apoiados por multidões da vizinhança que se reuniam do lado de fora do escritório e esperavam enquanto os comitês apresentavam as "demandas". (Seymour *apud* Piven & Cloward, 1979, p. 57)

Em lugares como o Harlem, se os oficiais de assistência se recusassem a atendê-los, os trabalhadores acampavam nos escritórios ou até quebravam mesas e cadeiras, provocando confrontos intensos com a polícia (Naison, 1984, p. 76).

Quando essas instituições locais e estaduais ficaram sobrecarregadas, muitos trabalhadores exigiram que o governo federal assumisse a responsabilidade. Dessa maneira, a década de 1930 marcou uma transformação significativa nas atitudes da classe trabalhadora em relação ao Estado. Muitos trabalhadores começaram a acreditar que o governo federal tinha a responsabilidade de fornecer o auxílio que até então estava na alçada de filantropos, capitalistas do bem-estar social ou governos locais. Em maior número, eles exigiram que o governo dos Estados Unidos cobrisse os custos de sua reprodução social (Cohen, 1990, cap. 6; Costa, 2015, p. 62, 73-5).

De fato, até mesmo trabalhadores militantes que queriam derrubar o capitalismo começaram a expressar tais demandas. Embora tenha sido um dos primeiros a organizar os desempregados, solicitando seguro-desemprego e ajuda emergencial em 1930, o Partido Comunista insistiu que os trabalhadores "não deveriam ter ilusões de que o governo concederá essas medidas de alívio parcial" (Klehr, 1984, p. 50). No entanto, as experiências de organização cotidiana logo levaram os ativistas a repensar sua secundarização das demandas e lutas por necessidades imediatas. Como pontuou Steven Nelson (*apud* Lucia, 2010), um líder comunista de Chicago: "Passamos as primeiras semanas fazendo levantes contra o capitalismo [...]. Mas, ainda que as pessoas ouvissem nossos argumentos, não poderíamos oferecer muita esperança para o futuro imediato. Como elas pagariam o aluguel, comprariam comida e sobreviveriam enquanto isso?".

No outono de 1930, a própria Internacional Comunista (Comintern) criticou o CPUSA por não ter ido longe o suficiente em sua luta por auxílios federais, levando o partido a reorientar sua estratégia (Klehr, 1984, p. 52-3). Em 1935, quando a Comintern adotou formalmente a estratégia da Frente Popular, o CPUSA concordou em colaborar com o Partido Democrata e clamar por uma revolução maximalista enquanto canalizava a raiva dos trabalhadores para as reinvindicações ao Estado, a fim de que ele subsidiasse a reprodução social.

A mudança de atitude da classe trabalhadora com relação ao Estado levou à mudança de atitude do Estado para com a classe trabalhadora. Em resposta a essas pressões, o governo federal, sob a administração do presidente Franklin D. Roosevelt, começou a experimentar novas maneiras de gerenciar o capitalismo.[16] Eram, no início, projetos incipientes e desconectados, mas logo se transformaram em uma lógica governante coerente ao longo da década de 1930. Sob o New Deal, o Estado interveio diretamente na economia, regulamentou empresas capitalistas, desenvolveu novas políticas monetárias e administrou a luta de classes mediante grandes concessões aos trabalhadores.[17] Com essa nova conduta, os trabalhadores deixaram de ser tratados como obstáculo para o lucro e passaram a ser tidos como parceiros necessários na busca por um crescimento permanente. Como afirmaram Silvia Federici e Mario Montano, as

16 Sobre o papel do Estado na reprodução da coesão social, ver, entre outros, Althusser (2014 [1999]) e Poulantzas (1973 [2019]; 1978 [2009]).

17 Sobre o New Deal, ver Katznelson (2013).

"necessidades da classe trabalhadora não podem mais ser reprimidas violentamente; elas devem ser satisfeitas, para garantir o desenvolvimento econômico contínuo" (Federici & Montano, 1972, p. 16). Assim, foi possível aumentar os salários, proteger os sindicatos e promover a contratação, pelo Estado, de milhões de desempregados.

Um aspecto elementar dessa nova estratégia estatal foi a ajuda aos custos de reprodução social, um padrão que assumiu muitas formas diferentes.[18] Talvez o programa mais dramático tenha sido a Federal Emergency Relief Act [Lei federal de auxílio emergencial], que, além de auxílio trabalhista e pagamentos em espécie, transferia fundos diretamente para os trabalhadores. Em uma ruptura significativa com o passado, a assistência não se limitou a viúvas, crianças e deficientes, estendendo-se a todos os desempregados. De fato, no inverno de 1934, vinte milhões de pessoas, quase um sexto da população total, receberam esses pagamentos (Piven & Cloward, 1972, p. 75). Muitos argumentaram que os trabalhadores resistiram ao auxílio por vergonha, mas as evidências sugerem que vários deles não apenas receberam bem a ajuda federal direta como também se sentiam merecedores dela. Em 1934, uma assistente social pontuou que "há uma tendência notável em se considerar a obtenção de auxílio como outra maneira de ganhar a vida" (Cohen, 1990, p. 271). Desse modo, alguns homens e mulheres passaram a ver os pagamentos diretos do Estado como componente fundamental para a renda total da família. Por ser uma medida de emergência, a lei logo expirou, mas o Estado formalizou os benefícios em dinheiro em 1935, quando o presidente Roosevelt assinou a Social Security Act [Lei de seguridade social], uma legislação inovadora que transferiu dos órgãos locais e estaduais para o governo federal a responsabilidade pelo pagamento do auxílio. Determinando os contornos do moderno Estado de bem-estar, essa lei estabeleceu provisões para indenização por desemprego, aposentadoria e ressarcimento dos trabalhadores. Também assegurou assistência pública aos

18 Para um panorama desses programas, ver Katz (1996, cap. 8).

pobres, incluindo auxílio direto a crianças dependentes (Aid to Dependent Children [Auxílio às crianças dependentes], depois renomeado Aid to Families with Dependent Children [Auxílio a famílias com crianças dependentes] — AFDC).

Além das várias formas de seguro social, o governo federal também começou a emitir pagamentos em espécie. Por exemplo, em 1933, a Federal Surplus Relief Corporation [Corporação federal de auxílio excedente] (FSRC) passou a distribuir alimentos e combustível para famílias carentes, começando com carne de porco. Em dezembro do mesmo ano, entregou três milhões de toneladas de carvão a trabalhadores desempregados no Noroeste.[19] No outono de 1934, foram quase setecentos milhões de libras [cerca de 315 mil toneladas] de alimentos, como maçãs, feijões e carne bovina, fornecidos a famílias de trinta estados.[20] O Estado central não apenas forneceu aos trabalhadores matérias-primas para reprodução social; em alguns casos, ofereceu-se para assumir completamente as atividades socialmente reprodutivas. As Escolas de Enfermagem de Emergência, por exemplo, originalmente projetadas para fornecer trabalho para professores, agentes de segurança, cozinheiros e enfermeiros desempregados, acabaram disponibilizando creches para muitas famílias pobres da classe trabalhadora nos Estados Unidos (Cahan, 1989, p. 26-7).

Os programas mais conhecidos do New Deal talvez sejam os projetos de grandes obras públicas, que construíram uma nova infraestrutura e melhoraram a qualidade de vida de milhões de estadunidenses pobres, reformulando as condições dos processos reprodutivos. Por meio da Public Works Administration [Administração de obras públicas dos trabalhadores] (PWA), por exemplo, o governo federal investiu em milhares de novas pontes, estradas, obras hidráulicas, hospitais e escolas. Esse tipo de investimento

19 "Coal Ordered for Needy" [Entrega de carvão para os necessitados], *The New York Times*, 15 dez. 1933.

20 "Relief Foods Total 692,228,274 Pounds" [Auxílio totaliza 313.989 toneladas de alimentos], *The New York Times*, 10 out. 1934.

teve impacto especialmente dramático fora dos centros urbanos, onde o desenvolvimento econômico era desigual. Por exemplo, a Rural Electrification Act [Lei de eletrificação rural] (REA) permitiu que o governo federal levasse energia para grandes áreas do país, especialmente áreas rurais pobres, o que ajudou a proporção de fazendas com acesso à energia elétrica a subir de 20%, em 1934, para 90% em 1950 (Foner, 2012, p. 811). Com acesso à eletricidade, a produção agrícola melhorou e muitos outros lares se beneficiaram dos novos produtos que poupavam trabalho, como fogões elétricos e geladeiras. Além de desenvolver infraestrutura e serviços públicos, o Estado central também passou a assumir um papel importante no trabalho afetivo de entretenimento e assistência social, criando parques, estádios, museus e outras instalações recreativas. Por exemplo, com a Works Progress Administration [Administração de progresso de obras] (WPA), o governo federal construiu mais de 750 piscinas e renovou centenas mais entre 1933 e 1938 (Wiltse, 2007, cap. 4). Além de fornecer milhões de empregos, esses vários projetos federais mudaram os contornos da vida social para milhões de pessoas, reorganizando as rotinas de atendimento, trabalho, transporte e consumo.

Esses programas sociais custaram caro. Embora tenham salvado muitos trabalhadores da pobreza, eles também reorganizaram a composição da classe trabalhadora, reforçaram divisões internas e excluíram experimentos de autorreprodução. De fato, o New Deal girava em torno de hierarquias sociais entre os trabalhadores. O governo Roosevelt considerava o influxo de mulheres na força de trabalho assalariada uma ameaça potencial e, assim, usava os programas para restabelecer as divisões laborais de gênero: mulheres cujos maridos trabalhavam para o governo eram demitidas do serviço público; mulheres casadas tiveram empregos negados; o chamado salário da família[21] foi formalizado, e a noção de trabalho feminino, confirmada (Ware, 1982, p. 28; Kessler-Harris, 1999). Por meio desse tipo de política, o New Deal

21 *Family wage*, valor salarial considerado suficiente para sustentar uma família. [N.E.]

reforçou a família heteronormativa como o principal campo da reprodução social. De fato, a família alicerçada no trabalho doméstico feminino, argumenta Mariarosa Dalla Costa, tornou-se a instituição social mantenedora desse compromisso histórico:

> Na tarefa geral de defender o poder de compra dos salários, reabsorver e reproduzir indivíduos que não são imediatamente ativos, produzindo com sucesso nova mão de obra, reproduzindo a mão de obra ativa e, portanto, defendendo a capacidade de consumo em geral, a família operava no centro do New Deal de Roosevelt. (Costa, 2015, p. 94)[22]

Além de apoiar a família nuclear, o New Deal institucionalizou o racismo em seus programas sociais mais elogiados. Essa discriminação está presente no projeto inicial: sob pressão dos democratas do Sul, a lei de seguridade social negou seguros aos trabalhadores domésticos e rurais, setores nos quais predominava a mão de obra afro-estadunidense. O resultado foi um grande número de trabalhadores negros excluídos dos benefícios do compromisso do New Deal. Assim, as mesmas políticas que ajudaram a arcar com os custos da reprodução social também reforçaram a desigualdade e mantiveram a classe trabalhadora dividida e fragmentada, repleta de opressões raciais e de gênero (Foner, 2012, p. 820-6). O governo Roosevelt alinhou trabalhadores negros e segregacionistas do Sul dentro do mesmo partido, o que sugere como foram limitados e contraditórios os programas do New Deal.[23]

Finalmente, os programas de assistência social reforçaram a dependência dos trabalhadores estadunidenses em relação ao salário. Em uma época em que alguns trabalhadores requeriam direito à vida, o Estado se somou à ideologia do trabalho. Depois de prover auxílio emergencial, o governo dos Estados Unidos evitou as transferências diretas de renda por medo das expectativas que

22 Ver também Gordon (1994) e Kessler-Harris (1999).

23 Cowie (2016) ressalta esse ponto. Ver também Katznelson (2013).

elas poderiam gerar. Em vez disso, o Estado reforçou a santidade do trabalho, solidificando a ideia de que, na sociedade capitalista, era preciso trabalhar para sobreviver. Assim, em outubro de 1934, o presidente Roosevelt anunciou publicamente que os pagamentos diretos deveriam ser encerrados e seguiu com a nova política de empregar milhões de trabalhadores em programas governamentais. Por meio de programas como a Works Progress Administration, a reprodução dos trabalhadores foi indiretamente coberta pelo salário, e as relações sociais do capitalismo se estabilizaram. Em alguns aspectos, essas relações se aprofundaram: nas plantações em todo o Sul, o New Deal incentivou os proprietários de terras a reduzir a produção e a mecanizá-la, marcando outro movimento de cercamento, que obrigou trabalhadores por empreitada e pequenos arrendatários a procurar trabalho de boa-fé em outros lugares (Wright, 1996, p. 226-38; Robbins, 1994, p. 158-61).

Nesse sentido, o que chamamos de compromisso histórico não foi simplesmente uma trégua entre capital, trabalho e Estado, e sim uma troca: o Estado começou a subsidiar muitos dos custos da reprodução social, enquanto famílias da classe trabalhadora tornavam-se amplamente dependentes das relações capitalistas.

Expandindo o compromisso

Embora muitos programas do New Deal tenham sido reduzidos, transformados ou desmontados no fim da década de 1930, o compromisso se manteve. De certa forma, a Segunda Guerra Mundial de fato aumentou a presença do governo nas rotinas diárias da reprodução social, uma vez que a necessidade da participação das mulheres no mercado de trabalho obrigou as autoridades federais a expandir os cuidados com as crianças (Cahan, 1989, p. 27-30). Após a guerra, o Fair Deal do presidente Harry Truman, apesar de limitado em muitos aspectos, continuou o legado do New Deal, lançando as bases para novos programas governamentais (Smith, 2012, p. 210-21). Contudo, o ápice do compromisso ocorreu nos anos 1960, com a Great Society do presidente Lyndon B. Johnson.

A Great Society foi além do New Deal em inúmeros e variados aspectos, com o objetivo de incorporar muitos dos grupos inicialmente excluídos do compromisso histórico — sobretudo afro-estadunidenses, latinos e mulheres. Respondendo à pressão dos crescentes movimentos sociais, os funcionários federais mostraram uma nova disposição, embora limitada, de usar o bem-estar social para combater o racismo, o sexismo e outras formas de discriminação (Katz, 1996, p. 260). Os protestos sociais em massa não apenas conseguiram incluir mais pessoas como também se mobilizaram para expandir significativamente os termos do compromisso (Piven, 1990, p. 257). O movimento em prol dos direitos civis, certas correntes do movimento das mulheres e o movimento pelos direitos sociais lutaram por dignidade, aumento da cobertura dos programas governamentais, independência e maior participação dos beneficiários no processo, derrubando muitos dos aspectos punitivos, discriminatórios e autoritários do bem-estar social (Piven & Cloward, 1972, p. 320-40; Nadasen, 2005; 2015; Orleck, 2005; Kornbluh, 2007).

Foi nesse contexto que a Great Society enriqueceu o compromisso, criando um conjunto de políticas públicas para subsidiar a reprodução social e melhorar a qualidade de vida. Entre as expansões mais significativas na assistência federal estavam pagamentos em espécie a famílias pobres. Por exemplo, os gastos federais em cupons alimentícios, inicialmente projetados como uma medida provisória durante a Depressão, aumentaram de 36 milhões de dólares em 1965 para 1,9 bilhão de dólares em 1972. Já na década de 1970, o Congresso ofereceu cupons de alimentos para famílias da classe trabalhadora acima da linha da pobreza e orçamentos adicionais para almoços escolares e suplementos nutricionais. Além de subsidiar o consumo de alimentos dos trabalhadores estadunidenses, o governo Johnson criou, em 1965, o Department for Housing and Urban Development [Departamento de habitação e desenvolvimento urbano], embarcando em um projeto de dez anos para construir seiscentas mil casas para famílias de baixa renda. Em julho do mesmo ano, Johnson criou o Medicare e o Medicaid, que passaram a fornecer serviços de saúde muito necessários para os cidadãos de baixa renda. Os efeitos foram enormes e imediatos: medindo por um único critério, entre 1965 e 1972, a mortalidade infantil nos Estados Unidos diminuiu 33% (Katz, 1996, p. 269-76).

À medida que o Estado de bem-estar social se expandia e se reformava, ativistas políticos discordavam bastante quanto aos objetivos estratégicos em longo prazo. Alguns grupos desejavam ampliar, democratizar e, finalmente, melhorar os programas sociais do governo, ainda que as raízes capitalistas desse bem-estar permanecessem intactas. Outros esperavam usar esses vários programas federais como ferramentas de empoderamento, para implantar o Estado de bem-estar social contra outras formas de opressão, como a violência doméstica.[24] Outros ainda argumentavam que o compromisso, por mais que fosse benéfico para os trabalhadores em curto prazo, servia para gerenciar os conflitos e fazer retroceder a luta de classes, unir capitalistas concorrentes e manter os lucros fluindo sem problemas, fortalecendo, em última instância, o modo de produção capitalista. A lógica capitalista subjacente do Estado de bem-estar social não era segredo; Lyndon B. Johnson elogiou o programa de cupons alimentícios justamente por "elevar de modo substancial as dietas das famílias de baixa renda, fortalecer o mercado para o agricultor e melhorar imensamente o volume de vendas de alimentos no varejo".[25] Assim, para muitos radicais, a tarefa não era melhorar o Estado de bem-estar social ou usá-lo para se empoderar, mas derrubá-lo completamente.

No entanto, até mesmo os ativistas mais revolucionários das décadas de 1960 e 1970 incorporaram os preceitos do Estado de bem-estar social em seus movimentos, ainda que tentassem subvertê-los. Algumas feministas radicais, por exemplo, basearam

24 Para uma articulação dessa perspectiva, ver Gordon (1990) e Piven (1990).

25 Lyndon B. Johnson, "Remarks Upon Signing the Food Stamp Act" [Comentários ao assinar a lei de cupons alimentícios], Washington, 31 ago. 1964.

a luta para destruir o sistema salarial na linguagem do bem-estar social, exigindo que o Estado pagasse salários para o trabalho doméstico (Federici, 2012, p. 15-22 [2019, p. 40-54]). Essa orientação contraditória sobre o bem-estar oferecido pelo governo federal refletiu o impacto ambíguo do que o presidente Johnson certa vez chamou de "capitalismo responsável".

Essas ambiguidades foram especialmente pronunciadas pelo movimento black power. É sabido que Bobby Seale e Huey Newton, membros fundadores do Partido dos Panteras Negras, desenvolveram seu programa no North Oakland Neighborhood Anti-Poverty Center [Centro antipobreza do bairro de North Oakland], onde usaram recursos federais para educar, organizar e refletir sobre maneiras de colocar a teoria em prática. O partido chegou a usar as listas governamentais de beneficiários da assistência social para fazer investigações a respeito dos "desejos da comunidade", como disse Newton.[26] Não é por acaso que os "programas de sobrevivência" dos Panteras Negras — como café da manhã grátis, cursos depois da escola, clínicas de saúde e aulas preparatórias para o teste GED (General Educational Development) — assemelhavam-se muito às iniciativas de combate à pobreza da Great Society (Hilliard, 2008). De várias maneiras, os panteras exemplificaram a complexa e às vezes contraditória relação dos ativistas radicais com o Estado de bem-estar social. Ao mesmo tempo que o programa do partido insistia que "o governo federal é responsável e obrigado a dar a todos os homens emprego ou uma renda garantida", seus membros pediam a derrubada do Estado capitalista (Johnson, 2007; 2016; Self, 2003, especialmente cap. 5 e 6; Bloom & Martin Jr., 2013, p. 36-7, 48).

Embora os revolucionários estivessem corretos em criticar as fundações capitalistas do Estado de bem-estar social, a expansão desses programas trouxe benefícios inegáveis para homens e mulheres

26 Huey P. Newton em entrevista concedida a Louis Massiah, *Eyes on the Prize Interviews*, Universidade Washington em St. Louis, 23 maio 1989. Disponível em: http://digital.wustl.edu/e/eii/eiiweb/new5427.0458.119hueypnewton.html.

da classe trabalhadora. Sua vida tornou-se mais saudável; passaram a desfrutar de maior acesso a moradia, educação e alimentos, e puderam contar com o Estado para compensar a perda de renda em caso de velhice, doenças, incapacidade ou desemprego (Abramovitz, 2010, p. 19). Assim, em 1982, Frances Fox Piven e Richard A. Cloward escreveram que "quase metade da renda do quinto inferior da população é derivada de benefícios de assistência social. As pessoas mais pobres do país agora dependem tanto do governo para sua subsistência quanto do mercado de trabalho" (Piven & Cloward, 1982, p. 15).

Se muitos lares cresceram por contar com a ajuda federal, tantos mais cresceram dependendo do aumento dos salários e do consumo de massa. De fato, as lutas sociais contra barreiras discriminatórias permitiram que cada vez mais mulheres brancas e pessoas negras trabalhassem de forma remunerada em vários setores. Para aqueles na classe "média" em expansão, salários mais altos e sindicatos mais fortes disponibilizaram rendimentos maiores, fazendo a vida girar cada vez mais em torno do consumo. Graças a essa renda, além do acesso a crédito, empréstimos e infraestruturas em expansão, a compra de residências, carros, televisores e eletrodomésticos atingiu novos patamares entre os trabalhadores.

Para muitas elites sociais e políticas, esses padrões confirmaram um consenso liberal de que o Estado de bem-estar social era benéfico ao capitalismo, e que trabalhadores/consumidores saudáveis eram ingrediente crucial para lucros cada vez maiores. Como refletiu o presidente Johnson, em 1964: "Por que não devemos tentar alcançar a paz em casa, entre os homens de negócios, os que empregam nosso pessoal, os capitalistas que fazem os investimentos, os trabalhadores que produzem os bens, o governo que detém 52% de tudo o que produz?".[27]

Note-se que esse consenso não terminou com Johnson, e continuou na década de 1970. Entre 1965 e 1976, os gastos com assistência social aumentaram em uma taxa média anual de 4,6%. Em 1974,

27 Lyndon B. Johnson, "Remarks at the City Hall in Buffalo" [Comentários na prefeitura de Buffalo], 15 out. 1964.

essas despesas representavam 16% do produto interno bruto (Katz, 1996, p. 266). Assim, enquanto as linhas políticas deficitárias de uma reação conservadora já estavam em formação, o subsídio federal à reprodução social alcançou o ponto alto nas administrações republicanas. Não esqueçamos que foi Richard Nixon quem propôs uma renda garantida. Por um tempo, então, o Estado de bem-estar social encorajou a unidade entre diferentes frações do bloco dominante, ainda que a base dessa unidade fosse frágil, contraditória e passageira.

A subsunção da reprodução social no capitalismo

Salários altos, subsídios públicos e consumo massificado foram os pilares do compromisso histórico que aumentaram as atividades socialmente reprodutivas, mas também anunciaram sua transformação qualitativa. As décadas de 1960 e 1970 testemunharam um salto tecnológico quantitativo nos processos de trabalho, à medida que empresas capitalistas transformavam formas inteiras de atividade reprodutiva em mercadorias que poupavam trabalho, como máquinas de lavar e aspiradores de pó. Certamente, a reprodução social mudava de modo permanente, e mesmo as tecnologias de fins do século XX não eram necessariamente novas. A máquina de lavar comercial "automática", por exemplo, foi disponibilizada ao público em 1913, mas só se tornaria mais acessível às famílias estadunidenses na década de 1960. De fato, esse foi um processo lento: em 1983, apenas 25% das famílias possuíam um micro-ondas. No entanto, a transformação foi dramática. Hoje, muitos desses utensílios, como geladeiras, podem ser encontrados mesmo nos lares mais pobres (Herbert, 1992, p. 145; Bowden & Offer, 1994).[28]

28 Ver também The National Center for Policy Analysis, "Technology and Economic Growth in the Information Age" [Tecnologia e crescimento econômico na era da informação], *Policy Backgrounder*, n. 147, 12 mar. 1998, p. 7.

Quem executa as funções de lavar louça e roupa ou preparar a comida sabe muito bem que possuir máquinas lavadoras ou micro-ondas não zerou magicamente o trabalho. De fato, em alguns casos, o tempo gasto com o trabalho da casa permaneceu relativamente constante, e o tempo economizado foi muitas vezes compensado por novos tipos de serviços domésticos. Essas tecnologias também não tornaram esse trabalho mais agradável ou gratificante. Contudo, essas mercadorias mudaram a rotina diária, especialmente em relação às tarefas trabalhosas de preparar e conservar refeições, e de lavar roupas e louças (Bose, Bereano & Malloy, 1984).

As inovações tecnológicas, os avanços no movimento das mulheres e as mudanças estruturais na economia dos Estados Unidos contribuíram para uma transformação no cenário do trabalho doméstico remunerado. A porcentagem de famílias que empregavam trabalhadores domésticos declinou, enquanto um número crescente de mulheres ingressou na economia de serviços em expansão, encontrando empregos nas áreas de saúde, educação e indústria de alimentos, entre muitas outras (Cowan, 1983, p. 99, 202). Esses padrões, por sua vez, reproduziram as divisões raciais do trabalho. Como escreveu Evelyn Nakano Glenn (1992, p. 20), as mulheres racializadas foram desproporcionalmente

> empregadas para fazer as tarefas pesadas e sujas de cozinhar e servir alimentos em restaurantes e lanchonetes, limpar salas de hotéis e prédios de escritórios, cuidar de idosos e doentes em hospitais e asilos, limpando, arrumando camas, trocando penicos e preparando alimentos, enquanto as mulheres brancas tendiam a ocupar vagas profissionais, administrativas e de supervisão.

De modo abrangente, essas mudanças tiveram como consequência a profunda — mas diferenciada — integração das atividades socialmente reprodutivas nas relações capitalistas na década de 1970, embora muitas delas tivessem mantido relativa autonomia. De fato, apesar de grande parte do trabalho de reprodução social ter permanecido sem remuneração e confinado ao lar — e pode muito bem continuar assim —, ele foi mediado por rendas assalariadas e mercadorias adquiridas. Seja pela condição cada vez mais onipresente de dependência dos salários para se conseguir o necessário para viver, seja pela conversão da atividade reprodutiva não remunerada em trabalho produtivo remunerado, seja pela transformação total do trabalho socialmente reprodutivo em mercadorias, o trabalho de reprodução foi completamente reorganizado pelo capitalismo, embora tenha se mantido, de modo geral, sem remuneração.

Portanto, a história do capitalismo pode ser entendida como um processo complexo de formas de incorporação da reprodução social às relações capitalistas. Como nos meios de produção, o capitalismo primeiro apossou-se de processos reprodutivos preexistentes sem alterá-los fundamentalmente, depois os subsumiu por completo, modificando-os de maneira a desregular sua própria materialidade (Marx, 1990, p. 943-1.084).[29] Essas diferentes formas de incorporação não se seguiram como estágios na história, mas se sobrepuseram contraditoriamente. A reprodução social remunerada não suplantou totalmente as atividades reprodutivas não remuneradas, assim como o capitalismo não pode transformar todas essas atividades em mercadorias. Em vez disso, da mesma maneira que a mais-valia relativa não substituiu a mais-valia absoluta, também as diferentes formas de incorporação da reprodução social desenvolveram a si mesmas de modo recíproco. No fim da década de 1970, o resultado combinado dessas múltiplas formas de cooptação foi a completa assimilação das atividades socialmente reprodutivas pelas relações capitalistas.

29 A literatura sobre esse conceito é tão controversa quanto volumosa, e vários escritores se apropriam da ideia de subsunção para seus próprios fins. Em vez de tomar partido nesses debates, aqui desejamos apenas acrescentar e enriquecer a discussão, sugerindo que a subsunção deve ser entendida de modo a envolver a reprodução social e o processo de trabalho na produção. Nem é preciso dizer que, apesar de sua interrelação, as histórias de cada processo não podem ser reduzidas umas às outras. Por exemplo, mesmo quando a subsunção real é alcançada na produção, em alguns lugares a subsunção da reprodução social pode ter sido apenas formal.

Embora o "compromisso histórico" tenha servido muito bem aos interesses capitalistas, os desafios para a acumulação expandida começaram a surgir já nos anos 1960. Em meados da década de 1970, a crescente concorrência internacional, a hegemonia global estadunidense em declínio, a instabilidade financeira, a dificuldade de acessar, a preços mais baixos, matérias-primas como petróleo, uma recessão persistente e uma classe trabalhadora forte e organizada contribuíram para uma queda nas taxas de lucro. Por várias razões, ao invés de tentar reforçar o compromisso estabelecido na década de 1930, um segmento do bloco dominante decidiu violar seu acordo com a classe trabalhadora.

Os capitalistas estadunidenses, apoiados pelo governo federal, começaram a pressionar por uma nova estratégia de acumulação. Sua base era um ataque direto e contínuo à classe trabalhadora, que os capitalistas mais uma vez consideravam um obstáculo à lucratividade. Essa história, quando contada da perspectiva da produção, é bem conhecida. Com a colaboração do Estado, os capitalistas atacaram sindicatos, transplantaram fábricas para o Sul ou para países estrangeiros, demitiram funcionários, reduziram salários reais e benefícios, começaram a substituir mão de obra humana por robôs e permitiram o aumento do desemprego.

No entanto, o ataque à classe trabalhadora foi levado adiante tanto quanto, senão mais, no terreno da reprodução social (Piven & Cloward, 1982).[30] De fato, essa batalha teve um papel decisivo na nova estratégia estatal de gerenciamento da crise, mais tarde denominada neoliberalismo, que permitiu às classes dominantes desarticular e disciplinar a classe trabalhadora, constituir um bloco dominante coerente e restaurar a lucratividade.[31] Esse foi um ata-

30 Ver também Tithi Bhattacharya, "How Not to Skip Class", *op. cit.*

31 Sobre o neoliberalismo como uma resposta política dirigida pelo Estado à crise, ver Panitch e Gindin (2012, p. 14-5); Poulantzas (1978 [2009], parte 4).

que em duas frentes, envolvendo a expansão e a retração simultâneas do Estado, o qual lançou uma ofensiva violenta para perturbar irreversivelmente as bases políticas da reprodução social da classe trabalhadora. A guerra às drogas, por exemplo, foi deliberadamente projetada para destruir comunidades negras, a verdadeira base do black power. A retórica da "lei e ordem", uma característica permanente da política estadunidense, justificou leis mais duras, sentenças de prisão mais longas e ampliou as forças policiais em todo o país. O crescimento exponencial da população carcerária dos Estados Unidos, desproporcionalmente negra e latina, deve ser entendido no contexto desse ataque geral à reprodução social.[32]

Ao mesmo tempo, o Estado começou a, unilateralmente, repassar os custos da reprodução social para a classe trabalhadora. Embora a seguridade social tenha permanecido em grande parte intacta, o Estado desmantelou a vasta gama de programas de assistência pública cortando fundos, aumentando os requisitos para elegibilidade, reescrevendo a legislação, aplicando cortes de impostos para os ricos a fim de reduzir a arrecadação e privatizando serviços sociais. Encarados como "brindes", os cupons alimentícios e a merenda escolar foram reduzidos — em 1998, por exemplo, esses cupons tiveram redução de 33%. Outros programas, como o AFDC, foram completamente reestruturados. Em 1988, por exemplo, a Family Support Act [Lei de apoio à família] transformou o AFDC, nas palavras de Mimi Abramovitz (2000, p. 29), "de um programa que permitia que mães solo ficassem em casa com seus filhos em um programa de trabalho obrigatório". Em 1996, Bill Clinton fez a transição do AFDC para a Temporary Assistance for Needy Families [Assistência temporária às famílias carentes] (Tanf), que estabeleceu um limite de cinco anos para o benefício, excluiu o ensino universitário de sua lista de atividades de treinamento, proibiu o acesso de imigrantes legais a importantes fontes de apoio e forçou milhares de mães solo a encontrar trabalho mal remunerado, principalmente na indústria de serviços. Dessa

32 Para encarceramento em massa, ver, entre muitos outros, J. James (2000); Alexander (2001 [2018]); Davis (2003 [2018]); Gilmore (2007).

maneira, o ataque à reprodução social criou um exército de reserva de mão de obra altamente vulnerável e explorável, ao mesmo tempo que o país transitava para uma economia predominantemente de serviços — mais uma vez demonstrando a estreita conexão entre transformações na reprodução social e na produção (Abramovitz, 1992, p. 37).

Também não é coincidência que o ataque ao bem-estar social tenha se valido de uma linguagem racista e sexista (Abramovitz, 2000, p. 28-32, 36-7). As mães negras foram demonizadas como desonestas, irresponsáveis e promíscuas; negros e latinos eram difamados como criminosos ou abusadores indolentes (Neubeck & Cazenave, 2001). A esperança era convencer outros trabalhadores, como homens brancos pobres ou desempregados, a culpar a *black welfare queen*[33] e o suposto "racismo reverso", eximindo os capitalistas. Desse modo, a batalha pela reprodução social desempenhou um papel insuperável ao colocar os setores heterogêneos da classe trabalhadora uns contra os outros.

As consequências desse ataque à reprodução social dos trabalhadores não podem ser exageradas. Como vimos, ao longo do século XX, a maioria dos estadunidenses se viu profundamente integrada às relações capitalistas, o que significa, acima de tudo, que as famílias da classe trabalhadora se tornaram dependentes do salário para a reprodução social, em detrimento de outras fontes de renda, seja subsistência direta, seja produção de mercadorias insignificantes, seja troca. Ao assumir esse compromisso histórico, o governo federal institucionalizou e reforçou essa mudança, subsidiando os custos da reprodução social por meio de programas de assistência, instituições públicas e regulamentações financeiras. De fato, nos anos 1990, quase 50% de todos os lares estadunidenses dependiam de algum tipo de assistência governamental para cobrir os custos da reprodução social (Abramovitz, 2000, p. 18). Assim,

33 Em tradução livre, "rainha negra do bem-estar", expressão pejorativa usada para se referir a pessoas que fazem uso de auxílios sociais, acusando-as de fraude ou manipulação. Um exemplo comum é utilizar a expressão para caracterizar mulheres julgando-se que engravidam somente para receber esse tipo de benefício do Estado. [N.E.]

na última década do século XX, muitos lares da classe trabalhadora haviam se tornado fortemente dependentes de duas fontes principais de renda: apoio estatal e salários. Nesse contexto, a decisão do governo federal de diminuir, reduzir ou desmantelar uma série de serviços sociais na década de 1980 e no início da década de 1990 não só se mostrou devastadora por si só como também forçou muitos trabalhadores dos Estados Unidos a uma intensa dependência de empregos não qualificados e mal remunerados.

Não por acaso, justamente quando os trabalhadores se viram, mais do que nunca, dependentes do salário, este caiu para o seu mais baixo patamar. Para a maioria dos trabalhadores, os salários reais no início dos anos 1990 eram mais baixos do que nos anos 1970, ainda que a produtividade continuasse aumentando. Para piorar, os trabalhadores tiveram grande dificuldade de encontrar outras fontes de renda para complementar essa baixa remuneração. Um século de desenvolvimento capitalista erradicou efetivamente outras formas de sustento. Não havia mais o costume do século XIX de recorrer a casas municipais de auxílio nem a possibilidade de subsistência em terras e recursos comuns. O tipo de subsistência direta, da qual muitos estadunidenses já haviam dependido para sua reprodução social, não era mais uma opção viável. Conhecimentos, práticas e formas de vida alternativas haviam desaparecido. Muitos trabalhadores se viram sem reservas.

Com o avanço da economia em meados da década de 1990, a gravidade da situação foi temporariamente disfarçada, mas a crise de 2008 desfez todas as ilusões. Mais de oito milhões de empregos desapareceram, a desocupação subiu para 10% e milhões de trabalhadores perderam a casa, os bens e as economias. Em apenas dois anos, a taxa de pobreza aumentou 15%. No bloco dominante, apesar das divergências em relação à melhor forma de gerenciar a crise, o processo de décadas de demonização de impostos, sindicatos e auxílios estatais legitimava um regime de austeridade. Sem um investimento federal consistente, as infraestruturas públicas do país — como estradas, pontes e ferrovias — foram deixadas às traças. A educação pública continuou seu declínio terminal. Os aluguéis ficaram muito caros. A água fornecida pelas companhias estava contaminada. Milhões de estadunidenses se viram atrás das grades; a reprodução social era subsidiada, mas em troca de trabalho análogo à escravidão. Na esteira de outros autores, também chamamos isso de "crise da reprodução social" (Fraser, 2016 [2020]).[34]

Consequentemente, uma onda de lutas sociais explodiu nos Estados Unidos, muitas delas no terreno da reprodução social — o que não representa nenhuma surpresa. Os trabalhadores estadunidenses estão lutando para impedir que a água seja cortada, assim como batalham por seus aluguéis, custo de vida e qualidade de transporte e educação. Eles lutam para manter seus bairros a salvo da polícia racista. Lutam pelo acesso à assistência social, médica e infantil. E estão se organizando contra as mudanças climáticas. Algumas dessas lutas estão começando a se relacionar com as dos locais de trabalho, levantando novamente questões importantes sobre como a reprodução social pode atuar como um campo de recomposição e unidade de classe.[35]

A crise da reprodução social é o horizonte do novo ciclo de luta que se desdobra hoje. Reconhecer esse fato é fundamental para compreender adequadamente nossa própria conjuntura. Uma análise completa está além dos limites deste ensaio, mas esperamos que, ao esclarecer as origens da atual crise de reprodução social, tenhamos dado uma contribuição útil para esse projeto necessariamente coletivo. Gostaríamos, por isso, de terminar indicando brevemente algumas áreas de pesquisas adicionais.

34 Ver também "Permanent Reproductive Crisis: An Interview with Silvia Federici" [Crise reprodutiva permanente: uma entrevista com Silvia Federici], *Mute*, 7 mar. 2013.

35 Ver, por exemplo, a quinta edição da revista *Viewpoint*, especialmente os artigos de Asad Haider e Salar Mohandesi, "Making a Living" [Produzindo uma vida], *Viewpoint Magazine*, 28 out. 2015; Bue Rübner Hansen, "Surplus Population, Social Reproduction and the Problem of Class Formation" [Excedente populacional, reprodução social e o problema da formação de classe], *Viewpoint Magazine*, 31 out. 2015; Tithi Bhattacharya, "How Not to Skip Class", *op. cit.* Bhattacharya, em particular, mostra de maneira muito convincente como a estrutura da reprodução social nos força a repensar nossa compreensão da economia, da classe trabalhadora e dos processos de formação de classe, especialmente em uma escala global.

A primeira refere-se às transformações recentes nos padrões de acumulação e, especificamente, à financeirização na era do neoliberalismo. Permitido por ondas consecutivas de desregulamentação da década de 1970 até o presente, o crescente desapego dos processos produtivos por parte do capital financeiro e a reorientação para a especulação provaram ser posicionamentos adequados para capitalizar as fontes de reprodução social.[36] O recente crescimento do crédito, das taxas bancárias e do consumo financiado por dívidas entre as famílias estadunidenses indica como o setor financeiro lucrou com a queda dos salários reais e a quebra dos acordos feitos pelo governo na metade do século. Pacotes de refinanciamento de hipotecas, revogação das leis federais de usura e proliferação de títulos hipotecários são outros exemplos de como o financismo capitalizou e aprofundou a crise da reprodução social. Ainda mais esclarecedora é a trajetória recente dos fundos de pensão, um dos faróis do capitalismo de bem-estar social de outrora e, agora, um dos principais investidores institucionais do setor de ativos privados (*private equity*), contribuindo com 43% do capital investido na última década.[37] Diante desses padrões, devemos perguntar ainda: como exatamente o atual desmantelamento das funções do governo e o correspondente ataque ao poder dos trabalhadores permitiram que os capitalistas financeiros especulassem sobre a reprodução social? Quais são as relações materiais entre a crise da reprodução social e o crescimento do setor financeiro nos Estados Unidos? Até que ponto o capital financeiro dependeu da reestruturação das relações de reprodução social no pós-guerra — do consumo doméstico à casa própria, às escolas e aos serviços públicos?

36 Sobre financeirização e o distanciamento da produção, ver Graeber (2011, p. 375-6 [2016, p. 474-5]) e Kotz (2015).

37 Ver Browyn Bailey, " Long-Term Commitments: The Interdependence of Pension Security and Private Equity" [Compromissos de longo prazo: a interdependência entre aposentadorias e ativos privados], Private Equity Growth Capital Council, 30 ago. 2015; Christopher Matthews, "Why Pension Funds Are Hooked on Private Equity" [Por que os fundos de pensão estão engajados em ativos privados], *Time*, 15 abr. 2013.

Além de examinar os padrões de acumulação e a mudança de relacionamento entre reprodução social e produção, também devemos considerar de que modo a crise afetou as classes dominantes. A crise da reprodução social também é uma crise de hegemonia. Ela agravou as tensões do bloco dominante, com diferentes frações propondo soluções contrárias para o gerenciamento da crise. A despeito do amplo consenso sobre a preservação do capitalismo, essas soluções são distintas e terão consequências distintas para os trabalhadores nos Estados Unidos e além. Atualmente, são necessárias mais pesquisas sobre a composição do bloco dominante. Como a crise criou ou revelou falhas internas da elite? Como as diferentes frações do bloco dominante reagiram à crise e quais são as soluções propostas? Quais são os pontos de sobreposição entre as estratégias da classe dominante para gerenciar as crises e a nova onda de lutas que se desenrolam no terreno da reprodução social? Como o desmantelamento das funções do Estado central afetou o equilíbrio de poder entre e dentro do sistema estatal e das classes dominantes? Que papel o sistema federalista dos Estados Unidos desempenhou nessa mudança de equilíbrio de poder e na capacidade de controle dos capitalistas sobre os processos de reprodução social em níveis subnacionais?

Outra importante agenda de pesquisa está relacionada à heterogeneidade das classes trabalhadoras, dentro e fora dos Estados Unidos. A crise da reprodução social não é uma condição uniforme: afeta diferentes setores da classe trabalhadora nacional de diversas maneiras e está implicada em processos desiguais de acumulação e desapropriação em escala global. Nos Estados Unidos, uma classe trabalhadora recomposta respondeu a essa crise em parte articulando o descontentamento em formas políticas variadas: iniciativas autônomas que visam reconstruir a vida comunitária, formação de uma nova corrente social-democrata que apela à revitalização do Estado de bem-estar social, retorno do populismo de direita. Devemos perguntar com precisão de que modo a crise transformou a classe trabalhadora como um todo, como os trabalhadores reagiram e por que eles apoiaram essas formas políticas específicas.

Com base nessa investigação, podemos avaliar quais são as possibilidades de uma articulação mais profunda das forças sociais.

Os significados dessa crise fora dos Estados Unidos estão além do escopo deste ensaio, mas não são menos expressivos. Nos últimos quarenta anos, milhões de pessoas em todo o mundo viram aniquiladas formas herdadas de reprodução social, um processo acompanhado pelo surgimento massivo de favelas e pela formação de populações migrantes. Em muitos casos, esses homens e mulheres despossuídos viajam para os Estados Unidos ou outros países e, com poucas proteções legais, assumem cargos de baixa remuneração no campo da reprodução social — trabalho doméstico, assistência infantil, preparação de alimentos, trabalho sexual e outros. Assim, devemos perguntar: como a crise da reprodução social nos Estados Unidos afetou outras partes do mundo e foi moldada por elas? Quais são as conexões específicas entre os processos transnacionais de desapropriação, a crise da reprodução social e os padrões de acumulação de capital que se desenvolveram desde os anos 1970 (Ferguson & McNally, 2015)? Quais são os papéis do intervencionismo militar estadunidense, da financeirização e das políticas de ajuste estrutural de órgãos como o Fundo Monetário Internacional (FMI) na transformação das relações sociais no exterior? Como a reestruturação do Estado nos Estados Unidos contribuiu para esses processos? Como é a reprodução social ou a luta de classes nas favelas ou nas economias informais?[38] E o mais importante: se essa crise é realmente global, quais são as possibilidades de resistência ou solidariedade internacional?

A perspectiva da reprodução social é, portanto, essencial não apenas para entender as origens históricas da conjuntura atual, mas para responder às questões estratégicas e urgentes de nosso tempo.

38 Embora a literatura sobre populações excedentes esteja crescendo, ainda há uma necessidade urgente de investigações diretas. Para alguns pontos de referência teóricos gerais, ver Davis (2006 [2006]); Denning (2010); Benanav e Clegg (2010); Bue Rübner Hansen, "Surplus Population, Social Reproduction, and the Problem of Class Formation", *op. cit.*

Tithi Bhattacharya é professora de história sul-asiática e diretora de estudos globais na Universidade Purdue, nos Estados Unidos. Ativista de longa data por justiça social e pelos direitos do povo palestino, Bhattacharya escreve principalmente sobre teoria marxista, gênero e islamofobia. Com Nancy Fraser e Cinzia Arruzza, é autora de *Feminismo para os 99%: um manifesto* (Boitempo, 2019).

3 Como não passar por cima da classe: reprodução social do trabalho e a classe trabalhadora global

Tithi Bhattacharya[1]

> *A força de trabalho é uma mercadoria que seu possuidor, o trabalhador assalariado, vende ao capitalista. Por que ele a vende? Para viver.*
>
> — Karl Marx, "Trabalho assalariado e capital" (1986a [1961])

Desde sua formação, e mais particularmente desde fins do século XX, a classe trabalhadora global enfrenta um tremendo desafio: como superar todas as suas divisões para, de forma ordenada e combativa, derrubar o capitalismo? Depois que as lutas da classe trabalhadora global falharam perante esse desafio, o próprio conceito de classe trabalhadora tornou-se objeto de uma ampla gama de questionamentos teóricos e práticos. Em sua maior parte, esses questionamentos assumem a forma de constatações ou previsões sobre o desaparecimento da classe trabalhadora ou de argumentos segundo os quais ela não é mais um agente válido de mudança. Outros candidatos — mulheres, minorias raciais/étnicas, novos movimentos sociais, um "povo" ou comunidade amorfa, mas insurgente, para citar alguns — são todos apresentados como possíveis

1 Meus agradecimentos a Charles Post, Colin Barker, Andrew Ryder e Bill Mullen por lerem as versões preliminares deste texto e por fazerem comentários extensos. Os erros continuam sendo meus.

alternativas a essa classe trabalhadora supostamente moribunda, ou reformista, ou masculinista e economicista.

Muitos desses questionamentos comungam de um equívoco sobre o que realmente é a classe trabalhadora. Ao invés da complexa compreensão proposta historicamente pela teoria marxista, que revela uma visão do poder da classe trabalhadora insurgente capaz de transcender categorias seccionais, os críticos de hoje contam com uma visão estreita de uma "classe trabalhadora" na qual um trabalhador é simplesmente uma pessoa que tem um tipo específico de *trabalho*.

Neste ensaio, refutarei essa concepção, reativando ideias marxistas fundamentais sobre a formação de classes que foram obscurecidas por quatro décadas de neoliberalismo e pelas muitas derrotas da classe trabalhadora global. A chave para o desenvolvimento de uma compreensão suficientemente dinâmica da classe trabalhadora é a estrutura da reprodução social. Ao pensar sobre essa classe, é essencial reconhecer que os trabalhadores existem além do local de trabalho. O desafio teórico, portanto, reside em entender a relação entre essa existência e a vida produtiva sob o domínio direto do capitalista. O relacionamento entre essas esferas, por sua vez, nos ajudará a considerar direções estratégicas para a luta de classes.

Antes disso, porém, precisamos começar do início, isto é, da crítica de Karl Marx à economia política, uma vez que as raízes da atual concepção limitada da classe trabalhadora se originam, em grande parte, de um entendimento igualmente limitado da própria economia.

A economia

As alegações de que o marxismo é reducionista ou economicista só fazem sentido para quem concebe a economia como forças neutras de mercado que determinam, ao acaso, o destino dos seres humanos, ou então para quem raciocina como um burocrata sindical, cujo entendimento de trabalhador restringe-se a assalariado. Primeiro, vejamos por que Marx frequentemente critica essa visão restritiva do "econômico". Sua contribuição para a teoria social não foi simplesmente apontar para a base materialista histórica da vida social, mas propor que, para chegar a essa base materialista, o materialismo histórico deve, antes de tudo, entender que a realidade não é como *parece*.[2]

A economia, como nós a percebemos, é a esfera em que atravessamos um dia de trabalho honesto e somos pagos por isso. Há salários baixos e altos, mas o princípio é de que a estrutura é a igualdade entre capitalista e trabalhador, envolvidos em uma transação igual: a mão de obra do trabalhador em troca de um salário do patrão.

Segundo Marx (1990, p. 280 [2013, p. 250]), porém, essa esfera "é, de fato, um verdadeiro Éden dos direitos inatos do homem. Ela é o reino exclusivo da liberdade, da igualdade, da propriedade e de Bentham".[3] Nesse único golpe, Marx abala nossa fé nos objetos fundamentais da sociedade moderna: nossos direitos jurídicos. Ele *não* está sugerindo que os direitos jurídicos que possuímos como sujeitos iguais são inexistentes ou fictícios, mas que estão ancorados nas relações de mercado. As transações entre trabalhadores e capitalistas tomam a forma de troca entre entes legalmente iguais na medida em que são consideradas puramente do ponto de vista da troca de mercado. Marx não está argumentando que não há direitos jurídicos, mas que eles mascaram a realidade da exploração.

Se o que geralmente entendemos como economia é meramente superficial, qual é esse segredo que o capital conseguiu esconder de nós? Que sua força animadora é o trabalho humano. De acordo com Marx, à medida que restauramos o trabalho como fonte de valor no capitalismo e como expressão da própria vida social da

2 Muitos conceitos marxistas fundamentais, é claro, são inerentes e derivam dessa proposta. A aparente separação entre, digamos, economia e política ou entre Estado e sociedade civil estão implicadas nessa questão da aparência. Para mais detalhes, ver Wood (1995 [2003]) e Thomas (2009).

3 Referência ao sociólogo inglês Jeremy Bentham (1748-1832), pai do utilitarismo. [N.T.]

humanidade, devolvemos ao processo econômico seu componente confuso, sensorial, generificado, racial e indisciplinado: seres humanos vivos capazes de seguir ordens, assim como desprezá-las.

A economia como relação social

Concentrar-se na economia superficial (do mercado) como se fosse a única realidade é obscurecer dois processos relacionados: (i) a separação entre o político e o econômico, exclusiva do capitalismo; e (ii) o processo real de dominação e expropriação que ocorre além da esfera da troca "igual". O primeiro processo garante que os atos de apropriação pelo capitalista pareçam completamente envoltos em trajes econômicos, inseparáveis do próprio processo de produção. Como explica Ellen Meiksins Wood:

> Enquanto os produtores [pré-capitalistas] anteriores se viam lutando para manter o que era deles por direito, a estrutura do capitalismo incentiva os trabalhadores a se perceberem lutando para obter uma parte do que pertence ao capital, um "salário justo" em troca de seu trabalho. (Wood, 1986, p. 111)

Como esse processo torna invisível o ato de exploração, o trabalhador é capturado por essa esfera de "igualdade" jurídica, negociando em vez de questionar a forma assalariada. No entanto, é o segundo processo invisível que forma o pivô da vida social. Quando deixamos a esfera benthamiana de igualdade jurídica, seguimos para o que Marx chama de "terreno oculto da produção":

> O antigo possuidor de dinheiro se apresenta agora como capitalista, e o possuidor de força de trabalho, como seu trabalhador. O primeiro, com um ar de importância, confiante e ávido por negócios; o segundo, tímido e hesitante, como alguém que trouxe sua

própria pele ao mercado e, agora, não tem mais nada a esperar além da... esfola. (Marx, 1990, p. 280 [2013, p. 251])

Marx expressa aqui o oposto do economicismo ou do livre comércio vulgar, como ele chama. Ele nos convida a ver o econômico como uma relação social: uma relação que envolve dominação e coerção, ainda que formas jurídicas e instituições políticas procurem ocultar essa dinâmica.

Retomo as três afirmações fundamentais feitas sobre a economia até agora. Primeiro, que a economia como a vemos é, segundo Marx, uma superfície aparente. Segundo, que a aparência, imersa na retórica de igualdade e liberdade, esconde um terreno oculto onde reinam a dominação e a coerção, e essas relações formam o eixo do capitalismo. Terceiro, que o econômico também é, portanto, uma relação social, uma vez que o poder necessário para administrar esse terreno oculto — ou seja, de submeter o trabalhador a modos de dominação — também é, necessariamente, um poder político.

O objetivo dessa coerção e dominação, e o ponto crucial da economia capitalista considerada como uma relação social, é levar o trabalhador a produzir mais do que o valor de sua mão de obra. "O valor da força de trabalho", diz Marx (1990, p. 274 [2013, p. 245]), "é o valor dos meios de subsistência necessários à manutenção de seu possuidor", ou seja, o trabalhador. O valor adicional que ele produz durante o dia útil é apropriado pelo capital como mais-valia. A forma salarial nada mais é do que o valor necessário para reproduzir a mão de obra do trabalhador.

Para explicar como esse roubo ocorre todos os dias, Marx nos apresenta os conceitos de tempo de trabalho necessário e excedente. O necessário é a parte da jornada de trabalho em que o produtor direto, o trabalhador, produz o valor equivalente ao necessário para sua própria reprodução. O tempo de trabalho excedente é o restante da jornada de trabalho, durante o qual ele gera valor adicional para o capital.

O conjunto de categorias conceituais que Marx propõe aqui forma o que é mais conhecido como teoria do valor-trabalho. Nesse conjunto, duas categorias principais às quais deveríamos nos ater particularmente são: (i) a própria mão de obra — sua composição, implantação, reprodução e substituição definitiva — e (ii) o espaço de trabalho, ou seja, a questão do trabalho no ponto de produção.

Mão de obra: a mercadoria única e sua reprodução social

Marx introduz o conceito de força de trabalho com grande cuidado e consciência. Para ele, trata-se de nossa capacidade de trabalhar. "Por força de trabalho ou capacidade de trabalho", explica, "entendemos o conjunto das capacidades físicas e mentais que existem na corporeidade, na personalidade viva de um homem, e que ele põe em movimento sempre que produz valores de uso de qualquer tipo" (Marx, 1990, p. 270 [2013, p. 242]). Obviamente, a *capacidade* de trabalhar é uma qualidade trans-histórica dos seres humanos, independentemente da formação social da qual fazem parte. O que é específico do capitalismo, no entanto, é que somente sob esse sistema a produção de mercadorias se generaliza em toda a sociedade, e o trabalho com mercadorias, disponível para venda no mercado, torna-se o modo dominante de exploração.[4] Assim, no capita-

4 "A força de trabalho nem sempre foi uma mercadoria. O trabalho nem sempre foi trabalho assalariado, isto é, trabalho livre. O escravo não vendia sua força de trabalho ao possuidor de escravos, assim como o boi não vende o produto de seu trabalho ao camponês. O escravo é vendido, com sua força de trabalho, de uma vez para sempre, a seu proprietário. É uma mercadoria que pode passar das mãos de um proprietário para as de outro. Ele mesmo é uma mercadoria, mas sua força de trabalho não é sua mercadoria. O servo não vende senão uma parte de sua força de trabalho. Não é ele que recebe salário do proprietário da terra; antes, é o proprietário da terra que dele recebe tributo.

"O servo pertence à terra e entrega aos proprietários frutos da terra. O operário livre, pelo contrário, vende a si mesmo, pedaço a pedaço. Vende, ao correr do martelo, oito, dez, doze, quinze horas de sua vida, dia a dia, aos que oferecem mais, aos possuidores de matérias-primas, dos instrumentos de trabalho e dos meios de subsistência, isto é, aos capitalistas. O operário não pertence nem a um proprietário

lismo, o que é generalizado em forma de mercadoria é a *capacidade* humana. Em várias passagens, Marx se refere a ela de forma eloquente, como a selvageria de uma automutilação do trabalhador:

> A segunda condição essencial para que o possuidor de dinheiro encontre no mercado a força de trabalho como mercadoria é que o possuidor desta última, em vez de poder vender mercadorias em que seu trabalho se objetivou, tenha, antes, de oferecer como mercadoria à venda sua própria força de trabalho, que existe apenas em sua corporeidade viva. (Marx, 1990, p. 272 [2013, p. 243])

Além disso, só podemos falar em força de trabalho quando o trabalhador *usa* essa capacidade, ou seja, ela "só se atualiza por meio de sua exteriorização, só se aciona por meio do trabalho" (Marx, 1990, p. 274 [2013, p. 245]). Portanto, em seguida, à medida que a força de trabalho é acionada no processo de produção de outras mercadorias, "gasta-se determinada quantidade de músculos, nervos, cérebro etc. humanos que tem de ser reposta" (Marx, 1990, p. 274 [2013, p. 245]).

Como a força de trabalho pode ser restaurada? Marx é ambíguo nesse ponto:

> Se o proprietário da força de trabalho trabalhou hoje, ele tem de poder repetir o mesmo processo amanhã, sob as mesmas condições no que diz respeito a sua saúde e força. A quantidade dos meios de subsistência tem, portanto, de ser suficiente para manter o indivíduo

---

nem à terra, mas oito, dez, doze, quinze horas de sua vida diária pertencem a quem as compra" (Marx, 1986a, p. 203 [1961, p. 63-4]).

Essa, entretanto, não é toda a história. Jairus Banaji (2011, p. 54) mostrou de forma convincente que "trabalho assalariado", isto é, "a mercadoria força de trabalho era conhecida sob várias formas de produção social antes da época capitalista". O que distinguia o capitalismo de todos os outros modos de produção era que o trabalho assalariado, "nesta determinação simples como força de trabalho mercadoria, era a base necessária do capitalismo como *forma generalizada de produção social*" (grifo meu). O papel específico que o trabalho assalariado desempenhou sob o capitalismo foi o de "trabalho criador de capital que postula capital".

> trabalhador como tal em sua condição normal de vida. As próprias necessidades naturais, como alimentação, vestimenta, aquecimento, habitação etc., são diferentes de acordo com o clima e outras peculiaridades naturais de um país. Por outro lado, a extensão das assim chamadas necessidades imediatas, assim como o modo de sua satisfação, é ela própria um produto histórico e, por isso, depende em grande medida do grau de cultura de um país, mas também, entre outros fatores, de sob quais condições e, por conseguinte, com quais costumes e exigências de vida constituiu-se a classe dos trabalhadores livres num determinado local. (Marx, 1990, p. 275 [2013, p. 245-6])

Aqui, vacilamos e sentimos que o conteúdo da crítica de Marx é inadequado para sua forma. O trecho acima levanta várias perguntas que ele deixa sem resposta.

Marxistas e feministas da reprodução social, como Lise Vogel, têm chamado a atenção para a produção de seres humanos — neste caso, da trabalhadora — que ocorre longe do local de produção de mercadorias. Os teóricos da reprodução social querem, com razão, desenvolver ainda mais o que Marx deixou sem analisar. Quais são as implicações da produção da força de trabalho fora do circuito produtivo de mercadorias, sendo ainda essencial para ele? O campo historicamente mais duradouro para a reprodução da força de trabalho é, obviamente, a unidade que chamamos de família. Ela desempenha um papel fundamental na reprodução biológica — a substituição geracional da classe trabalhadora — e na recuperação do trabalhador por meio de comida, abrigo e cuidados psíquicos, a fim de se preparar para a jornada laboral do dia seguinte. Ambas as funções, no capitalismo, são desproporcionalmente executadas pelas mulheres e são a fonte de sua opressão nesse sistema.[5]

Contudo, a passagem supracitada também precisa ser desenvolvida em outros aspectos. A força de trabalho, como Vogel apontou, não é simplesmente reabastecida em casa nem repro-

5 Para mais detalhes, ver Vogel (1983 [2022]).

duzida sempre de forma geracional. A família pode ser o local da renovação individual da força de trabalho, mas isso por si só não explica "sob quais condições e [...] com quais costumes e exigências de vida" a classe trabalhadora de qualquer sociedade em particular foi produzida. Que outras relações e instituições sociais são compostas pelo circuito de reprodução social? Sistemas públicos de educação e saúde, instalações de lazer comunitárias, pensões e benefícios para os idosos compõem esses costumes historicamente determinados. Da mesma forma, a substituição geracional por meio do parto na unidade familiar de parentesco, embora dominante, não é o único modo de substituir mão de obra. Escravidão e imigração são duas das maneiras mais comuns pelas quais o capital substituiu o trabalho dentro das fronteiras nacionais.

Analogamente, suponhamos que certa cesta de mercadorias (x) seja necessária para a reprodução de uma trabalhadora em particular. Essa cesta, que contém comida, abrigo, educação, assistência médica, e assim por diante, é então consumida por essa trabalhadora mítica (ou, diriam alguns, universal) para se reproduzir. Mas o tamanho e o conteúdo dos produtos da cesta não variam a depender de raça, nacionalidade e gênero do trabalhador? Marx parecia pensar assim. Considere sua discussão sobre o trabalhador irlandês e suas necessidades, em comparação com outros trabalhadores. Se os trabalhadores reduzissem seu consumo (para economizar), argumenta Marx, eles inevitavelmente se degradariam: "[eles mesmos] no nível dos irlandeses, naquele nível de trabalhadores assalariados em que as mínimas necessidades animais e meios de subsistência aparecem como único objeto e propósito de sua troca com o capital" (Marx, 1986c, p. 215).

Discuto, posteriormente, a questão das necessidades diferenciais produzindo diversos tipos de força de trabalho. Por ora, observemos apenas que a questão da reprodução da força de trabalho não é de modo algum simples. Como se vê, já existe a sugestão de uma totalidade complexa ao considerar o "terreno oculto da produção" de Marx e seu impulso estruturante na economia superficial. O esboço original de Marx, enriquecido agora pela estrutura da reprodução social da força de trabalho, complexifica de modo completo e fundamental a estreita definição burguesa de economia e/ou produção com a qual este ensaio começou.

Além da imagem bidimensional do produtor direto individual preso ao trabalho assalariado, vê-se agora inúmeras capilarizações de relações sociais se estendendo entre local de trabalho, casa, escolas, hospitais — um todo social mais amplo, sustentado e coproduzido pelo trabalho humano de maneiras contraditórias, porém constitutivas. Se direcionarmos nossa atenção para aquelas veias profundas da incorporação de relações sociais em qualquer sociedade atual hoje, como podemos deixar de encontrar o sujeito caótico, multiétnico, multigenerificado e com diferentes capacidades que constitui a classe trabalhadora global?

O binômio produção-reprodução

É importante esclarecer que o que foi acima designado como dois espaços separados — (i) espaços de produção de valor (ponto de produção) e (ii) espaços de reprodução da força de trabalho — podem estar apartados em sentido estritamente espacial, mas na verdade estão unidos nos sentidos teórico e operacional.[6] São formas históricas particulares de aparência pelas quais o capitalismo se

6 Há uma rica literatura e um grande debate sobre o status do trabalho doméstico como trabalho produtor de valor. Para argumentos a favor do trabalho doméstico como produtor de mais-valia, ver o estudo de teóricas ativistas como Selma James, Mariarosa Dalla Costa e Silvia Federici. Ver, por exemplo, Costa (1972), publicado originalmente em italiano como "Donne e sovversione sociale" [Mulheres e subversão social], em *Potere femminile e sovversione sociale* [Poder feminino e subversão social], e James (1975). Para a posição de que o trabalho doméstico não produz mais-valia, que subscrevo, ver Smith (1978). Embora discorde do argumento de que o trabalho doméstico é trabalho produtivo não remunerado, é importante enfatizar que temos uma grande dívida analítica com as feministas do trabalho doméstico dos anos 1970, que teorizaram tais questões em um esforço para superar essa lacuna na obra de Marx.

expressa. De fato, algumas vezes os dois processos se desenvolvem no mesmo espaço. É o caso das escolas públicas: funcionam como locais de trabalho ou pontos de produção e como espaços onde a força de trabalho (do futuro trabalhador) é socialmente reproduzida. Tal como no caso das aposentadorias, da saúde pública ou da educação, o Estado desembolsa alguns recursos para a reprodução social da mão de obra. É somente dentro de casa que o processo de reprodução social permanece não assalariado.

É importante entender por que as esferas separadas são formas históricas de aparência. Um mal-entendido comum sobre a teoria da reprodução social é que ela trataria de dois espaços e processos separados de produção, o econômico e o social, geralmente tidos como local de trabalho e casa. Por esse ponto de vista, o trabalhador produz mais-valia e, portanto, faz parte da *produção* da riqueza total da sociedade. No fim da jornada laboral, como o funcionário é "livre" no capitalismo, o capital abandonaria o controle sobre o processo de regeneração do trabalhador e, portanto, da *reprodução* da força de trabalho.

Marx, no entanto, tem uma percepção e uma proposta muito específicas para o conceito de reprodução social. Para ele, esse conceito teórico é empregado para chamar a atenção à reprodução da sociedade como um todo, não apenas como regeneração ou reprodução da força de trabalho. Essa compreensão do teatro do capitalismo como uma totalidade é importante porque, nesse ponto do argumento, no livro I de *O capital*, Marx já estabelecia que — diferentemente da economia burguesa, que vê a mercadoria como o personagem central dessa narrativa (oferta e demanda determinam o mercado) —, na sua opinião, o trabalho é o protagonista do capitalismo. Assim, o que acontece com o trabalho — especificamente, como ele cria valor e, em consequência, mais-valia — molda a totalidade do processo capitalista de produção. "No conceito de valor", diz Marx (1993, p. 776 [2011, p. 651]) em *Grundrisse*, o "segredo do capital é revelado".

A reprodução social do *sistema capitalista* — e é para explicar a reprodução do sistema que Marx usa o termo — não se trata, portanto, de uma separação entre a esfera não econômica e a econômica, mas de como o impulso econômico da produção capitalista condiciona o que é chamado de não econômico. O não econômico inclui, entre outras coisas, que tipo de Estado, instituições jurídicas e propriedades uma sociedade tem, enquanto esses, por sua vez, são condicionados, mas nem sempre determinados, pela economia. Marx entende cada estágio particular da valorização do capital como um momento de uma totalidade que o leva a afirmar claramente em *O capital*: "Portanto, considerado do ponto de vista de uma interdependência contínua e do fluxo contínuo de sua renovação, todo processo social de produção é simultaneamente processo de reprodução" (Marx, 1990, p. 711 [2013, p. 641]).

Essa abordagem é mais bem descrita em *Beyond Capital* [Além do capital], de Michael Lebowitz. Sua obra é uma análise *integradora* magistral da economia política da força de trabalho e mostra que a compreensão da reprodução social do trabalho assalariado não é um fenômeno externo ou incidental que deve ser adicionado à compreensão do capitalismo como um todo, mas, na verdade, revela importantes tendências internas do sistema. Lebowitz chama o momento da produção da força de trabalho de "um segundo momento" da produção como um todo. Ele é "distinto do processo de produção de capital", mas o circuito do capital "implica *necessariamente* um segundo circuito, o do trabalho assalariado" (Lebowitz, 2003, p. 65).

Como Marx resume, com razão e um pouco de floreio:

> Assim, o processo capitalista de produção, considerado em seu conjunto ou como processo de reprodução, produz não apenas mercadorias, não apenas mais-valor, mas produz e reproduz a própria relação capitalista: de um lado, o capitalista, do outro, o trabalhador assalariado. (Marx, 1990, p. 724 [2013, p. 653])

Por *reprodução social*, Marx refere-se à reprodução de toda a sociedade, o que nos leva de volta à mercadoria única, à força de trabalho, que precisa ser reabastecida e, em última análise, substituída sem pausas ou interrupções no circuito contínuo de produção e reprodução do todo.

Há muito em jogo, tanto teórica quanto estrategicamente, na compreensão do processo de produção de mercadorias e da reprodução da força de trabalho como mercadoria única. Desse modo, é preciso abandonar não apenas a estrutura de esferas distintas de produção e reprodução, mas também — porque a reprodução está ligada, dentro do capitalismo, à produção — revisar a percepção do senso comum de que o capital renuncia a todo controle sobre o trabalhador quando ele sai do local de trabalho.

Teoricamente, admitindo-se que a produção de mercadorias e a reprodução social da força de trabalho pertencem a processos separados, não se explica por que o trabalhador está subordinado antes mesmo do momento da produção. Por que o trabalhador aparece, nas palavras de Marx, "tímido e hesitante, como alguém que trouxe sua própria pele ao mercado"? (Marx, 1990, p. 280 [2013, p. 251]). É por ter uma visão unitária do processo que Marx pode mostrar que o momento de produção de mercadoria não é necessariamente um ponto de entrada singular para a escravização do trabalho. Portanto, segundo ele,

> Na realidade, o trabalhador pertence ao capital ainda antes de vender-se ao capitalista. Sua servidão econômica é a um só tempo mediada e escondida pela renovação periódica de sua venda de si mesmo, pela mudança de seus padrões individuais e pela oscilação do preço de mercado de trabalho. (Marx, 1990, p. 724 [2013, p. 652-3])

No entanto, esse vínculo entre produção e reprodução — e, nesta última, a extensão da relação de classe — significa que (como será visto na próxima seção) as ações pelas quais a classe trabalhadora se esforça para atender às suas próprias necessidades podem servir de base para a luta de classes.

O que prende o trabalhador ao capital?

Sob o capitalismo, uma vez que os meios de produção (para produzir valores de uso) são mantidos pelos capitalistas, o trabalhador só tem acesso aos meios de subsistência pelo processo de produção capitalista, vendendo sua força de trabalho em troca de salários, com os quais compra e acessa os meios de vida ou subsistência.

Esse esquema da relação capital/trabalho é fortemente embasado em dois aspectos: (i) o trabalhador é forçado a entrar nesse relacionamento, pois tem necessidades para suprir, para reproduzir sua vida, mas não pode fazê-lo por conta própria, já que está separado dos meios de produção pelo capital; e (ii) o trabalhador entra na relação salarial em razão de suas necessidades de sustento, ou seja, as necessidades da vida (subsistência) têm uma profunda e integral conexão com o domínio do trabalho (exploração).

Até agora, esse é mais ou menos um território indiscutível da teoria marxista.

As delineações exatas das relações entre o valor da força de trabalho, as necessidades do trabalhador e como elas, por sua vez, afetam a mais-valia não são, contudo, indiscutíveis nem adequadamente teorizadas em *O capital*; e é disso que tratará esta seção.

Retorno ao ponto, em *O capital*, em que até o consumo individual do trabalhador integra o circuito do capital, porque a reprodução do trabalhador é, como diz Marx, "um fator de produção e reprodução do capital". Uma premissa central da explicação que ele oferece sobre a mão de obra é que seu valor é determinado pelo "valor dos artigos de primeira necessidade indispensáveis para produzir, desenvolver, conservar e perpetuar a força de trabalho" (Marx, 1969b, cap. 7 [1988, p. 56]). Mas há algo a mais nessa formulação. Para elaborar um argumento lógico (em oposição ao histórico), Marx trata o *padrão de necessidades* como constante: "a quantidade média dos meios de subsistência necessários ao trabalhador num determinado país e num determinado período é algo dado" (Marx, 1990, p. 275 [2013, p. 246]).

Em *O capital*, o valor da força de trabalho com base no padrão de necessidade (U) é tomado como constante, e suas mudanças de *preço* são atribuídas à introdução de máquinas e/ou ao aumento ou à queda da oferta e demanda de trabalhadores no mercado de trabalho. Como Lebowitz apontou, tomar essa suposição metodológica como fato colocaria Marx o mais próximo possível dos economistas clássicos, por endossar a formulação de que as mudanças de oferta no mercado de trabalho e a introdução de máquinas ajustam o preço da mão de obra, *tal qual ocorre com todas as outras mercadorias*.

Há, porém, uma razão pela qual Marx considera a força de trabalho uma mercadoria *única*, diferente de, digamos, açúcar ou algodão. No caso do trabalho, um processo inverso talvez ocorra: o *valor* da mão de obra do trabalhador pode se ajustar ao *preço*, e não o contrário. Ele (o trabalhador) pode ajustar (diminuir ou aumentar) suas necessidades ao que recebe em salários.

Segundo Lebowitz, Marx *não tem um conceito generalizado de salários reais constantes* (meios de subsistência, U), apenas o adota como uma "*suposição* metodologicamente sólida" (Lebowitz, 2003, p. 31). Em contraste com os economistas políticos burgueses, Marx sempre "*rejeitou* a tendência [...] a tratar as necessidades dos trabalhadores como naturalmente determinadas e imutáveis". Ele pensava ser equivocado conceituar o nível de subsistência "como uma magnitude imutável — que, na visão deles [economistas burgueses], é determinada inteiramente pela natureza e não pelo estágio do desenvolvimento histórico, uma magnitude sujeita a flutuações" (Marx *apud* Lebowitz, 2003, p. 32). Nada poderia ser "mais estranho a Marx", enfatiza Lebowitz (2003, p. 31), do que "a crença em um conjunto fixo de necessidades".

Consideremos um cenário em que o padrão de necessidade (U) é fixo, como dito por Marx, mas há um aumento na produtividade (q). Nesse caso, o valor do conjunto de bens adquiríveis com um salário (a anteriormente mencionada cesta de bens, x) cairia, reduzindo assim o valor da força de trabalho. Nessa situação, Marx entende que a mão de obra "seria inalterada em preço", mas "teria subido acima de seu valor". Isso significa que, com mais salários em dinheiro à disposição, os trabalhadores podem continuar a comprar mais bens ou serviços que satisfaçam suas necessidades. No entanto, de acordo com Lebowitz, isso nunca acontece. Ao contrário, os salários em dinheiro tendem a se ajustar aos salários reais, e os capitalistas são capazes de se beneficiar do valor reduzido da força de trabalho. Ele passa a explicar por que os capitalistas, e não os trabalhadores, se beneficiam desse cenário.

Em resumo, Lebowitz ressalta que o padrão de necessidade (U) não é invariável, mas na verdade é "imposto pela luta de classes". Assim, com um aumento na produtividade (q) e um "declínio no valor dos bens salariais, proporcionando folga no orçamento dos trabalhadores, capitalistas [...] [são] encorajados a tentar reduzir os salários em dinheiro para capturar o ganho para si mesmos na forma de mais-valor" (Marx *apud* Lebowitz, 2003, p. 110). Contudo, uma vez que o padrão de necessidade é variável e pode ser determinado pela luta de classes, fica claro que a classe trabalhadora também pode lutar nessa frente. De fato, essa é uma das consequências de compreender, no seu sentido expandido, que o econômico é, na verdade, um conjunto de relações sociais atravessadas por uma luta pelo poder de classe.

Uma vez que reconhecemos a luta de classes como componente das relações de produção, fica claro, como mostra Lebowitz, que existem dois "momentos de produção". Eles são compostos de "dois objetivos diferentes, duas perspectivas distintas sobre o valor da força de trabalho: enquanto, para o capital, esse valor é um meio de satisfazer seu objetivo de mais-valia [...], para o trabalhador assalariado é o meio de satisfazer o objetivo de desenvolver a si mesmo" (Marx *apud* Lebowitz, 2003, p. 127).

A reprodução, em suma, é um espaço de conflito de classe. No entanto, esse conflito se dá sob tendências contraditórias. Por exemplo, como orquestradora do processo de produção, a classe capitalista se esforça para limitar as necessidades e o consumo da classe trabalhadora. No entanto, para garantir a realização constante de mais-valia, o capital também deve criar necessidades na classe trabalhadora como consumidora e, em seguida, satisfazê-las com novas mercadorias. O crescimento das necessidades dos trabalhadores no capitalismo é, portanto, uma condição inerente à produção capitalista e à sua expansão.

Outra complicação nessa luta de classes sobre os termos de reprodução é que o crescimento das necessidades dos trabalhadores não é secular nem absoluto. A posição da classe trabalhadora no capitalismo é relativa, isto é, existe em um relacionamento com a classe capitalista. Quaisquer mudanças nas necessidades e no nível de satisfação dos trabalhadores também são relativas a mudanças nos mesmos quesitos para os capitalistas. Marx (1986a, p. 216 [1961, p. 72]) usa o exemplo memorável de como a percepção do tamanho de uma casa (sua grandeza ou pequenez) era relativa ao tamanho das casas vizinhas. Assim, determinada geração de uma classe trabalhadora pode ganhar, em termos absolutos, mais do que a geração anterior; no entanto, sua satisfação nunca será absoluta, pois a correspondente geração de capitalistas sempre terá mais. Como o crescimento das necessidades dos trabalhadores faz parte do processo de valorização do capital, e sua satisfação não pode ocorrer na estrutura do sistema, *a luta dos trabalhadores para satisfazer suas próprias necessidades* também é uma parte inerente e integral do sistema.

Incluir a luta por salários mais altos (para satisfazer necessidades sempre crescentes) na discussão de *O capital* seria uma "adição" exógena, portanto, eclética ao marxismo? Lebowitz mostra que não.

O que *O capital* estabelece para nós é o caminho da reprodução do capital. Marx representa o movimento do capital como um circuito:

$$D - M\ (M_p, T) - P - M' - D'$$

O dinheiro (D) é trocado por mercadorias (M): ou seja, uma combinação de meios de produção (M_p) e trabalho (T). Os dois elementos combinam-se por meio da produção capitalista (P) para produzir novas mercadorias e mais-valia (M') para serem trocadas por uma quantidade maior de dinheiro (D'). Tal circuito é ao mesmo tempo contínuo e completo, descartando quaisquer elementos exógenos.

E o circuito de reprodução do trabalho assalariado?

A singularidade da força de trabalho está no fato de que, embora não seja produzida e reproduzida pelo capital, ela é vital para esse próprio circuito de produção. Em *O capital*, Marx não teoriza sobre esse segundo circuito; simplesmente observa que "a manutenção e a reprodução constantes da classe trabalhadora continuam a ser uma condição constante para a reprodução do capital" e "o capitalista pode abandonar confiadamente o preenchimento dessa condição ao impulso de autoconservação e procriação dos trabalhadores" (Marx, 1990, p. 718 [2013, p. 647]). É aqui que Lebowitz argumenta que haveria um circuito *ausente* de produção e reprodução, o da força de trabalho. Marx talvez tenha tratado disso em volumes posteriores a *O capital*, mas o tópico permanece incompleto, tal qual o livro sobre trabalho assalariado que ficou por escrever.

Uma vez que teoricamente integramos os dois circuitos — o da produção e reprodução do capital e o mesmo para a força de trabalho —, as próprias mercadorias revelam suas funções duplas.

As mercadorias produzidas sob o processo capitalista são, ao mesmo tempo, meios de produção (comprados pelo capital por dinheiro) e artigos de consumo (comprados pelos trabalhadores com seus salários). Um segundo circuito de produção deve então ser posicionado, distinto do circuito do capital, embora a ele relacionado:

$$D - A_c - P - T - D$$

Nas mãos do trabalhador, o dinheiro (D) é trocado por artigos de consumo (A_c) que são consumidos em um processo semelhante de produção (P). Mas agora o que se produz é uma mercadoria única: a força de trabalho (T). Uma vez produzida (ou reproduzida), ela é vendida ao capitalista em troca de salários (D).

A produção de força de trabalho ocorre fora do circuito imediato do capital, mas permanece essencial para ele. Dentro do *cir-*

cuito do capital, a força de trabalho é um meio de produção para a reprodução do capital ou valorização. Entretanto, dentro do *circuito do trabalho assalariado*, o trabalhador consome mercadorias como valores de uso (comida, roupa, moradia, educação) para se reproduzir. O segundo circuito é, para o trabalhador, um processo de *produção de si mesmo ou de autotransformação*.

O segundo circuito de produção encerra uma atividade intencional, sob a direção dos trabalhadores. O objetivo desse processo não é a valorização do capital, mas o autodesenvolvimento do trabalhador, cujas necessidades, historicamente incorporadas, que mudam e crescem com o crescimento capitalista, fornecem o motivo para esse processo de trabalho. Os meios de produção para esse circuito são os múltiplos valores úteis necessários ao desenvolvimento da classe trabalhadora. Eles são mais do que meros meios para a reprodução biológica simples; são "necessidades sociais":

> a participação dos trabalhadores em prazeres mais elevados, inclusive espirituais; a agitação por seus próprios interesses, assinar jornais, assistir a conferências, educar os filhos, desenvolver o gosto etc.; sua única participação na civilização que os distingue dos escravos só é economicamente possível pelo fato de que o trabalhador amplia o círculo de seus prazeres nos períodos em que os negócios vão bem. (Marx, 1993, p. 287 [2011, p. 225])

Se — e até que ponto — a classe trabalhadora pode ter acesso a esses bens sociais depende não apenas da existência de tais bens e serviços na sociedade, mas também da disputa entre capital e trabalho em torno da mais-valia (que reproduz o capital) e a cesta de bens (que reproduz o trabalhador). Este último consome valores de uso para regenerar a força de trabalho, mas a reprodução dessa força também pressupõe, como Lebowitz mostra com perspicácia, uma meta *ideal* para o trabalhador:

> O segundo aspecto do processo de trabalho que resulta na reprodução do trabalhador é que a atividade envolvida nele é "inten-

> cional". Em outras palavras, há uma meta pré-concebida, que existe idealmente, antes do próprio processo [...] [e esse objetivo] é a concepção de si do trabalhador — conforme determinado na sociedade [...]. Esse objetivo preconcebido da produção é o que Marx descreveu como "a própria necessidade de desenvolvimento do trabalhador". (Lebowitz, 2003, p. 69)

No entanto, os materiais necessários para produzir o trabalhador à imagem e semelhança de suas necessidades e objetivos — comida, moradia, "tempo para a formação humana, para o desenvolvimento intelectual" ou "para o livre jogo das forças vitais físicas e intelectuais" — não podem ser obtidos dentro do processo de produção capitalista, pois o processo como um todo existe para a valorização do capital, e não para o desenvolvimento social do trabalho. Assim, o trabalhador, pela própria natureza do processo, é reproduzido de modo a estar sempre *desprovido* do que necessita e, então, incorporado à teia do trabalho assalariado, sempre na luta por salários mais altos: a luta de classes. Aqui, finalmente, chegamos às implicações estratégicas da TRS, isto é, à necessidade de uma compreensão integral do capitalismo em nossas atuais batalhas contra o capital.

Quadro da reprodução social como estratégia

O "grau real" do lucro, segundo Marx,

> apenas é determinado pela luta incessante entre o capital e o trabalho; o capitalista tenta constantemente reduzir os salários ao seu mínimo fisiológico e prolongar o dia de trabalho no máximo fisiológico, enquanto o operário exerce pressão constante no sentido contrário.
>
> Tudo isso se reduz à questão da relação de forças dos combatentes. (Marx, 1969b, p. 74 [1988, p. 81])

Ao expor a lógica interna do sistema, Marx não se refere aos capitalistas individuais e aos locais de trabalho que comandam, mas ao capital como um todo. De fato, ele deixa evidente que, embora o sistema nos pareça um conjunto de "muitos capitais", o protagonista é o "capital em geral"; os muitos capitais são moldados pelas determinantes inerentes a ele.

Se aplicarmos esse *método*, que chamo de TRS do trabalho, à questão da luta no local de trabalho, podemos então fazer algumas constatações:

(i) os capitais individuais, em concorrência entre si, tentarão aumentar a mais-valia extraída do trabalhador;
(ii) o trabalhador pressionará na direção oposta a fim de aumentar os salários, os benefícios (qualidade de vida) e o tempo que pode ter para seu próprio desenvolvimento social. Isso geralmente ocorrerá por meio de uma semana de trabalho mais curta ou por meio de salários mais altos e melhores condições no local de trabalho.

Qual é a situação ideal para o trabalhador? Pressionar na direção oposta e conseguir aniquilar a mais-valia por completo, isto é, trabalhar apenas as horas necessárias para reproduzir sua própria subsistência, tendo para si o resto do tempo, de modo a empregá-lo como bem entender. Essa é uma solução impossível, pois o capital deixará de ser capital. A luta por salários mais altos, benefícios etc. no local de trabalho, contra um chefe, ou mesmo em uma série de locais de trabalho e contra chefes específicos, é apenas parte da luta principal do capital *em geral* versus o trabalho assalariado *em geral*. O trabalhador pode até abandonar um chefe individual, mas não pode optar por não participar do sistema (enquanto realmente vigente):

> O operário abandona o capitalista ao qual se aluga, tão logo o queira, e o capitalista o despede quando lhe apraz, desde que dele não extraia mais nenhum lucro ou não obtenha o lucro alme-

> jado. Mas o operário, cujo único recurso é a venda de sua força de trabalho, não pode abandonar toda a classe dos compradores, isto é, a classe capitalista, sem renunciar à vida. Não pertence a tal ou qual patrão, mas à classe capitalista, e cabe-lhe encontrar quem lhe queira, isto é, tem de achar um comprador nessa classe burguesa. (Marx, 1986a, p. 203 [1961, p. 64])

A maioria dos sindicatos, até mesmo os mais militantes, normalmente está capacitada para lutar contra o chefe individual ou um coletivo de chefes, o que, nos termos de Marx, assume a forma de muitos capitais. Os sindicatos deixam de lado a tarefa de enfrentar o capital em geral. Há uma boa razão para isso.

Como mostra Lebowitz, o poder do capital "como proprietário dos produtos do trabalho é [...] absoluto e mistificado", e é o que afinal sustenta sua capacidade de comprar força de trabalho e submeter os trabalhadores à sua vontade no processo de produção. Se o trabalhador transcender a luta parcial por melhores condições e direcionar todo o trabalho social para produzir apenas valores de uso para seu desenvolvimento social e individual, então é aquele poder subjacente do capital como um todo que deve ser enfrentado. Mas o poder do capital nessa seara é qualitativamente diferente daquele nas lutas no local de trabalho:

> Nessa esfera, não existe uma área de confronto direto entre capitalistas específicos e trabalhadores específicos que seja comparável àquela que surge espontaneamente no mercado de trabalho e no local de trabalho. [...] [Em vez disso,] o poder do capital enquanto proprietário dos produtos do trabalho aparece como dependência do trabalho assalariado em relação ao capital como um todo. (Lebowitz, 2003, p. 96)

Considere as duas maneiras pelas quais a mais-valia é incrementada: pela extensão absoluta da jornada de trabalho e pelo corte salarial ou a redução do custo de vida, o que diminui o tempo de trabalho necessário. Embora Marx deixe nítido que excedente absoluto e relativo são conceitos relacionados, é bastante explícito que alguns aspectos desse processo de realização (os esforços do chefe para reduzir os salários, por exemplo) são mais facilmente confrontados no local de trabalho do que em outros lugares.

Há um exemplo histórico de como o sistema como um todo às vezes aumenta a mais-valia relativa, reduzindo o custo de vida de toda a classe trabalhadora. Durante o século XVIII, parte dos trabalhadores na Grã-Bretanha foi submetida a uma dieta de batatas, opção mais barata que o trigo, de modo que o custo de sua alimentação caiu, barateando o trabalho como um todo. Um dos melhores e, sem dúvida, um dos historiadores mais líricos da vida da classe trabalhadora, E. P. Thompson, chamou isso de "guerra dietética regular da classe", travada por mais de cinquenta anos pelos trabalhadores ingleses. Que formas concretas essa guerra de classes tomou? O barateamento do trabalho aumentou a mais-valia no ponto de produção e, portanto, beneficiou os chefes, mas não ocorreu apenas no local de trabalho ou nas mãos dos patrões. Thompson faz um relato comovente de como "latifundiários, fazendeiros, párocos, manufatureiros e o próprio governo tentaram forçar os trabalhadores a abandonar a dieta do pão pela da batata" (Thompson, 1963, p. 347 [1987, p. 179]). A classe dominante, como classe, forçou o aumento da área cultivada do tubérculo em relação à de trigo, levando o historiador Redcliffe Salaman (*apud* Thompson, 1963, p. 348 [1987, p. 180]) a afirmar, com razão, que "o uso da batata [...] permitiu, de fato, a sobrevivência dos trabalhadores com os mais baixos salários". Da mesma forma, Sandra Halperin mostrou como, no fim do século XIX, o investimento estrangeiro britânico e o controle sobre colônias, ferrovias, portos, construções navais para o Báltico e grãos estadunidenses "produziram um retorno de produtos mais baratos [...] matérias-primas e alimentos que não competiam com a agricultura doméstica inglesa e que reduziram os salários da classe trabalhadora doméstica" (Halperin, 2004, p. 91-2).

Até mesmo os melhores sindicatos lutam por definição contra capitais específicos e particulares, mas os exemplos acima mostram a necessidade de enfrentar o capital em sua totalidade. Lebowitz (2003, p. 96) conclui com precisão que, "na ausência de uma oposição total, os sindicatos combatem os efeitos no mercado e no local de trabalho, mas não as causas".

Marx advertiu seus camaradas da Primeira Internacional sobre essa característica das lutas sindicais. Os sindicatos, argumentou ele, eram "muito dedicados exclusivamente às lutas locais e imediatas com o capital" e "ainda não haviam compreendido completamente seu poder de agir contra o próprio sistema de escravidão salarial". A prova de sua limitação? "Eles se mantiveram muito distantes dos movimentos sociais e políticos em geral." O conselho de Marx era superar essa limitação e ir além da luta puramente econômica por salários:

> Eles têm agora de aprender a agir deliberadamente como centros organizadores da classe operária no amplo interesse de sua completa emancipação. Têm de ajudar todo o movimento social e político que tende para essa direção. Considerando-se a si próprios e agindo como campeões e representantes de toda a classe operária, eles não podem deixar de recrutar para as suas fileiras os homens ainda não associados. Têm de olhar cuidadosamente pelos interesses dos ofícios mais mal pagos, tais como os trabalhadores agrícolas, que se tornaram impotentes por circunstâncias excepcionais. Têm de convencer o mundo inteiro de que os seus esforços, longe de serem estreitos e egoístas, apontam para a emancipação de milhões de oprimidos. (Marx *apud* Lebowitz, 2003, p. 96)

Tomando por base o próprio Marx, não há uma explicação completa de por que *apenas* a luta econômica por salários e benefícios no local de trabalho pode ser chamada de luta de classes. Todo movimento social e político que "tende" para a direção de ganhos para a classe trabalhadora como um todo, ou que vai no sentido de desafiar o poder do capital como um todo, deve ser considerado um aspecto da luta de classes. Uma das maiores tragédias da destruição do poder da classe trabalhadora e da dissolução das comunidades proletárias nos últimos quarenta anos foi a perda, na prática, dessa percepção da totalidade social da produção de valor e reprodução da força de trabalho.

Em qualquer momento histórico, uma classe trabalhadora pode ser ou não capaz de lutar por salários mais altos no ponto de produção. Os sindicatos podem não existir ou podem ser fracos e corruptos. No entanto, à medida que os itens da cesta básica mudam (conforme diminuem ou aumentam a qualidade e a quantidade de bens sociais), os membros da classe se conscientizam plenamente de mudanças em sua vida, e as batalhas podem emergir fora do ponto de produção, porém refletem as necessidades e imperativos da classe. Em outras palavras, quando não é possível lutar por um salário mais alto, diferentes tipos de luta em torno do circuito da reprodução social também podem surgir. Seria de se admirar, então, que, na era do neoliberalismo, em que os sindicatos atuantes (por salários) nos locais de produção são fracos ou inexistentes em grande parte do globo, tenhamos crescentes movimentos sociais relacionados a questões sobre condições de vida, como as lutas por água em Cochabamba e na Irlanda, contra o despejo de camponeses de suas terras na Índia e por moradias justas no Reino Unido e em outros lugares? Talvez esse padrão seja mais bem resumido pelos manifestantes antiausteridade em Portugal: "Que se lixe a troika! Queremos a nossa vida!".[7]

A classe trabalhadora: solidariedade e diferença

Devemos, assim, reconsiderar nossa visão conceitual de classe trabalhadora. Não estou sugerindo uma contabilidade concreta de quem compõe a classe trabalhadora global, embora esse seja

7 A troika foi o nome dado à tríade formada por Comissão Europeia, FMI e Banco Central Europeu para instaurar em Portugal um programa de reajuste econômico e ajuda financeira por meio de medidas de austeridade e restrição orçamentária. [N.E.]

um exercício importante. Em vez disso, partindo de nossa discussão anterior sobre a necessidade de reimaginar uma noção mais completa de economia e produção, proponho aqui três coisas: (i) uma reafirmação teórica da classe trabalhadora como sujeito revolucionário; (ii) um entendimento mais amplo dessa classe, que não a restrinja à noção de pessoas empregadas como trabalhadoras assalariadas em qualquer momento; e (iii) uma reconsideração da luta de classes, para que ela signifique mais do que a luta por salários e condições de trabalho.

A premissa para essa reconsideração é uma compreensão particular do materialismo histórico. Marx nos lembra de que

> A forma econômica específica em que o *mais-trabalho* não pago é extraído dos produtores diretos determina a relação de dominação e servidão, tal como esta advém diretamente da própria produção e, por sua vez, retroage sobre ela de modo determinante. (Marx, 1991, p. 927 [2017, p. 852])

No capitalismo, o trabalho assalariado é a forma generalizada por meio da qual aqueles que comandam expropriam os produtores diretos. Em resumo, o capital é indiferente à raça, ao gênero ou a habilidades do produtor direto, desde que sua força de trabalho possa colocar em movimento o processo de acumulação. Mas as relações de produção, como mostrou a seção anterior, são, na verdade, uma concatenação das relações sociais existentes, moldadas pela história, pelas instituições do presente e pelas formas estatais. As relações sociais externas ao trabalho assalariado não são acidentais, pois assumem uma forma histórica específica em resposta a ele. Por exemplo, a natureza generificada da reprodução da força de trabalho tem papel condicionante na extração de mais-valia. Igualmente, uma forma heteronormativa de unidade familiar é sustentada pelas necessidades do capital para a substituição geracional da força de trabalho.

A questão da diferença dentro da classe trabalhadora é significativa. Como mencionado, Marx aponta diferentes parcelas produzidas da classe trabalhadora em sua discussão sobre o trabalhador irlandês. Nela, o trabalhador inglês é produzido com acesso a uma cesta melhor de produtos — e suas necessidades são ajustadas a esse nível superior —, enquanto o trabalhador irlandês permanece em um nível brutal de existência somente com "o mínimo de necessidades animais". Obviamente, Marx não acreditava que o valor da força de trabalho do trabalhador irlandês permanecesse abaixo do valor de sua contraparte inglesa devido à etnia; isso foi resultado da luta de classes, ou da falta dela, e eram os trabalhadores ingleses que precisavam entender que tinham interesses de classe comuns aos dos irlandeses contra o capital como um todo.

Incorporar a luta de classes como um elemento fundamental, determinante para a extensão e a qualidade da reprodução social do trabalhador, permite-nos entender o verdadeiro significado da noção marxista de diferença dentro da classe. Reconhecer que, em qualquer momento histórico, a classe trabalhadora pode se produzir de outra maneira (com salários variados e acesso diferenciado a meios de reprodução social) é mais do que simplesmente declarar uma verdade empírica. Ao mostrar como relações sociais concretas e histórias de luta contribuem para a reprodução da força de trabalho, este panorama indica os filamentos de solidariedade de classe que devem ser forjados, em algum momento, dentro e às vezes fora do local de trabalho, a fim de aumentar a "parcela de civilização" para *todos* os trabalhadores.

Escrevendo na Grã-Bretanha no início dos anos 1980, quando a classe trabalhadora estava sendo fisicamente brutalizada pelo thatcherismo e teoricamente agredida por várias teorias liberais, Raymond Williams compreendeu muito bem os perigos de uma falsa dicotomia entre luta de classes e novos movimentos sociais:

> Todos os movimentos sociais relevantes nos últimos trinta anos começaram externos aos interesses e às instituições de classe organizados. O movimento pacifista [antiguerras], o movimento ecológico, o movimento das mulheres, as agências de direitos humanos, as campanhas contra a pobreza e a falta de moradia [...]

> todos têm esse caráter; surgiram de necessidades e percepções para as quais as organizações baseadas em interesses não tinham espaço ou tempo, ou porque simplesmente não foram percebidos. (Williams, 1983, p. 172)

Hoje, podemos adicionar à lista as recentes lutas contra a brutalidade policial nos Estados Unidos.

Embora possam se dar fora do local de trabalho ou ser entendidas como lutas por interesses extraclasse, Williams indica o absurdo de tal caracterização:

> O que é absurdo é descartar ou subestimar esses movimentos como se fossem "questões de classe média". É uma consequência da própria ordem social que essas questões sejam qualificadas e rechaçadas dessa maneira. É igualmente absurdo afastá-las por não serem relevantes para os interesses centrais da classe trabalhadora. Em todos os sentidos reais, elas pertencem a esses interesses centrais. São os trabalhadores que estão mais expostos a processos industriais perigosos e danos ambientais. São as mulheres da classe trabalhadora que mais precisam dos novos direitos das mulheres. (Williams, 1983, p. 255)

Se, por quaisquer razões históricas, as organizações que defendem a luta de classes, como os sindicatos, não forem insurgentes, isso não significa que a luta de classes desapareça ou que essas lutas se deem além da classe. De fato, como Williams (1983, p. 123-3) observa astutamente, "não há uma dessas questões que, acompanhada, tenha falhado em nos levar aos sistemas centrais do modo de produção industrial-capitalista e [...] ao seu sistema de classes".

Compreender a maneira complexa, porém unificada, da produção de mercadorias e da reprodução da força de trabalho nos ajuda a entender como a alocação concreta do trabalho total da sociedade é socialmente organizada de maneira generificada e racializada, por meio de lições que o capital aprendeu nas épocas históricas anteriores e por meio de sua luta contra a classe trabalhadora. O processo de acumulação, portanto, não é indiferente às categorias sociais de raça, sexualidade ou gênero; ao contrário, procura organizar e moldar essas categorias, que, por sua vez, agem sobre a forma determinada de extração de trabalho excedente. A relação salário/trabalho impregna os espaços da vida cotidiana não remunerada.

"O desenvolvimento das forças da classe trabalhadora abole o próprio capital"

Se compreendermos a reprodução social da força de trabalho com a centralidade teórica que proponho, como isso pode ser útil para minha segunda proposta — repensar a classe trabalhadora?

A TRS ilumina as relações sociais e os caminhos envolvidos na reprodução da força de trabalho, o que amplia nosso modo de entender a noção de classe trabalhadora.

O panorama desenvolvido até aqui demonstra por que não devemos nos acomodar com o entendimento limitador da classe, isto é, que ela seja composta simplesmente por aqueles que estão empregados na dinâmica capital versus trabalho remunerado. Essa percepção restringe nossa visão do poder de classe e nossa identificação de potenciais agentes da solidariedade de classe.

"Trabalhador assalariado" pode ser a definição correta para quem atualmente trabalha por um salário, mas ela é, novamente, sindical-burocrática. O marxista deve entender que a classe trabalhadora é composta por todas as produtoras que, durante a vida inteira, participaram da totalidade da reprodução da sociedade, independentemente de esse trabalho ter sido pago pelo capital ou permanecer não remunerado. Essa visão integrativa da classe agrupa em um mesmo conceito a trabalhadora temporária latina em um hotel em Los Angeles; a mãe que trabalha em horário flexível em Indiana e precisa ficar em casa devido aos altos custos dos cuidados infantis; a professora afro-estadunidense de Chicago, que leciona em período integral; e o trabalhador branco, homem e desempregado do United Auto Workers de Detroit. No entanto, eles se agrupam não em competição entre si, como seria em uma visão mercadológica da classe trabalhadora, mas em solidariedade. Com base nessa visão, a organização estratégica pode reintroduzir a ideia de que um golpe na professora de Chicago é, na verdade, um golpe em todos os outros. Quando restauramos um senso de totalidade social à classe, imediatamente começamos a reformular a arena da luta de classes.

Qual tem sido a forma da luta de classes unilateral da classe dominante global nas últimas quatro décadas de neoliberalismo? É crucial entender que o capital atacou duplamente o trabalhador global ao tentar reestruturar, ao mesmo tempo, a *produção* nos locais de trabalho e os processos sociais de *reprodução* da mão de obra em lares, comunidades e nichos da vida cotidiana.

Nos postos de trabalho, o ataque assumiu a forma de quebrar as pernas do poder sindical. A estrutura neoliberal, como argumentei em outro texto (Bhattacharya, 2013), foi construída sobre o alicerce de uma série de derrotas para a classe trabalhadora global — os exemplos mais espetaculares foram as dos controladores de tráfego aéreo nos Estados Unidos (1981), dos trabalhadores das fábricas na Índia (1982) e dos mineiros no Reino Unido (1984-1985).

O ataque da classe dominante ao local de trabalho ou ao trabalho produtivo assumiu a forma de violento antissindicalismo, mas certamente não parou por aí. O ataque ao trabalho reprodutivo foi igualmente cruel. Em países específicos, pode-se dizer que essa segunda linha de ataque foi ainda maior. No caso dos Estados Unidos, vários estudiosos, incluindo David McNally, Anwar Shaikh e Kim Moody, mostraram como um declínio absoluto nos padrões de vida e de trabalho da classe trabalhadora construiu a expansão capitalista da década de 1980. As principais áreas de reprodução social foram atacadas por meio do aumento da privatização de serviços sociais e da retração de importantes programas federais, como o Aid to Families with Dependent Children (AFDC), a Temporary Assistance for Needy Families (Tanf), o seguro-desemprego e a previdência social. No Sul global, tomou a forma de aumento do preço das importações, forçado pelas políticas do FMI e do Banco Mundial. Essas importações eram, em sua maior parte, de alimentos, combustíveis e medicamentos.

Foi uma guerra de classes aberta estrategicamente, travada contra toda a classe trabalhadora, e não apenas contra seus representantes assalariados; tornou-se tão eficaz precisamente porque se estendia além dos limites dos postos de trabalho. Ao privatizar, de modo sistemático, os recursos outrora socializados e reduzir a qualidade dos serviços, o capital buscou tornar o trabalho de regeneração diária do trabalhador mais vulnerável e precário, ao mesmo tempo que descarregava toda a responsabilidade da reprodução em famílias individuais. Esses processos de degradação do trabalho de reprodução social têm funcionado de maneira mais eficaz em contextos sociais em que o capital pode bancar, criar ou reenergizar práticas e discursos de opressão. Seja mediante apelos racistas contra as *welfare queens*, seja pelas novas formas de sexualizar corpos, limitando suas escolhas sexuais, seja pela crescente islamofobia, o neoliberalismo encontrou maneiras cada vez mais criativas de prejudicar a classe trabalhadora. Destruiu sua confiança, corroeu culturas de solidariedade anteriormente incorporadas e, o que é mais importante em certas comunidades, conseguiu apagar um senso fundamental de continuidade e memória de classe.

Espaços de insurgência: confrontando o capital além do chão de fábrica

Um dos líderes de uma recente ocupação fabril na Índia explicou a um atônito repórter de negócios: "O poder de negociação dos trabalhadores é muito alto, mas ninguém te ouve na Jantar Mantar"[8] (a tradicional praça de protesto na capital indiana, Nova Delhi).

O discernimento experiencial desse trabalhador rebelde é, com frequência, o senso comum político-econômico do marxismo revolucionário a respeito das relações capital/trabalho. A leitura dominante de Marx localiza principalmente no ponto de produção as possibilidades de um envolvimento político crítico da classe trabalhadora com o capital, porque é na produção que os trabalhadores têm poder máximo de afetar os lucros.

Este ensaio, até agora, tem sido uma leitura não intuitiva da importação teórica da categoria produção. Agora passamos a considerar a incorporação estratégica do local de trabalho como um espaço de organização essencial. Recentes pesquisas no Sul global (por exemplo, o recrutamento dos *coolies*[9] na Índia ou o regime de trabalho em dormitórios na China) conferem notável destaque analítico não apenas aos postos de trabalho, mas também aos espaços onde os trabalhadores dormem, estudam, se divertem — em outras palavras, onde vivem e sentem a vida plenamente. Que papel esses espaços desempenham na organização contra o capital? Mais importante, as lutas na produção não têm mais relevância estratégica?

Os contornos da luta de classes (ou o que é tradicionalmente entendido como tal) são muito nítidos nos postos de trabalho.

8 Arman Sethi, "India's Young Workforce Adopts New Forms of Protest" [A força de trabalho jovem da Índia adota novas formas de protesto], *Business Standard*, 5 maio 2014.

9 Termo utilizado no século XIX e início do século XX para designar trabalhadores braçais asiáticos, sobretudo na Índia e na China. Hoje, em países anglófonos, é considerada uma designação pejorativa para imigrantes asiáticos. [N.E.]

O trabalhador sente o domínio do capital na pele todos os dias e entende esse poder supremo sobre sua vida, seu tempo, suas chances — de fato, sobre sua capacidade de existir e mapear qualquer futuro. As lutas no local de trabalho, portanto, têm duas vantagens insubstituíveis: elas têm objetivos e metas explícitas, e os trabalhadores estão concentrados nesses pontos do circuito de reprodução do capital, com o poder coletivo de encerrar certas partes da operação. É exatamente por isso que Marx chamou os sindicatos de "centros de organização da classe trabalhadora" (Marx, 1886). É também por isso que o primeiro ataque do capital é sempre contra seções organizadas da classe: para quebrar esse poder.

No entanto, é necessário repensar a importância teórica de lutas que se dão fora dos postos de trabalho: contra a poluição, por melhores escolas, contra a privatização da água, contra as mudanças climáticas ou por políticas de habitação mais justas. Elas refletem, afirmo, as necessidades sociais da classe trabalhadora que são essenciais para sua reprodução social. Elas também são um esforço da classe para exigir sua "parcela da civilização". E esses movimentos também são lutas de classe.

A devastação proporcionada pelo neoliberalismo nos bairros da classe trabalhadora no Norte global deixou, no seu rastro, prédios abandonados, casas de penhores e alpendres vazios. No Sul global, criou vastas favelas como terreno fértil para a violência e a carestia.[10] A demanda dessas comunidades para ampliar sua "esfera de prazer" é, portanto, vital para a classe. Marx e Engels, escrevendo em 1850, adiantaram a ideia de que os trabalhadores devem "fazer de cada comunidade o centro e o núcleo de sociedades operárias, nas quais a atitude e os interesses do proletariado possam ser discutidos independentemente das influências burguesas" (Marx, 1986b, p. 282-3 [1961, p. 87]).

Agora é a nossa vez de devolver a nossas instituições e práticas de protesto esse entendimento integrador da totalidade capita-

10 Para detalhes sobre favelas urbanas e violência de gênero na Índia, ver Bhattacharya (2015).

lista. Se o projeto socialista mantiver o desmantelamento do trabalho assalariado, fracassaremos, a menos que entendamos que a relação entre trabalho assalariado e capital é baseada em várias formas não remuneradas de trabalho e em todos os tipos de espaços sociais, não apenas no local da produção.

Quando o United Auto Workers foi organizar um sindicato na fábrica da Volkswagen no Sul dos Estados Unidos, seus líderes burocráticos mantiveram uma separação religiosa entre o trabalho sindical na fábrica e a experiência de vida dos trabalhadores na comunidade. Os líderes sindicais assinaram um compromisso com os chefes de que nunca conversariam com os trabalhadores em suas casas. Mas essas eram comunidades que nunca tinham experimentado o poder sindical, nunca tinham cantado canções trabalhistas nem realizado piqueniques em sindicatos. Na textura social de suas vidas, os sindicatos tinham tido pouca relevância. Em tal comunidade, devastada e atomizada pelo capital, o movimento sindical só poderia ser reconstruído se, para os trabalhadores, o sindicato fizesse sentido na totalidade de suas vidas, e não apenas no local de trabalho.

Essa tática pode ser comparada àquela executada pelos professores de Chicago para reconstruir seu sindicato. Eles fizeram o que o United Auto Workers não fez: conectaram as lutas no local de trabalho às necessidades mais amplas da comunidade. Durante anos, sempre que uma escola estava prestes a ser privatizada, eles levavam sua bandeira sindical a esse bairro e protestavam. Na pobreza profundamente racial de Chicago, a luta de um sindicato que tenta salvar o direito de aprendizagem de uma criança da classe trabalhadora fez a diferença. Então, quando esse mesmo sindicato entrou em greve, já havia estabelecido uma história de trabalho e luta em espaços além dos postos laborais, e, por isso, a classe trabalhadora de Chicago viu a greve como sua própria luta, pelo futuro de seus filhos. Quando as greves de professores vestindo camisas vermelhas invadiram as ruas da cidade, os trabalhadores deram-lhes solidariedade e apoio.

Queremos que lutadores da classe trabalhadora tomem as ruas das cidades, como fizeram durante a greve do Chicago Teachers

Union [Sindicato dos professores de Chicago]. Para que estejamos preparados, na teoria e na práxis, para estes tempos, o primeiro requisito é um entendimento inovador da classe, recuperado após décadas de reducionismo econômico e sindicalismo empresarial. Os papéis constitutivos desempenhados por raça, gênero e etnia na classe trabalhadora precisam ser reconhecidos novamente, enquanto reanimamos a luta com percepções mais amplas de poder de classe, que extrapolem as negociações contratuais.

Somente essa luta conseguirá romper o terreno oculto do capital e nos trazer de volta o controle de nossa capacidade sensitiva, tátil e criativa de trabalhar.

David McNally é professor titular de história e negócios na Universidade de Houston e diretor do Center for the Study of Capitalism. Pesquisa a história e a política econômica do capitalismo, com ênfase em teoria da reprodução social e movimentos anticapitalistas. É ativista e autor de sete livros, entre os quais destacam-se os premiados *Global Sump: The Economics and Politics of Crisis and Resistance* [Queda global: economia política da crise e resistência] (PM Press, 2010) e *Monsters of the Market: Zombies, Vampires and Global Capitalism* [Monstros do mercado: zumbis, vampiros e capitalismo global] (Haymarket, 2012).

4 Interseções e dialética: reconstruções críticas na teoria da reprodução social

David McNally

> *A vida é algo* concreto *e é vitalidade na reprodução [...]. Cada um dos momentos particulares é essencialmente a totalidade de todos; sua diferença [...] está posta na reprodução como totalidade concreta do todo.*
>
> — G.W.F. Hegel, *Ciência da lógica* (1969 [2018])

> *As líderes do movimento pelos direitos das mulheres não suspeitavam que a escravização da população negra no Sul, a exploração econômica da mão de obra no Norte e a opressão social das mulheres estivessem relacionadas de forma sistemática.*
>
> — Angela Davis, *Mulheres, raça e classe* (1981 [2016])

Estamos em um ponto de inflexão no desenvolvimento das teorias materialistas sobre as múltiplas opressões sociais. O enfoque mais influente— a teoria da interseccionalidade — vem lutando para superar o atomismo que parece alicerçar sua perspectiva conceitual, como mostro mais à frente. Ao mesmo tempo, a TRS, que surgiu das análises materialistas históricas das relações de gênero, está sendo renovada, em parte, como uma resposta aos desafios críticos da interseccionalidade e do antirracismo. A seguir, sugiro que uma teoria da reprodução social dialeticamente revitalizada — que tenha como pressupostos os desafios críticos apresentados pela análise interseccional — pode oferecer a perspectiva mais promissora para os interessados em uma teoria materialista histórica de múltiplas opressões na sociedade capitalista.

Esse direcionamento exige um protocolo fundamental da teoria dialética: uma crítica *imanente*. É característica das análises críticas um engajamento na rejeição indiscriminada de abordagens alternativas, o que pode ser muito bom quando se trata de formulações ideológicas puramente vulgares. Mas isso não nos serve quando tentamos ir além dos limites da teoria, animados por um espírito de investigação genuína. Nesse caso, a crítica dialética insiste em que só se pode obter um ponto de vista mais abrangente ao se incorporar os aspectos mais fortes de uma perspectiva, superando suas fraquezas internas. Ao invés de rejeitar dogmaticamente uma teoria com a qual se disputa, a crítica dialética penetra esse sistema de pensamento para envolvê-lo em seus próprios termos e integrar suas ideias mais críticas. Hegel (1977, p. 22 [2003, p. 48]) reforça que a verdade não é uma coisa; "não é uma moeda cunhada, pronta para ser entregue e embolsada sem mais". A verdade reside no *processo* de pensamento crítico, que só pode passar por entendimentos parciais e unilaterais, em direção a entendimentos mais ricos e abrangentes. A abordagem teórica que prevaleceu em determinado momento não pode ser desprezada facilmente e tida como falsa. Mesmo quando uma abordagem é transcendida por uma teoria mais robusta, uma perspectiva anterior, cheia de falsos começos, ainda faz parte da história da verdade, como um processo de descoberta, exploração e formulação teórica:

> o movimento total constitui o positivo e sua verdade. Movimento esse que também encerra em si o negativo, que mereceria o nome de falso se fosse possível tratar o falso como algo de que se tivesse de abstrair. Ao contrário, o que deve ser tratado como essencial é o próprio evanescente; não deve ser tomado na determinação de algo rígido, cortado do verdadeiro, deixado fora dele não se sabe onde; nem tampouco o verdadeiro como um positivo morto jazendo do outro lado. (Hegel, 1977, p. 27 [2003, p. 53])

Hegel também descreve esse modo de crítica como uma forma de *negação determinada*. Em contraste com a negação abstrata, que apenas rejeita uma posição em favor de outra, a negação determinada mostra como as contradições dentro de um sistema de pensamento o empurram para sua própria superação. Ela, então, envolve essas contradições em um processo duplo de apropriação e superação. É desse modo que me dedico à teoria da interseccionalidade. Convencido de que as análises interseccionais carregam profundas falhas teóricas, também reconheço os insights críticos que geraram. No entanto, como muitos teóricos interseccionais reconhecem, essa perspectiva esbarra em alguns problemas internos fundamentais. Assim, ao envolver essa abordagem dialética e suas contradições, procuro mostrar como elas podem ser superadas dialeticamente — tendo suas ideias críticas retidas e reposicionadas — em uma teoria da reprodução social dialeticamente reconstruída.

Impasses da teoria da interseccionalidade

A interseccionalidade surgiu de esforços para compreender as múltiplas opressões que constituem a experiência social de muitas pessoas, principalmente mulheres racializadas. No entanto, desde o início, lutou com a metáfora espacial que a define. Uma interseção, afinal, é um espaço no qual estradas ou eixos distintos se cruzam. De fato, na III Conferência Mundial Contra o Racismo, em 2001, uma das principais fundadoras da análise interseccional, Kimberlé Crenshaw, ilustrou sua teorização por meio de uma imagem representando uma pessoa parada em um entroncamento, enquanto veículos provenientes de vários ângulos se aproximavam dela (Crenshaw, 2001).[1] A despeito de uma crescente insatisfação

1 Kimberlé Crenshaw, "Mapping the Margins: Intersectionality, Identity Policies and Violence against Women of Color" [Mapeando as margens: interseccionalidade,

com esse tipo de imagem, os teóricos da interseccionalidade recorrem repetidamente à descrição de várias opressões com termos espaciais, como *linhas*, *locais*, *eixos* e *vetores*. Christine Bose (2012), por exemplo, criou a imagem de "eixos cruzados" de opressão, enquanto Helma Lutz (2002) enumerou "catorze linhas de diferença", uma visão adaptada da sugestão de Charlotte Bunch (*apud* Yuval-Davis, 2006, p. 203), para quem as diferenças sociais se dão em "dezesseis vetores".

A insatisfação com a ideia de que todos esses eixos ou vetores de poder se constituem de modo independente uns dos outros levou vários analistas a alterar a noção de relações *cruzadas* para uma visão de relações *entrelaçadas*. Patricia Hill Collins (1990, p. 276 [2019, p. 395], por exemplo, propõe que pensemos em sistemas de opressão *interligados*, compreendendo uma "matriz de dominação" que constitui um "sistema único e historicamente criado". Sherene Razack (1998, p. 13) vai um pouco mais longe, insistindo que sistemas interligados "precisam um do outro", o que implica serem coconstituídos. Mais recentemente, Rita Kaur Dhamoon (2011, p. 232) sugeriu que o termo *interações* é preferível a *interseções*. Todos esses movimentos teóricos buscam, com razão, superar a imagem conceitual que assombrou a teoria da interseccionalidade: a de identidades reificadas ou pré-constituídas, ou de espaços que entram em algum tipo de contato externo um com o outro. No entanto, essas modificações continuam atormentadas pelo atomismo ontológico inerente às formulações fundadoras da teoria: a ideia de que existem relações de opressão *constituídas independentemente* umas das outras, e que, em algumas circunstâncias, se entrecruzam.

Floya Anthias propõe uma expressão bastante explícita do atomismo subjacente aos discursos interseccionais ao resistir abertamente à ideia de que as relações de poder e opressão se

---

políticas identitárias e violência contra mulheres de cor], III Conferência Mundial Contra o Racismo, Durban, 31 ago.-8 set. 2001. Essa apresentação foi baseada em um artigo homônimo; ver Crenshaw (1991).

coconstituem. Um problema central da ideia de "constituição mútua" é "desfazer a relevância das categorias em si" (Anthias, 2012, p. 129). A ideia aqui parece ser a seguinte: se reconhecermos as relações de raça e classe, por exemplo, como partes constitutivas intrínsecas do gênero, então a relevância do gênero como categoria fica ameaçada. Esse é o atomismo ontológico em sua essência: insistir que uma entidade ou relação não pode ser entendida como constituída dentro e por meio de outra sem que perca a própria identidade. As coisas — sejam entidades, sejam processos, sejam relações — podem, portanto, ser entendidas apenas como partículas atômicas totalmente separadas, cujas identidades excluem os efeitos coconstituintes de outras. Nira Yuval-Davis torna essa posição ainda mais explícita teoricamente ao afirmar que, embora cada diferença social seja "entrelaçada a outras divisões sociais, a base ontológica de cada uma dessas divisões é autônoma" (Yuval-Davis, 2006, p. 195, 200-1). Se é assim, então o entrelaçamento só pode ser um tipo de contato externo entre relações ontologicamente separadas, como se cada relação de poder fosse capaz de se afastar das outras sem que sua constituição interna seja afetada. O resultado é uma espécie de newtonianismo social, uma mecânica de pedaços que colidem na realidade social.

Minha referência diz respeito, em primeira instância, ao modelo teórico do Universo de Isaac Newton, composto de partículas atômicas separadas. Em cada uma delas, inscreve-se um princípio de automovimento (movimento inercial). Newton sabia, é claro, que outras forças, como a gravidade, agiam sobre esses átomos. E também sabia que todo corpo exerce força gravitacional sobre um outro. Mas ele argumentou que a gravidade operava de forma *externa*, afetando toda e qualquer parte da matéria a partir de fora (e, assim, modificando o movimento gerado internamente). Contudo, se cada pedaço foi afetado pela gravidade, como não seria ela essencial à sua própria natureza? Em outras palavras, por que a gravidade não foi reconhecida como algo constitutivo de todas as partículas, isto é, algo que torna essas partes atômicas o que são? Parte da resposta é que a posição de Newton desafiava inerentemente o atomismo com que estava comprometido. Afinal, se o que as coisas são é determinado por forças que parecem estar fora delas, o mundo seria um sistema orgânico complexo e dinâmico, no qual as fronteiras entre as partes são sempre porosas. Newton sabia muito bem até que ponto o mundo consistia em fluxo e transformação intermináveis. O que lhe permitiu insistir na estabilidade e na identidade de suas partes foi sua concepção de espaço e tempo absolutos.

Em vez de seu modelo dinâmico de Universo conduzi-lo a uma filosofia de relações internas — na qual cada parte está em constante movimento e interação e, portanto, internamente afetada e *intrinsecamente constituída* por suas inter-relações com outras partes —, Newton sustentava que esse mundo em fluxo era, no fim das contas, estabilizado pelo caráter absoluto do tempo e do espaço. Cada objeto e cada parte atômica, ele insistia, ocupam uma localização única no espaço e no tempo imutáveis. Para explicar esse conceito, Newton sustentou que o espaço e o tempo absolutos eram de natureza matemática. Tal qual uma figura geométrica pura — como um círculo ou um triângulo — pode ser construída em um espaço abstrato fora de qualquer forma sensível (por exemplo, em nossa mente), o tempo absoluto seria independente de nossas sensações, assim como o espaço absoluto o seria de qualquer substância material real. Assim, em seu *Principia*, ele afirmou que o "tempo absoluto, verdadeiro e matemático, por si mesmo e por sua própria natureza, flui uniformemente sem relação com qualquer coisa externa e é também chamado de duração". E, na mesma linguagem, descreveu um "espaço absoluto, em sua própria natureza, sem relação com qualquer coisa externa, [que] permanece sempre similar e imóvel" (Newton, 1999, p. 408 [2008, p. 45]). Por meio dessa concepção de espaço e tempo homogêneos e imóveis, ele fundamentou seu mundo dinâmico e em constante movimento em alicerces fixos e imutáveis. Essa metafísica estática, com sua concepção de espaço e tempo absolutamente fixos, revelou o atomismo de Newton, ou seja, sua noção de que o Universo consiste em partes atômicas independentes e separadas, que se movem por si mesmas até serem modificadas por colisões externas e interações com outras partes e forças. Por mais que nosso mundo pareça ser de fluxo e interação intermináveis entre partes — o que parece ameaçar uma concepção atomística, segundo a qual as partículas do mundo são totalmente separadas e independentes umas das outras —, as coisas são de fato estabilizadas, de acordo com Newton, pelas coordenadas fixas, invisíveis, do espaço e do tempo absolutos. O famoso modelo "bola de bilhar" do Universo, no qual as peças se comportam como bolas que colidem e giram em uma mesa por meio de um motor invisível, repousa sobre essa visão estática. Um mundo dinâmico em movimento foi, portanto, controlado por uma ordem imutável (matematicamente regulada).

O liberalismo clássico, sobretudo no campo da economia política, adaptou essa filosofia mecânica à vida social. Para teóricos como Adam Smith, o universo social é composto de partes atômicas que se movem de forma autônoma (indivíduos que buscam a si mesmos), cujos movimentos de colisão são regulados pela moralidade, pela lei e, mais importante, pelo mercado. No agitado tumulto de colisões entre interesses individuais próprios, surge uma ordem social estável, que pode ser explicada de forma correlata à ilustração newtoniana de ordem em meio ao fluxo do mundo físico. A "mão invisível" do mercado de Smith, que gera harmonia por meio do comportamento caótico e de interesse próprio dos indivíduos, é uma analogia deliberada às forças invisíveis que harmonizam o mundo físico de Newton (McNally, 1988, p. 180-92). De fato, o Universo newtoniano do espaço-tempo matemático abstrato é completamente consoante com o mundo do mercado capitalista. "À abstração física do espaço corresponde a abstração econômica do mercado, que torna diferentes tipos de trabalho e riqueza mensuráveis por meio da relação monetária", escreve Daniel Bensaïd. "A um tempo físico vazio e homogêneo corresponde o tempo linear de circulação e acumulação" (Bensaïd, 2002, p. 301). O espaço newtoniano é, portanto, um corolário do espaço social abstrato da vida social mercantilizada, regulada pelos mercados capitalistas.

Quando sugiro que a teoria da interseccionalidade é assombrada pelo newtonianismo social, refiro-me precisamente à ideia de que diversos eixos e vetores de diferença podem ser mapeados no espaço social como partículas ontologicamente separadas e autônomas, que estabelecem relações externas com outras partículas. Assim como todo átomo deve ser mensurável e toda mercadoria deve ter sua medida de preço, também uma teoria de eixos ou vetores distintos exige que cada relação seja encerrada, mensurável e mapeável. Ironicamente, as principais correntes da ciência moderna — da teoria dos sistemas à teoria do caos e da complexidade — já ultrapassaram essa interpretação. Como observa Ludwig von Bertalanffy (1973, p. 88 [1975, p. 125]): "Na ciência moderna, a interação dinâmica parece ser o problema central em todos os campos da realidade". A interação dinâmica — em oposição às colisões externas entre as coisas — vem, pelo menos implicitamente, acompanhada da noção de que as coisas são *internamente* relacionadas, isto é, de que uma coisa (parte ou relação) é *intrinsecamente* constituída pelas relações que mantém com outras. A esse respeito, o pensamento científico contemporâneo pode amiúde se afastar da mecânica e se mover em direção à dialética.[2] Sob essa luz, retomo, então, o exame da teoria da interseccionalidade.

Ainda que os teóricos interseccionais trabalhem com localizações e vetores, e não com os indivíduos atômicos da teoria liberal, enfrentam um problema metodológico semelhante. Eles também são desafiados quando se trata de derivar algum tipo de ordem ou sistema social dessas partes. Afinal, temos ou não motivos para sustentar que eixos de opressão independentemente constituídos entrarão em contato? Se a resposta for afirmativa, por que um padrão ordenado deve surgir, em vez de um caos aleatório? E por que o contato não afetaria internamente os eixos ou vetores em questão? Por ter origem na teoria jurídica — com sua doutrina fundamental de sujeitos jurídicos distintos e autônomos, que possuem propriedade e direitos —, a interseccionalidade talvez se veja,

2 Para um exemplo categórico, ver Levins e Lewontin (1985).

grosso modo, presa em um atomismo do qual seus proponentes mais sofisticados procuram escapar (como nos esforços de Hill Collins para teorizar uma "matriz de dominação" singular). Indivíduos atômicos, é claro, só podem colidir ou evitar colidir no espaço social. Quando há colisões, testemunhamos violações do espaço pessoal de direitos e propriedade. Não surpreende, portanto, que a teoria da interseccionalidade, a despeito dos admiráveis esforços na direção contrária, volte regularmente às concepções espacializadas do todo social. De fato, Anthias (2012, p. 130, 133) acaba defendendo uma fusão da interseccionalidade com a teoria da estratificação e sua representação vulgar das relações sociais de poder em estratos geológicos.[3] O resultado é a adição de uma metáfora rigidamente espacial — estratos — àquelas de eixos, vetores e localizações.

Até mesmo quando os teóricos interseccionais tentam avançar em direção a uma concepção de interações entre diferentes relações de dominação, eles permanecem presos no que Hegel descreve como quimismo, uma perspectiva que reconhece "igualamento recíproco e combinação" entre elementos, mas permanece "afetada [...] pela exterioridade" (Hegel, 1969, p. 728, 731 [2018, p. 207, 210]), isto é, pela ideia de que ingredientes distintos e pré-constituídos podem afetar um ao outro apenas do lado de fora, não de uma maneira verdadeiramente formativa. O organicismo dialético, no entanto, vê um todo social diverso e complexo como constitutivo de todas as partes, e cada parte como reciprocamente constitutiva uma da outra. Essa interpretação permite superar as aporias do atomismo interseccional. Dessa maneira, a dialética pode transcender o que Himani Bannerji (2005, p. 147) descreve como "o hábito de um pensamento fragmentado ou estratificado tão predominante entre nós, que acaba apagando o social da concepção de ontologia".

3 Ressalto que a ideia de estratos sociais múltiplos foi uma resposta liberal-pluralista às teorias críticas de classe social.

Em *Ciência da lógica*, Hegel apresenta uma tipologia tripartite de modelos de interação nas ciências naturais e humanas. Ele identifica esses três modelos como *mecanismo, quimismo* e *teleologia*. Eles resumem o estado do pensamento científico em sua época, e, eu sugeriria, continuam a lançar luz de modo relevante sobre os debates nas ciências sociais, incluindo aqueles relativos à interseccionalidade e à TRS.

O mecanismo, que Hegel claramente associa ao newtonianismo, envolve "um modo mecânico de representação" (Hegel, 1969, p. 711 [2018, p. 187]), no qual objetos diferentes têm relações externas entre si. À medida que o mecanismo concebe uma pluralidade de coisas, ele as considera como uma "agregação" — lembre-se aqui das listas de catorze e, depois, de dezesseis eixos ou vetores de diferença anteriormente mencionadas —, na qual a "unidade" de todas as partes é "uma forma exterior, indiferente" (Hegel, 1969, p. 713 [2018, p. 189]). Ao invés de as partes se unificarem como aspectos internamente relacionados de um todo, o todo é considerado uma mera soma de partes indiferenciadas. Nessa perspectiva, "os objetos são autossubsistentes uns frente aos outros" (Hegel, 1969, p. 714 [2018, p. 190]) e existem na forma de "um ser fora um do outro de múltiplos objetos" (Hegel, 1969, p. 722 [2018, p. 199]).

O quimismo, segundo Hegel, tem o mérito de reconhecer interações entre elementos diferenciados. No entanto, como também partilha das pressuposições do atomismo e de sua visão de partes do mundo constituídas de forma independente, cujas propriedades mais básicas não são afetadas por outras partes, o quimismo só pode imaginar a interação nas linhas de "igualamento recíproco e combinação" das partes umas com as outras. Assim, o quimismo pode reconhecer que a combinação de duas partes de hidrogênio com uma de oxigênio produz a água, mas não teoriza as transformações qualitativas que essa combinação acarreta — o surgimento de formas de vida que não são redutíveis àqueles dois elementos químicos iniciais. Como resultado, as interações das quais o quimismo trata estão ainda "afetada[s] [...] pela exterioridade" (Hegel, 1969, p. 728, 731 [2018, p. 207, 210]). Pode-se observar precisamente essa abordagem em explicações interseccionais que mencionam "interações entre estruturas sociais que geram desigualdades" (Winker & Degele, 2011, p. 54). Essas estruturas são consideradas "coisas" separadas e relativamente fixas que preexistem à sua interação. Um problema semelhante persiste nos relatos de interconectividades e relações interligadas entre múltiplos sistemas de opressão.[4] Novas combinações podem ser criadas por interações e interconectividades, mas as próprias estruturas são vistas como constituídas antes do contato entre si.

Em oposição dialética ao mecanicismo e ao quimismo — pela qual, seguindo Hegel, quero expressar uma negação que supera contradições e bloqueios teóricos, enquanto mantém as ideias mais científicas de uma teoria —, Hegel se volta para a teleologia. Aqui, dada a predominância dos modos de pensamento analítico e positivista, alguns esclarecimentos são necessários.

O positivismo e a teoria pós-moderna convergem hoje em sua hostilidade à teleologia. O positivismo quer "os fatos e apenas os fatos". Seu hiperempirismo rejeita quaisquer causas ou propósitos maiores que possam dirigir os "fatos" imediatamente observáveis. Eventos como guerras ou crises econômicas são *apenas* eventos; qualquer teorização maior, que considere, por exemplo, a dinâmica do capitalismo e do imperialismo, é considerada ilícita, pois transcende a particularidade do fenômeno tomado como um acontecimento atômico e distinto. Em um enfoque diferente, a teoria pós-moderna também rejeita a teleologia como

4 Sobre interconectividades, ver Valdes (1995). Dhamoon (2011, p. 232) aponta uma formulação mais dialética quando argumenta que "os processos de diferenciação funcionam dinamicamente entre si e se habilitam". No entanto, sua análise recua regularmente em direção a um pluralismo liberal, talvez em parte por sua preocupação com a "interseccionalidade mainstream", isto é, tornando-a parte do conjunto de ferramentas da ciência social convencional.

uma busca por grandes narrativas, por histórias que procuram ilegitimamente uma direcionalidade abrangente para fenômenos e eventos separados.[5] Como os críticos apontaram, ambas as posições antiteleológicas são flagradas em uma contradição performática. Afinal, uma demanda na natureza e na sociedade, sem maiores propósitos nem direcionalidades, é em si uma grande narrativa, uma demanda universal que não pode ser explicada segundo eventos dissociados em si e entre si.

O argumento fundamental de Hegel a esse respeito é que a própria vida tem uma dinâmica teleológica, ou seja, a vida é proposital. Para ele, toda vida obedece a uma tendência de preservação e reprodução. Não podemos compreender nosso mundo e a nós mesmos fora do entendimento de tais propósitos da vida. Portanto, utilizando um exemplo familiar, se eu construir uma mesa, sua *causa material* é a madeira. Sua *causa formal* é a forma de uma mesa: isto é, deve ter pernas de comprimento aproximadamente igual para equilibrá-la e assim por diante. Sua *causa eficiente* é a atividade — serrar madeira, unir peças, martelar pregos, lixar a mesa etc., tudo o que é desempenhado pelo fabricante de mesas. Mas a causa final (*telos*) — o objetivo que informa sua criação — é a reprodução da vida das pessoas em minha casa.[6] É em torno da mesa que nos reunimos para comer, beber, celebrar e regenerar nossos laços comunitários. É ao redor da mesa que nos reproduziremos social e materialmente como pessoas vivas e interconectadas. Para Hegel, o conceito de teleologia é, ao mesmo tempo, simples e profundo.

O ponto de vista da teleologia só pode ser orgânico. Uma parte de um sistema vivo não é uma parte atômica isolada e autossuficiente. Os pulmões não existem simplesmente para processar oxigênio para si mesmos; sua existência está relacionada ao coração, ao sistema circulatório e assim por diante. É o organismo

5 É interessante que um dos teóricos mais expressivos dessa linguagem tenha sido o filósofo escocês David Hume, cujo empirismo convencionalista permanece a base de muito pragmatismo e de certas correntes da teoria pós-moderna.

6 Esse quádruplo relato de causalidade deriva, obviamente, da metafísica aristotélica.

total que está vivo, não as mãos, os olhos ou o fígado por conta própria. Todos esses órgãos têm um imperativo primordial — a reprodução do processo total da vida — para o qual não são iguais por si mesmos. Suas funções têm sentido teleológico apenas como conjunto, apenas em suas interconexões como partes cujo propósito pertence ao todo, o organismo vivo em sua totalidade. Isso se aplica também a um produto do trabalho humano, como uma mesa. Quando construo uma mesa para uso doméstico, suas pernas, suas junções e seu tampo de madeira são produzidos como elementos de um todo orgânico, e não como fins em si mesmos. Da mesma forma, quando construo conceitos com os quais pretendo entender algo, eles têm o objetivo mais amplo de dar sentido ao mundo como parte da vida nele, e isso se aplica também ao empirista vulgar, para quem a negação do conhecimento geral é parte de seu relato de vida. Os sistemas vivos — do corpo aos objetos de uma família e aos sistemas de conhecimento — são todos constituídos de propósitos. Hegel sustenta que isso se aplica às coletividades sociais, da família ao Estado.[7]

Entre os elementos mais materialistas da dialética de Hegel está a insistência em que o que pertence à vida também pertence ao pensamento. Se a vida é animada pelo propósito de um sistema orgânico dinâmico, o pensamento, como um aspecto dela, deve obedecer ao mesmo imperativo. O pensamento é homólogo à complexa e múltipla riqueza da vida. Ele deve buscar "o conceito orgânico real, ou o todo que sobre si retorna" (Hegel, 1977, p. 161 [2003, p. 196]). Assim como a vida é uma jornada que descreve um caminho dinâmico e contraditório, isso também se aplica ao pensamento. Se uma vida boa e verdadeira é aquela que aumenta a riqueza de suas relações, conhecimentos e experiências, o mesmo se aplica ao pensamento. O pensamento verdadeiro se esforça não para produzir objetos fixos, mas para traçar um *pro-*

7 Aqui entram em jogo os limites do horizonte burguês de Hegel, tanto na naturalização da família heterossexual quanto na incapacidade de transcender o horizonte do Estado-nação.

cesso de compreensão cada vez mais rico. "A verdade não é uma moeda cunhada, pronta para ser entregue e embolsada sem mais" (Hegel, 1977, p. 22 [2003, p. 48]). Diferentemente, ela é o processo de compreensão cada vez mais rico, detalhado e concreto de nós mesmos e do mundo. Todas as buscas por conhecimento começam com informações específicas (ou "conteúdos" do pensamento), diz Hegel. Segundo ele, o método científico da filosofia "é a expansão necessária do mesmo [conteúdo] num todo orgânico. O caminho pelo qual se atinge o conceito do saber torna-se igualmente, por esse movimento, um vir-a-ser necessário e completo" (Hegel, 1977, p. 20 [2003, p. 45-6]).

Por essa razão, em um movimento que está radicalmente em desacordo com a lógica formal, Hegel introduz o conceito de vida em *Ciência da lógica*.[8] Afinal, se a tarefa do pensamento é compreender a vida — e qual poderia ser o objetivo maior? —, isso requer um sistema conceitual adequado ao desenvolvimento complexo, dinâmico e multidimensional da vida. No entanto, requer também categorias que não sejam lógico-formais, mas dialéticas; não os conceitos fixos e estáticos da filosofia analítica, com suas moedas cunhadas, mas conceitos internamente dinâmicos e autotransformadores, que capturem a própria *transformação* das coisas em suas múltiplas facetas. Hegel insiste que os conceitos dialéticos "se tornam fluidos" quando um se transforma em outro e alcança uma riqueza maior. Isso exige que as diferenças que constituem um fenômeno, seus "momentos diferenciados", percam sua "fixação", à medida que o pensamento lida com seu dinamismo e relacionalidade fundamentais, que, é claro, são elementos da própria vida (Hegel, 1977, p. 22 [2003, p. 48]). O pensamento dialético, portanto, vai além do método de rotular "e dessa maneira organiza[r] tudo", no qual "a essência viva da Coisa está abandonada ou escon-

8 De acordo com Hahn (2007, p. 62-3), a prioridade da vida para o pensamento é a justificativa para que Hegel tenha introduzido em sua lógica categorias ontológicas como "vida", "orgânicos", "ser" e "tornar-se", de maneira totalmente estranha à lógica formal.

dida" (Hegel, 1977, p. 31 [2003, p. 56-7]). Ele resiste às tendências abstratas do pensamento analítico, que se esforçam em decompor fenômenos em pedaços cada vez menores para encaixotá-los e rotulá-los. Em contrapartida, a dialética descreve o vir-a-ser do objeto (Hegel, 1977, p. 37 [2003, p. 62]), as interrelações dinâmicas e mutáveis entre os elementos da vida que compõem uma totalidade concreta (e, portanto, diferenciada internamente).

Para Marx, esse modo de pensamento dialético era uma segunda natureza, algo sobre o qual ele raramente refletia, tão certo o considerava. No entanto, após sua morte, Engels reconheceu o quão estranho isso seria para muitos leitores do trabalho de Marx. Como resultado, ele aconselhou que os leitores de *O capital* não procurassem na obra de Marx

> definições fixas e prontas, válidas de uma vez por todas. É evidente que, quando as coisas e suas relações recíprocas não são concebidas como fixas, mas como mutáveis, também seus reflexos mentais, os conceitos, estão igualmente submetidos a modificação e renovação; que estes não se encontram enclausurados em definições rígidas, mas desenvolvidos em seu processo de formação histórico ou, a depender do caso, lógico. (Engels, 1991, p. 103 [2017, p. 39])

Essa rejeição dos métodos de definição lógico-formais corresponde a uma visão dialética da vida como devir dinâmico. Os conceitos não podem ser fixos e rígidos porque a vida não é nada disso. Segue-se que a multidimensionalidade da vida social não pode ser entendida pressupondo que suas partes sejam "ontologicamente autônomas". Pelo contrário: por mais que existam componentes analiticamente identificáveis de seres vivos — mãos e olhos ou indivíduos concretos —, eles só podem ser totalmente compreendidos de modo relacional. Para o organicismo dialético, os objetos são de fato *relações*,[9] as quais estão em fluxo, passando por trans-

9 "Marx concebe as coisas como relação" (Ollman, 1977, p. 27).

formações temporais que as reconfiguram como elementos de um sistema vivo.

É esclarecedor que a crítica da teoria da interseccionalidade proposta por Himani Bannerji também insista na prioridade da vida ou na experiência vivida:

> Pessoas não brancas e brancas que vivem no Canadá ou no Ocidente sabem que essa experiência social não é, enquanto vivida, uma questão de interseccionalidade. Seu sentimento de estar no mundo, texturizado por meio de inúmeras relações sociais e formas culturais, é vivido, sentido ou percebido de uma só vez e ao mesmo tempo. (Bannerji, 2005, p. 144)

Bannerji (1995, p. 83) defende, portanto, uma compreensão do todo social concreto em "suas múltiplas mediações de relações e formas sociais". "Precisamos nos aventurar", escreve ela, "em uma leitura social mais complexa, em que todos os aspectos possam mostrar que refletem outros, em que cada pedacinho contenha o macrocosmo no microcosmo" (Bannerji, 2005, p. 146). As partes distintas de um todo social são, portanto, relacionadas *internamente*; medeiam-se umas às outras e, ao fazê-lo, constituem umas às outras. E as coisas (ou relações) intermediadas e coconstituídas não são ontologicamente separadas, ainda que tenham propriedades que as diferenciem e constituam uma relativa distinção.

Certamente, existem propriedades específicas nas várias partes de um todo. O olho tem propriedades funcionais específicas bastante diferentes das da mão. O racismo tem características específicas que nos permitem distingui-lo em primeira instância do sexismo. Essas distinções, porém, não fornecem definições exaustivas. Elas proporcionam um ponto de início a partir do qual o pensamento desdobra as relações internas das partes com outras partes e com o sistema orgânico como um todo. O racismo, em outras palavras, pode ser entendido como uma *totalidade parcial*, com características únicas que devem ser compreendidas em relação às outras totalidades parciais que compõem o todo social em seu processo de formação. Cada totalidade parcial, cada sistema parcial dentro do todo, possui características únicas (e certa autonomia relativa ou, melhor dizendo, autonomia relacional). O sistema coração/pulmão, por exemplo, constitui uma totalidade parcial dentro do organismo humano como um todo. No entanto, nenhuma parte (ou totalidade parcial) é, de maneira ontológica, autônoma das demais. Cada parte é (parcialmente) autônoma e dependente, (parcialmente) separada e ontologicamente interconectada. Em consequência, nenhuma pode ser entendida de modo adequado como uma unidade autossuficiente fora de sua participação em um todo vivo. O todo orgânico é constituído por e através de suas partes — são elas que lhe conferem determinação e concretude —, mas não é redutível a elas. É algo maior e mais sistemático do que uma mera soma aditiva. Hegel postula que existem relações de reciprocidade, e não mecanicismo, entre as partes e entre as partes e o todo. De fato, é isso que significa ser um organismo vivo, e não um mecanismo sem vida.

É nesse ponto de sua análise da vida que Hegel introduz o conceito de reprodução. Afinal, um organismo vivo deve se reproduzir; sem reprodução — diária, sazonal ou geracional — a vida cessa. Além disso, é o organismo como um todo que deve se reproduzir, pois é o organismo biológico ou social total que vive. Órgãos individuais vivem apenas por meio da reprodução de todo o organismo. Segue-se que as partes e o todo estão unidos em um único processo de vida: "a vida é algo *concreto* e é vitalidade na reprodução [...]. Cada um dos momentos particulares é essencialmente a totalidade de todos; sua diferença constitui a determinidade ideal da forma, que está posta na reprodução como totalidade concreta do todo" (Hegel, 1969, p. 769 [2018, p. 253]).

Uma totalidade concreta atinge concretude ("determinação") por meio das diferenças que a compõem. Ao mesmo tempo, cada uma dessas partes diferentes carrega o todo dentro dela; como elementos da vida, sua reprodução é impossível fora do todo vivo. É exatamente com essa concepção que Marx escreve: "O concreto é concreto porque é a síntese de múltiplas determinações, portanto, unidade da diversidade" (Marx, 1993, p. 101 [2011, p. 54]). Para Hegel e Marx, totalidades ou universalidades não são abstrações da diversidade e multiplicidade concretas das coisas. Pelo contrário, as totalidades são constituídas na e por meio da diversidade e do dinamismo dos processos da vida real. É isso que distingue os universais abstratos da lógica formal da "totalidade concreta do todo" que anima o pensamento dialético. O conceito dialético de totalidade envolve, portanto, a compreensão de um processo de *totalização* que unifica (sem suprimir) as totalidades parciais constitutivas dele. "A totalidade social existe por e nessas mediações multiformes, por meio das quais os complexos específicos — isto é, as 'totalidades parciais' — se ligam uns aos outros em um complexo dinâmico geral que se altera e se modifica o tempo todo" (Mészáros, 1972, p. 63 [2013, p. 58]).

A essa concepção, afirmo, é o que uma teórica interseccional como Patricia Hill Collins aspira quando escreve que os sistemas de opressão entrelaçados devem ser entendidos como parte de um único sistema criado historicamente. Collins aponta sem erros um sistema unitário ("único"), em desenvolvimento histórico. Ao fazê-lo, sua visão crítica supera a metáfora espacial que restringe a teoria interseccional. Dialetizado, o movimento da autora abre caminho para uma concepção orgânica da sociedade como um sistema dinâmico de relações sociais conectadas internamente (e, portanto, coconstituintes). O enigma para a teoria da interseccionalidade é que a cartografia de locais, vetores e eixos e o enquadramento conceitual atomístico construído sobre ela são intransigentes a esse tipo de teorização dialética.

O lembrete perspicaz de Collins de que os sistemas sociais são criados historicamente também vai ao encontro de um aspecto da concepção de teleologia de Hegel, absolutamente crucial para sua teoria, e de todo estranho às formas de pensamento empirista e positivista. Refiro-me aqui ao conceito hegeliano de *retrodeterminação*, impensável por meios mecanicistas ou quimistas. Afinal, o pensamento não dialético é dominado por uma causalidade baseada na sucessão temporal: primeiro vem uma causa, depois seus efeitos. No entanto, a concepção de vida de Hegel vai além disso. Na vida, o significado completo do que fiz no passado só será concretizado no presente ou no futuro.

Se planto sementes em um jardim, o que fiz ainda está para ser visto. Talvez meu fracasso em cultivar essas sementes, ou a falta de chuvas, leve meus esforços a nada. Talvez a guerra me tire de minha terra. Contudo, toda uma série de ações *subsequentes* pode permitir que essas sementes brotem. Somente após a germinação eu poderia dizer que meu plantio foi um ato de criação de alimentos. Da mesma forma, o significado de meus relacionamentos e de minhas atividades sociais passados é aberto e corrigível. Uma relação dolorosa na infância pode ser transformada em algo bastante diferente na idade adulta. O significado de meu passado foi, portanto, retrabalhado retroativamente. Para dar um exemplo político, o significado das atividades dos socialistas hoje é indeterminado. Se um futuro socialista chegasse um dia, daria novo significado às pequenas e muitas vezes ingratas tarefas que realizamos no passado. Desse modo, podemos dizer que, na vida, o fim determina o começo — ou, de fato, os fins *são* o começo. "Sobre a atividade teleológica se pode, portanto, dizer", escreve Hegel (1969, p. 748 [2018, p. 229]), "que nela o fim é o início, a consequência é o fundamento, o efeito é a causa, que ela é um devir daquilo que deveio".

Essa é uma das razões pelas quais debates abstratos como "o racismo é necessário para o capitalismo?" são decididamente falhos. Não se pode conhecer essas coisas antecipadamente, com base em princípios abstraídos da vida histórica concreta. O que podemos dizer é que o processo histórico real pelo qual o capitalismo emergiu em nosso mundo envolveu, de modo integral, relações sociais de raça e dominação racial. Do ponto de vista do efeito — capitalismo racializado —, podemos dizer definitivamente que o racismo é uma característica necessária ao capitalismo histórico em que vivemos. O efeito tornou-se assim uma causa, e é reproduzido, de modo sistemático, na e por meio da reprodução do modo de produção capitalista. No sistema único e historicamente criado (como aponta Hill Collins) em que vivemos, todas essas relações de poder social — das dominações de gênero, racial e sexual à exploração capitalista — formam um todo social complexo, no qual "cada um dos momentos particulares é essencialmente a totalidade de todos". Parece-me que isso é de fato o que Bannerji (2005, p. 149) pretende ao insistir que "'raça' não pode ser desarticulada da 'classe', assim como o leite não pode ser separado do café uma vez misturado ou o corpo separado da consciência em uma pessoa viva". Essas relações não precisam ser colocadas em interseção, porque cada uma já está dentro da outra, coconstituindo em seu âmago. Em vez de ficar nos cruzamentos, estamos no rio da vida, onde vários riachos e afluentes convergiram para um sistema pulsante e complexo.

Revisitando a teoria da reprodução social com *Mulheres, raça e classe*, de Angela Davis

Como vimos, o modelo teleológico de vida de Hegel culmina no conceito de reprodução. Não há muitas dúvidas de que esse insight hegeliano esteja na base do conceito de Marx da reprodução (expandida) do capital. Como sistema orgânico, o modo de produção capitalista deve ser capaz de se reproduzir no tempo e no espaço. Um dos propósitos de *O capital* é mostrar as leis essenciais pelas quais ele o faz, bem como os antagonismos, conflitos e contradições que essas leis geram.

A partir do final da década de 1960, as estudiosas marxistas-feministas começaram a empregar um enfoque distinto a respeito do modo como as unidades familiares da classe trabalhadora reproduzem a mercadoria essencial que movimenta o capitalismo — a força de trabalho. Em vez de se concentrarem exclusivamente na reprodução do capital, elas investigaram a reprodução da classe trabalhadora, adotando a dinâmica de gênero por meio da qual ocorria o processo reprodutivo diário e geracional da força de trabalho. Ao fazê-lo, enfatizaram a reprodução diária e geracional de trabalhadores vivos, condição prévia essencial para a reprodução contínua do capital. Enquanto alguns defensores dessa interpretação — apelidada de teoria da reprodução social ou feminismo da reprodução social — caíram em um dualismo fundamental que concebe modos distintos de produção e reprodução (conhecidos como teoria dos sistemas duplos), as contribuições mais sofisticadas buscaram uma conceituação unitária, teorizando-os como dois momentos de um processo social complexo e unificado.[10] No entanto, apesar das poderosas ideias geradas pelas vertentes da reprodução social, a maioria dos teóricos não conseguiu integrar os processos de racialização em suas análises. O grande feito da teoria da interseccionalidade foi expandir o panorama da discussão — inicialmente para raça, gênero e classe e, mais recentemente, para outras relações de opressão, como as de sexualidade e capacidades.

Com os sistemas duplos, os teóricos interseccionais tenderam ao *método aditivo* que descrevemos na primeira seção deste ensaio. Os dualistas juntaram relações de classe e gênero, e os interseccionalistas acrescentaram à mistura um terceiro elemento — a raça —, num esforço para chegar a uma imagem mais complexa do todo social. As intervenções subsequentes expandiram o número de fatores adicionais, a ponto de discutirmos agora os dezesseis vetores da diferença que definem o ser social. Raramente, no entanto, foram feitas tentativas de pensar todas essas relações como partes coconstituintes da unidade diferenciada que compreende uma totalidade social concreta. E, quando se estabeleceu um clima cultural pós-moderno — no qual a pluralidade foi celebrada e a universalidade, condenada —, predominou a ênfase em regiões ontologicamente autônomas (locais, eixos, vetores etc.) da vida social, gerando a fragmentação intelectual e a estratificação do social lamentada por Bannerji. Mais recentemente, porém, em

10 Ver, por exemplo, Young (1981, p. 43-70) e, especialmente, Vogel (1983 [2022]). Ver também Ferguson e McNally (2013).

conjunto com uma renovação mais ampla do materialismo histórico, os teóricos imaginativos se comprometeram a renovar a TRS acentuando a ênfase no trabalho social em seu sentido mais amplo, como *atividade prática humana*. Ao ressaltar atividades laborais incorporadas em relações socioespaciais concretas, eles mostraram como o conjunto de práticas que reproduzem a vida social é organizado simultaneamente pelas múltiplas relações de dominação e poder, incluindo a raça de modo central. Nos últimos tempos, o trabalho na seara da reprodução social vem se desenvolvendo por meio da teorização da reprodução global da força de trabalho, incluindo sua organização transfronteiriça (Ferguson, 2008; Ferguson & McNally, 2015).

Essa ênfase renovada na unidade diferenciada de atividades práticas, pelas quais os seres humanos produzem e reproduzem a si mesmos, suas relações sociais e suas relações com o ambiente natural, oferece uma base convincente para a teorização dialética tal qual a defendida acima. Como argumenta Ferguson (2008, p. 45), "essa teoria nos encoraja a entender as experiências seccionadas e contraditórias como parte de um conjunto muito mais amplo, dinâmico e materialista de relações sociais — relações criadas, contestadas e reproduzidas pelo nosso trabalho dentro e fora da casa". Ao fazê-lo, esse enfoque teórico nos leva à complexa unidade dos processos multifacetados, mas conectados internamente, pelos quais a vida é reproduzida em determinadas formas sociais.

Aqui, pretendo arriscar mais uma reivindicação. Quero insistir que, em grande parte por sua orientação materialista histórica e sua ênfase predominante na interação entre a produção de valor e a reprodução de seres humanos, o trabalho seminal de Angela Davis, *Mulheres, raça e classe* (1981 [2016]), deve ser considerado um texto de reprodução social como descrevi. Essa proposição não pretende negar o status desse texto na literatura da interseccionalidade. No entanto, pretendo resgatar seu núcleo materialista histórico e seu poder como um clássico do marxismo antirracista e feminista, que compartilha o espírito dos estudos mais convincentes da TRS.

O texto de Davis alicerça repetidamente os trabalhos das mulheres negras — como assalariadas e membros de unidades familiares — na organização de suas vidas. A autora enfatiza sempre a proporção muito maior de mulheres negras empregadas como assalariadas em comparação a mulheres brancas, assim como destaca suas lutas por condições de emprego. Ela ressalta, de modo central, que, para um grande número de mulheres negras, o trabalho assalariado *era* o trabalho doméstico para *outras* famílias, isto é, para famílias brancas ricas, e que havia uma quantidade enorme de mulheres negras trabalhando como empregadas domésticas.[11] Davis demonstra mais nitidamente a complexa unidade entre racismo e sexismo na opressão das trabalhadoras negras, sobretudo no que diz respeito à agressão sexual no trabalho, mostrando o caráter totalmente entrelaçado de sexismo, racismo e exploração de classe na experiência de mulheres negras da classe trabalhadora. Ao mesmo tempo, ela acentua de que modo o envolvimento no trabalho nos períodos de escravidão e pós-escravidão concedeu uma independência distinta às mulheres negras nos lares afro-estadunidenses. O que mantém a coesão entre os vários elementos dessa análise é a insistência da autora em reforçar que são as relações generificadas e racializadas de produção e reprodução capitalistas as responsáveis por prover uma unidade primordial a todas essas dimensões da experiência social. De fato, em gesto implicitamente hegeliano-marxista, Davis reivindica que, na situação estadunidense, "a escravização da população negra no Sul, a exploração econômica da mão de obra no Norte e a opressão social das mulheres" devem ser vistas como "relacionadas de forma sistemática" (Davis, 1981, p. 66 [2016, p. 75]).

Estar *sistematicamente* relacionado envolve, de forma considerável, mais do que mera interseção. As interseções podem ser relativamente aleatórias e casuais, o que não é possível com as relações

11 Nesse aspecto, o livro de Davis converge com as linhas de análise encontradas em Glenn (1985), cujo artigo, não obstante o uso do termo *interseção* no título, também opera com um pé na abordagem de reprodução social.

sistêmicas. Em um sistema, todas as peças são ordenadas e integradas de determinadas maneiras pelos demais componentes. Por esse motivo, um sistema é sempre mais do que a soma de suas partes. Existe aqui uma inseparabilidade em que o todo determina as partes, ainda que seja determinado de modo recíproco por suas subunidades. A formulação de Davis sugere fortemente que a escravidão negra, a opressão das mulheres e a exploração econômica do trabalho assalariado compreendiam, nos Estados Unidos, um único sistema criado historicamente (como propõe Hill Collins), uma formação social capitalista unificada de maneira complexa. Desse ponto de vista, *Mulheres, raça e classe* surge como um texto materialista histórico explícito, que busca traçar a anatomia da reprodução social de um modo de produção capitalista racista e dominado por homens estadunidenses. De fato, parece não haver outra maneira de apreciar plenamente a afirmação do texto segundo a qual, para as mulheres negras e as da classe trabalhadora, o fim da opressão de gênero só pode significar a socialização do trabalho doméstico, cuja precondição é "colocar um fim no domínio do desejo de lucro sobre a economia" (Davis, 1981, p. 243 [2016, p. 244]). Em outras palavras, a opressão de gênero está inextricavelmente entrelaçada (assim como sua superação) com a estrutura capitalista da economia, tanto que, para derrubar uma, a outra deve ser transformada. Essa, obviamente, é outra maneira de dizer que, por mais que sejam relações diferenciadas, elas constituem um sistema integral.

Para Davis, em outras palavras, estamos lidando com um modo capitalista de produção e reprodução que envolve relações historicamente específicas de gênero e opressão racial. Em vez de enumerar eixos e vetores distintos, ela mostra as interrelações sistemáticas por meio das quais a dominação racial e de gênero estão totalmente entrelaçadas com a exploração capitalista, de tal modo que não podem ser consideradas separáveis, ainda que permaneçam analiticamente distintas a certo grau aproximado de abstração. Como resultado, mudanças em um subconjunto de relações pressupõem mudanças em todas as outras e no sistema como um todo.

Houve um tempo, durante a ascensão do neoliberalismo e o florescimento do momento pós-moderno, que as conversas sobre transformação do sistema eram tratadas como irremediavelmente modernistas. Contudo, esse momento sociopolítico minguou diante de uma crise econômica global duradoura, uma era de austeridade e com o ressurgimento de movimentos contra a desigualdade social capitalista. Nossa nova conjuntura deu origem a um renascimento intelectual do materialismo histórico no contexto de novas lutas anticapitalistas. Afinal, o caráter fundamentalmente capitalista de nosso sistema mundial está dramaticamente exposto; os movimentos sociais radicais mais inspiradores estão pontuando o problema da transformação do sistema em vez de melhorias parciais.[12] Nesse clima político-intelectual, não surpreende que a TRS de inspiração marxista tenha ressurgido da mesma forma como resposta a aporias cruciais nas abordagens da interseccionalidade, ao mesmo tempo que incorporava ideias críticas sobre as múltiplas formas de opressão, desenvolvidas pela interpretação interseccional. Como tentei mostrar aqui, para estar à altura das tarefas deste momento, uma teoria da reprodução social dialeticamente reconstruída é vital para entendermos a unidade do diverso que é a forma de nosso mundo — e para ver se somos capazes de transformá-lo.

12 Esse quadro é evidente no programa social e político desenvolvido em conjunto com o movimento Black Lives Matter; ver The Movement for Black Lives (M4BL), "Vision for Black Lives: Policy Platforms" [Visão para Vidas Negras: plataformas políticas], disponível em: https://m4bl.org/policy-platforms/.

Susan Ferguson é professora de sociologia na Grinnel College e autora de diversos livros, entre os quais *Race, Gender, Sexuality, and Social Class: Dimensions of Inequality & Identity* [Raça, gênero, sexualidade e classe social: dimensões da desigualdade e identidade] (Sage, 2016) e *Shifting the Center: Understanding Contemporary Families* [Mudar o centro: entendendo as famílias contemporâneas] (McGraw-Hill, 2011). É organizadora da antologia *Mapping the Social Landscape: Readings in Sociology* [Mapeamento da paisagem social: leituras em sociologia] (Sage, 2018).

5 Crianças, infância e capitalismo: uma perspectiva da reprodução social

Susan Ferguson

Introdução

As crianças, agora sabemos, entraram no mercado. Poucos críticos sérios ainda sustentam que a infância é um tempo ou um espaço separado, intocado e imaculado pela economia capitalista. É precisamente essa problemática — a criança em um nexo capitalista global — que hoje alavanca muitas pesquisas e discussões públicas. E, à medida que as infâncias do Norte global estão em pauta, o nexo corporativo-consumista — com a participação das crianças como vítimas ou intérpretes experientes — geralmente torna-se objeto de um escrutínio mais intenso.[1]

Embora o foco no encontro das crianças com um mercado globalmente desenfreado capture uma importante gama de experiências, essa é uma visão limitada das infâncias capitalistas. O capitalismo não é apenas, ou mesmo fundamentalmente, um sistema de relações de troca. O mercado de bens e serviços de consumo deve sua própria existência à disponibilidade contínua de outro mercado: um mercado de força de trabalho com potencial para

1 Ver, por exemplo, Bakan (2011); Beder (2009); Buckingham e Tingstad (2011); O'Neill (2004); Kasser e Linn (2016).

exploração.[2] Por mais profundamente que estejam ou não envolvidas como *consumidoras* capitalistas, a grande maioria das crianças, mesmo no Norte global, não pode escapar de seu destino de *trabalhadoras* atuais e futuras do capital. Se o objetivo é entender as infâncias capitalistas, a análise também deve considerar as experiências e a compreensão das crianças nas relações *produtivas* capitalistas, pois, apesar das aparências, essas relações são tão integrantes de seu cotidiano quanto a cultura das mercadorias.

O que exatamente são as relações produtivas capitalistas? E como as crianças estão envolvidas nelas? As análises marxistas convencionais definem as relações produtivas como estritamente constituídas pelas relações no local de trabalho (isto é, diretamente trabalho/capital). Os sujeitos infantis das relações produtivas capitalistas são, portanto, *trabalhadores* infantis. Uma perspectiva do feminismo da reprodução social, no entanto, direciona nossa atenção para uma definição mais ampla, que inclui aquelas relações que geram e sustentam trabalhadores para o capital. Embora os encontros diretos das crianças com a produção de valor capitalista sejam parte crucial da história, eles não são a história completa. Como trabalhadoras atuais e futuras, as crianças também participam diretamente dos processos e das instituições de reprodução social. Para começar, elas são os objetos do trabalho reprodutivo (feminilizado, generificado e racializado) de outros. Elas também são agentes de sua própria autotransformação em sujeitos capitalistas, ou seja, capazes e dispostas a vender sua força de trabalho por um salário e, com o tempo, assumir uma responsabilidade crescente por sua própria reprodução social (e, bem possível, a de outras pessoas também). Seja como for, a infância no capitalismo é incontestavelmente o espaço e o período em que essa transformação é acionada.

2 Alguns relatos de estudos culturais reconhecem esse aspecto, como o trabalho de Cook (2004); outros o exploram parcialmente, como Langer (2005), Cairns (2013) e Walkerdine (1997). Meu objetivo aqui é contribuir com esses esforços, desenvolvendo um quadro teórico que situe as experiências das crianças e da infância de forma mais explícita em relação à reprodução social do capitalismo.

Sugerir essa reivindicação como um propósito ou objetivo da infância não é *reduzir* a explicação da infância a suas funções sistêmicas. Em outras palavras, não estou propondo que se explique a infância e a criança como moldadas de maneira direta, funcional ou simplista como resposta à demanda do capital por mão de obra produtiva e reprodutiva. Pelo contrário, como elaboro mais adiante, há uma relação profundamente contraditória entre a reprodução social de crianças e infâncias, por um lado, e a prosperidade e a expansão contínuas do capital, por outro. No entanto, quero reiterar que as relações produtivas capitalistas determinam o terreno em que crianças e infâncias são produzidas e reproduzidas.[3] Assim, os requisitos sistêmicos da reprodução do capital estabelecem certos limites de possibilidade. Há variações históricas, geográficas e sociais no que diz respeito a crianças e infâncias entre e dentro das sociedades capitalistas, mas as demandas fundamentais do capital por suprimento renovável de força de trabalho exercem fortes pressões para que se manifestem certas formas (privatizadas), práticas (disciplinadoras) e estados de consciência (alienados). Ao mesmo tempo, geram forças que obstruem a probabilidade de desenvolvimento de outras infâncias (comunitárias, abertas, integradas).[4]

Seja como for, minha ênfase principal neste ensaio não está nos limites e funções. Ressalto as maneiras pelas quais crianças e infâncias podem representar e representam um desafio e/ou alternativa à reprodução social capitalista e, portanto, também à produção de valor capitalista. Uma perspectiva feminista da reprodução social está especialmente bem equipada para destacar as *contradições* arraigadas na reprodução sistêmica do capitalismo, pois tem como pressuposto uma definição abrangente de trabalho. Embora predominem as formas de trabalho produtivas

3 Essa situação se dá à medida que o capital expropria os meios de produção — e, com eles, os meios de subsistência ou reprodução — dos trabalhadores; ver Ferguson (2016, p. 52).

4 Ver Williams (1977, p. 83-9 [1979, p. 87-92]) para uma discussão sobre a determinação de se exercer pressões e estabelecer limites nas relações sociais.

de valor, o capitalismo não existe — e de fato não pode existir — sem outras formas de trabalho. Essa perspectiva insiste que esses trabalhos, e os processos e instituições de reprodução social que eles sustentam, sejam direcionados para navegar pela contradição sistêmica entre atender às necessidades humanas e produzir mão de obra para o capital (Vogel, 1983 [2022]).

Entretanto, indagar sobre o envolvimento das crianças nessa navegação amplia esse quadro analítico e impulsiona o feminismo da reprodução social a explicar dois fatos que raramente são questionados:

(i) as crianças não começam a vida sob o controle direto do capital, mas seus corpos e mentes devem aprender a entrar nessas subjetividades capitalistas;[5] e
(ii) as crianças participam de suas próprias transformações socioespecíficas em sujeitos capitalistas.

Creio que uma abordagem feminista da reprodução social possa abrir caminhos para tratar desses fatos, lidando com as especificidades do "trabalho" das crianças — ou seja, a atividade humana prática (que, como explico a seguir, envolve tanto o trabalho quanto o lazer) que elas realizam para transformar seus próprios mundos e a si mesmas. Esse enfoque permite perguntar como esse trabalho figura na gestão das contradições sociais reprodutivas do capitalismo. Minha leitura, desenvolvida nestas páginas, é de que as crianças e as infâncias capitalistas estão engajadas em uma negociação constante entre um relacionamento lúdico e transformador com o mundo e o estado de alienação mais instrumental e desencarnado, necessário para se tornar trabalhador do capital. Essa negociação ocorre durante toda a vida cotidiana das crianças, em casa, no trabalho, na escola ou no shopping. Assim, qualquer discussão sobre infâncias capitalistas e formação de sujeitos precisa

5 Não estou sugerindo aqui que as crianças nascem fora da história; na seção seguinte, desenvolvo a discussão de forma mais completa.

considerar não apenas as interações das crianças com o mercado consumidor e/ou suas experiências como trabalhadores: também requer o entendimento de como seu corpo e sua mente experimentam, de como eles se desdobram com *e contra* o impulso implacável do capital por acesso à força de trabalho explorável.

Ao destacar essa inclinação com e contra o capital, proponho uma concepção da atividade infantil prática que evita reificar a criança como vítima ou agente e, em vez disso, atende à qualidade prática de sua atuação ou de suas interações com o mundo.

Trabalho

É certo que as crianças reproduzem o capitalismo diretamente como trabalhadoras. Como Marx descreve em detalhes, no capítulo 15 do primeiro livro de *O capital*, o capitalismo industrial sugou crianças desde a tenra idade e lucrou massivamente com seus trabalhos. Cento e cinquenta anos depois, a força de trabalho regular no Norte global é decididamente mais adulta, mas a saída das crianças não foi rápida nem completa. Apesar de todas as revoltas do século XIX em relação a jovens trabalhando em fábricas e minas ou vendendo mercadorias e dando recados nas ruas da cidade, as crianças permaneceriam nos mercados de trabalho até o século seguinte. Para mencionar apenas dois panoramas norte-americanos, entre os muitos possíveis: em 1911, 25 anos depois de ser proibida a contratação de meninos menores de doze anos e de meninas menores de catorze anos para trabalhar em fábricas na província canadense de Ontário, e aproximadamente duas décadas depois de outra legislação restringir o trabalho infantil no varejo e no comércio de rua, um terço da renda média familiar na cidade industrial de Hamilton era oriunda do salário infantil (Heron, 2015, p. 127). Nesse mesmo ano, nos Estados Unidos, onde operavam leis semelhantes, uma pesquisa com famílias de imigrantes poloneses descobriu que as crianças contribuíam com até 46% da renda familiar (Mintz, 2004, p. 207). Embora a dependência dos salários das crianças na América do Norte tenha diminuído para a maioria das famílias no decorrer do século, o trabalho infantil não desapareceu completamente, e continua a ser um fato cotidiano da vida para uma minoria, sobretudo — mas não exclusivamente — para filhos de trabalhadores migrantes.[6] Há pouco sinal de que essa prática desapareça completamente, uma vez que algumas províncias canadenses e alguns estados dos Estados Unidos liberaram restrições nos últimos anos, permitindo que jovens crianças trabalhem mais horas em algumas das indústrias menos regulamentadas e mais perigosas, como agricultura e construção (Barnetson, 2015; Lee *et al.*, 2012; McBride & Irwin, 2010).[7]

No entanto, apesar de o capitalismo não ter dispensado o trabalho infantil no Norte global, ele o relegou a uma posição secundária. Hoje, a grande maioria das crianças não faz mais parte da força de trabalho regular. Em vez disso, elas assumem cargos depois da escola e durante o verão. Como tal — e em contraste com o século XIX, quando a lucratividade de tudo, da mineração de carvão à fabricação de rendas e cestas, dependia da capacidade industrial de explorar o trabalho infantil (Humphries, 2010; Mintz, 2004; Bartoletti, 1999) —, os jovens agora são amplamente considerados marginais, se relevantes, aos padrões capitalistas de acumulação. Em consequência, sua contribuição para a sobrevivência da família diminuiu. Em vez de entregar a maior parte ou todo seu salário ao chefe da casa, como faziam no passado, as crianças trabalhadoras de hoje tendem a manter seus ganhos para gastar ou economizar como bem entenderem.[8] Esses padrões ajudam a consolidar uma concepção de trabalho infantil como dispensável

6 Gabriel Thompson, "Leaves of Poison: Why are Children Working in American Tobacco Fields?" [Folhas envenenadas: por que crianças estão trabalhando nas plantações de tabaco nos Estados Unidos?], *The Nation*, 12 nov. 2013.

7 Ver também Craig Kielburger e Marc Kielburger, "Child Labor Is Canada's Invisible Crisis" [O trabalho infantil é a crise invisível do Canadá], *Huffington Post*, 14 nov. 2011.

8 De acordo Savage (2007, p. 118), essa tendência começa no início de 1900.

ou trivial, além de confirmar a noção de que a criança capitalista é mais consumidora que produtora. De fato, não é que a criança improdutiva seja a norma; a própria definição de criança e infância as coloca *em oposição ao* trabalho. O "trabalho" de uma criança no Norte global (e cada vez mais nas classes médias modernas no Sul global) não é trabalhar, mas brincar e frequentar a escola.

A distinção radical entre trabalho e lazer que implica esse ditado comum permeia o pensamento a respeito das infâncias, moldando a maneira como as investigamos. Por exemplo, pesquisas sobre infâncias consumidoras/capitalistas tendem a versar sobre crianças que não trabalham e raramente coincidem com pesquisas sobre trabalho infantil. Grosso modo, isso se dá para enfatizar as experiências divergentes de crianças no Norte e no Sul global, apontando a rica ironia de que as infâncias "livres de trabalho", baseadas no consumo, são de fato dependentes da exploração do trabalho infantil da maior parte do resto do mundo.[9] Embora astuta, essa observação depende de uma distinção que de fato começa a balançar em um exame mais detalhado da participação das crianças na reprodução social mais ampla do capitalismo — a distinção entre trabalho e diversão. Dirijo-me a essa discussão depois de separar a questão da participação, como geralmente é entendida, em relação à teorização da natureza da subjetividade das crianças.

Ser e tornar-se um sujeito capitalista

Os estudos culturais sobre a criança e os estudos sobre o trabalho exploram a participação infantil em uma arena pública vista como potencialmente prejudicial e contrária aos interesses das crianças. Isso levanta questões complicadas, possivelmente não respondidas. Até que ponto as crianças podem exercer o papel

9 Ver, por exemplo, Seabrook (1998).

de agentes ativos nessas situações? Devemos concebê-las como participantes dispostas e capazes ou como vítimas de suas circunstâncias? Esses tipos de perguntas — que convidaram a uma teorização das subjetividades das crianças — promoveram os estudos da infância como um campo acadêmico.

Na década de 1970, vários estudiosos e defensores dos direitos infantis desafiaram as concepções tradicionais que entendiam as crianças como passivas e infinitamente maleáveis, e começaram a enfatizar sua resiliência e criatividade essenciais. Argumentaram que elas não devem ser compreendidas apenas como objetos de instituições sociais, cujo valor e bem-estar são julgados pela forma como estão se tornando adultos produtivos do futuro. Em vez de projetos ou pessoas em progresso, as crianças são sujeitos ativos, com direitos, responsabilidades e poderes próprios; são competentes para desafiar ou rejeitar ideias e práticas que herdam como membros subordinados de um mundo organizado por adultos. Assim, por exemplo, enquanto os profissionais de marketing tentam atraí-las cada vez mais profundamente para o consumismo e outros valores baseados no mercado, elas se tornam muito mais conhecedoras do mercado, capazes de decodificar e resistir a mensagens comerciais. A chave da teoria e da política social é reconhecer isso e criar ambientes em que as vozes e contribuições significativas das crianças possam ser reconhecidas, compreendidas e atendidas.

Esse novo paradigma de subjetividade das crianças se estabeleceu rapidamente, fornecendo uma estrutura produtiva para o trabalho empírico e reforçando a agenda de direitos de participação das crianças. Em 1989, a Convenção sobre os Direitos da Criança, por exemplo, incluiu direitos à participação, além de proteção e provisão, enquanto, em 1992, a Assembleia Geral das Nações Unidas se comprometeu a mudar o mundo com as crianças, e não para elas (Skelton, 2007). No entanto, essa postura também gerou uma tendência a superestimar o potencial das vozes e da autonomia das crianças, ao mesmo tempo que se subestimava sua relativa impotência social. Na década de 1990, observa Ansell (2009,

p. 193), tornou-se "um imperativo ético" e um enfoque metodológico ortodoxo tratar a criança como um ator social competente, semelhante ao sujeito autônomo liberal. O modelo anterior da criança vulnerável e passiva havia sido varrido apenas para ser suplantado por outro modelo de subjetividade igualmente estático e reificado (Prout, 2000; A. James, 2000; Katz, 2004).[10]

Rejeitando esses dois modelos, uma teorização mais sutil das subjetividades infantis emergiu na área da geografia. Em vez de simplesmente avaliar o impacto que as crianças causam no mundo — *o que elas alcançam* como atores sociais —, esses geógrafos se concentram também em *como as crianças se relacionam* com seus ambientes. Em uma série de estudos empiricamente ricos e teoricamente penetrantes, eles ressaltam a natureza incorporada e transformadora desse relacionamento. As crianças, eles mostram, passam a conhecer os espaços que ocupam ao manipulá-los física e imaginativamente e de maneiras carregadas de afeto. Esse é um modo de ser essencialmente lúdico, e não é apenas observável em "brincadeiras" de crianças pequenas; também é característico de crianças mais velhas que sobrevivem à vida nas ruas de Yogyakarta (Java), organizando projetos de serviços comunitários em Chula Vista (Califórnia), pastoreando gado em Howa (Sudão) ou indo à escola em Manhattan (Katz, 2004; Bosco, 2010; Beazley, 2003).[11] Ao investigar a *qualidade* das interações da criança com o mundo (o que são essas interações e como ocorrem), percebe-se que esse entendimento alternativo da subjetividade, entre outras coisas, atrapalha a distinção difícil e rápida entre trabalho e lazer. Ao fazê-lo, leva-nos ao centro da filosofia marxista e ao desenvolvimento de suas premissas de forma feminista, por meio da reprodução social.

10 A história da sociologia infantil é revisada na revista *Current Sociology*, v. 58, n. 2, 2010.

11 O espaço, claro, nunca é neutro, e os geógrafos infantis geralmente estão atentos às relações de poder mais amplas que posicionam a criança como relativamente impotente; ver Aitkin (2004) e A. James (2000). Há uma tendência nessa literatura, no entanto, de se concentrar mais no contexto sócio-histórico imediato do que nas relações de poder mais amplas da totalidade social; ver Ansell (2009).

Observações pormenorizadas das interações das crianças com seus mundos não são novidade. De fato, a sociedade burguesa há muito tempo está fascinada pela criança e, em particular, pelo corpo da criança, como atestam a história do retrato, do cinema e da fotografia (Ariès, 1962 [1981]; Higonnet, 1998). No fim do século XIX, os "observadores de crianças" — estimulados pelo artigo de Charles Darwin, narrando gestos e interações sensitivos, imaginativos e agradáveis de seus próprios filhos — transformaram esse fascínio nos princípios básicos de uma ciência, a psicologia do desenvolvimento (Lorch & Hellal, 2010). Os primeiros estudos na área documentaram de perto a tendência, entre as crianças, de abraçar o mundo de maneiras especialmente sensíveis e imaginativas. Psicólogos como Jean Piaget e Lev Vygotsky definiram o modo infantil de existência como "lúdico". Embora esses cientistas tenham estudado principalmente bebês e crianças burguesas europeias há mais de cem anos, essa premissa básica de seu trabalho foi confirmada em outras culturas e através dos tempos. Mais psicólogos, antropólogos, historiadores e geógrafos tendem a concordar que, apesar da considerável variação cultural nas formas e propósitos da brincadeira, há fortes evidências de que praticamente todas as crianças brincam (Gőncü & Gaskins, 2007; Montgomery, 2009; Frost, 2010; Gosso, 2010, Piaget, 1951 [2010]).[12]

Deixando de lado por um momento a questão óbvia sobre fetichismo que o fascínio contínuo pelas crianças suscita, quero sugerir que toda essa observação cuidadosa produz algumas pistas importantes sobre aquilo que, para Marx, é a premissa de toda a história humana: a atividade consciente e prática que transforma o mundo, geralmente chamada de *trabalho*.[13] Os relatos acima (e a teorização das subjetividades infantis que inspiram) ressaltam a natureza da

12 Com exceção das crianças em situações de privação extrema.

13 Como Karl Marx (1969a [2011]) destaca nas teses sobre Feuerbach.

práxis na interação de uma criança com o mundo. Assim como os trabalhadores, os brincantes transformam seus ambientes, mas o fazem de maneiras simultaneamente imaginativas e sensitivas, e muitas vezes prazerosas e/ou destinadas a criar algo melhor. Isso, propõe Thomas Henricks, é a própria essência do lazer:

> A brincadeira é o laboratório do possível. Brincar de maneira plena e imaginativa é dar um passo para outra realidade, entre as fendas da vida cotidiana. Embora esse mundo comum, tão cheio de rotinas e responsabilidades pesadas, ainda esteja visível para nós, suas imagens, estranhamente, são roubadas de seus poderes. De modo seletivo, os que brincam se apropriam de objetos e ideias da vida cotidiana e os abstraem. Como crianças voluntariosas, desaparafusam a realidade ou a esfregam no próprio corpo ou a jogam pela sala. As coisas são desmontadas e construídas de novo.[14] (Henricks, 2006, p. 1)

A transformação criativa e encantadora do mundo descrita por Henricks também pode ser encontrada no famoso estudo de caso de Vygotsky sobre uma criança que pega um pedaço de pau e, posicionando-o entre as pernas, faz dele um cavalo e se diverte cavalgando-o ao redor da sala. Isso fica evidente ao se observar crianças mais velhas que, por exemplo, tomam posse de espaços públicos estabelecidos e reconfiguram seus limites para atender às próprias necessidades, para criar um caminho sinuoso de casa para a escola ou um lugar para sair com os amigos (Vygotsky, 1967; O. James, 2000; Corsaro, 1985; Thomson & Philo, 2004).[15] Existe uma franqueza e fluidez nessa maneira infantil de estar no mundo que é familiar e estranha para muitos adultos. Como escrevem Curti e Moreno:

14 Henricks e outros autores alertam para a romantização da brincadeira, pois ela também pode ter uma qualidade agressiva ou mesquinha.

15 Thomson e Philo (2004, p. 111) lembram que brincar não é necessariamente uma atividade discreta, mas uma questão de as crianças "apenas existirem, apenas serem". Nem sempre é um estado feliz e harmonioso. Huizinga (1949) chama a atenção para as tensões internas e a seriedade da brincadeira.

> Em suas emergentes ação, função, efeito, montagem, fazer — e se tornar —, as crianças se movem e mudam dentro e por seus próprios esforços afetivos, lutas e imaginação, transformando a si mesmas de maneira ativa enquanto mudam simultaneamente a identidade, a constituição e a forma de objetos, lugares, corpos e espaços. (Curti & Moreno, 2010, p. 416)

Nesses casos, a *criação* é algo de natureza completamente dual: tátil e intelectual. Qualquer que seja a peça, é essa dualidade que permite às crianças transformar seus mundos de maneira a permitir que floresçam novos significados e possibilidades.

Também aqui é turva a distinção entre trabalho e lazer. Os mundos são construídos de maneira semelhante ao trabalho (com intenção e foco), mas as interações estão repletas de sentimentos (físicos e emocionais) e imaginação. Esse modo de estar no mundo se aproxima do tipo de auto-objetificação não alienada que os marxistas identificam como a autorrealização e a liberdade (McNally, 2004, p. 191-2). Ele envolve todos os sentidos, reúne imaginação e interações concretas com o meio ambiente para produzir um mundo material e social que satisfaça os desejos e as necessidades das pessoas. Essa é, em outras palavras, a atividade humana prática consciente que Marx identifica, nos *Manuscritos econômico-filosóficos* de 1844, como geradora da sociedade (Holloway, 1995, p. 170). Em um contexto em que as pessoas têm acesso desimpedido a recursos e liberdade para explorar suas potencialidades, o trabalho de reproduzir a nós mesmos e a nossos mundos pode ser tanto sensitivo quanto imaginativo, ou seja, pode ser divertido. Também pode ser decididamente agradável. Brincar é sinônimo de diversão, no sentido de que qualquer atividade deixa de ser brincadeira quando a diversão — ou talvez, mais precisamente, a sensação boa — acaba.[16] No entanto, Marx (e a experiência) nos diz(em) que o capital não pode tolerar essa movimentação pra-

16 Até mesmo a brincadeira agressiva e mesquinha é desencadeada pelo prazer de quem brinca.

zerosa ao longo de um *continuum* de trabalho-lazer. Ele precisa de trabalhadores instrumentalizados, alienados não apenas dos produtos de seu trabalho, mas também um do outro, e de suas próprias sensibilidades e sensualidades. Ele requer trabalhadores dispostos e aptos a subordinar suas necessidades e potencialidades de vida mais expansivas a um relacionamento deserotizado e estreitamente funcional com o mundo e com os outros.[17]

As crianças — os futuros trabalhadores dos quais o capitalismo depende — representam, portanto, um problema para o capital: elas não estão tão preparadas, como os adultos, para abandonar a parte divertida do *continuum* trabalho-lazer e tudo o que vem com isso. Não significa que as crianças sejam fundamentalmente não capitalistas. Também não estou sugerindo que o lazer represente um estado puramente não alienado, que não é flexionado nem circunscrito pelas realidades capitalistas. Faço aqui um pequeno desvio para explicar adequadamente as premissas e as categorias que respaldam meu argumento.

O capitalismo é, e deve ser, um sistema totalizador, uma vez que a desapropriação e a privatização da propriedade por ele presumidas constituem condições que afetam toda a atividade prática, consciente e humana, divertida e profissional. No entanto, impõe (ao estabelecer uma forte lógica de base) uma separação radical entre trabalho e lazer. Trabalhadores e futuros trabalhadores são incentivados a brincar apenas em momentos e espaços que não são reservados para o trabalho (por exemplo, trabalho que produz valor *e* muito trabalho reprodutivo social). De fato, a história da luta de classes pode ser vista como uma história de disputas sobre a divisão trabalho/brincadeira ou trabalho/lazer. A infância — por ser um tempo e um espaço separados da dominação *direta* do trabalho pelo capital — é um subproduto des-

17 O chamado *playbour* [hibridismo entre jogo e trabalho, recorrente na indústria de jogos digitais] e a integração do divertimento em alguns locais de trabalho não são exceção, uma vez que incluem a brincadeira no regime temporal e espacial da lei do valor, como explico a seguir.

sas lutas.[18] Como as crianças, especialmente no Norte global, são colocadas a uma distância considerável da relação direta trabalho/capital, elas podem explorar e exercitar capacidades e afetos que, de outra forma, são desencorajados, redirecionados e reprimidos.

No capitalismo, a separação entre trabalho e brincadeira não reflete, portanto, uma oposição polar natural ou pré-ordenada entre essas duas formas de atividade. É resultado de uma tentativa contínua de *reprimir* o envolvimento sensitivo e imaginativo — concreto — com o mundo, que tipifica a brincadeira, e de canalizar a atividade para o trabalho ou o trabalho alienado e instrumentalizado. Essa tentativa assume múltiplas formas (todas mediadas por lógicas socioespecíficas de gênero, racializadas, heterossexistas, capacitistas, coloniais). E inclui, por exemplo, políticas e práticas disciplinares nos locais de trabalho (tudo, desde intervalos programados e cotas de produtividade até a distribuição de telefones celulares a executivos, para que eles estejam de plantão 24 horas por dia, sete dias por semana, ou a distribuição de pílulas anticoncepcionais para mulheres operárias, em um esforço para limitar as licenças por gravidez e maternidade) e nas escolas (como regras contra a correria nos corredores e "detenções" por tarefas incompletas), bem como as normas científicas e sociais que dão base a pais, à educação e aos cuidados com a saúde (como as restrições profissionais e parentais que regem os padrões de limpeza, crescimento, desenvolvimento e sexualidades) e muito mais. Todas essas medidas ajudam a moldar uma força de trabalho disposta e capaz de renunciar à autorrealização física, intelectual e emocional. Visam restringir o alcance da interação humana com o mundo, o que é necessário para produzir valor para o capital e, no caso do trabalho social reprodutivo, para produzir mão de obra adequada à exploração. Essa repressão — que ocorre em primeira instância

18 Isso não quer dizer que a infância represente uma vitória da classe trabalhadora. É mais bem entendida como uma acomodação ambivalente da classe trabalhadora a normas e valores da classe média; ver Zelizer (1998). Sobre a luta pelo tempo de maneira mais geral, ver Martineau (2016, p. 132-9) e E. P. Thompson (1993 [1998]).

porque o trabalhador está alienado de seus meios de produção e do produto que produz — também compreende a sua alienação de seu próprio *eu* (criativo, sensitivo).

As crianças não nascem fora dessa história. A infância não as protege disso. Pelo contrário: a infância, as crianças e sua atividade humana prática são produtos daquele processo, assim como as crianças contribuem para seu andamento. No entanto, embora suas brincadeiras estejam sujeitas às condições (temporais e espaciais) que tornam o trabalho abstrato a forma necessária e dominante de trabalho, elas não estão diretamente sujeitas ao processo de abstração que produz valor capitalista. As infâncias capitalistas do Norte global estão tão distantes desse processo quanto se possa imaginar dentro de uma sociedade capitalista, impregnada de uma ideologia profundamente enraizada que afirma a natureza essencialmente sagrada da infância, um status que (supostamente) protege as crianças da "profanação" do mercado. É precisamente o grau dessa distância espacial e temporal da relação direta trabalho/capital (e, portanto, da regra do tempo abstrato) que permite o florescimento de outras dimensões (sensitivas, criativas) da atividade humana.[19]

Embora as relações capitalistas exijam a repressão e a alienação do eu, processos de trabalho concreto — aqueles realizados sob a alçada direta do chefe e aqueles realizados como trabalho doméstico não remunerado — mantêm pelo menos o potencial de maior autorrealização (isto é, para o exercício de prazeres imaginativos e sensitivos). Geralmente, esse potencial é (e só pode ser) expresso de maneira parcial — por exemplo, o metalúrgico que se orgulha de resolver uma falha na linha de montagem ou a equipe de segurança que não volta do intervalo para terminar um jogo de cartas. De diferentes maneiras, esses trabalhadores moldam seus trabalhos concretos de acordo com suas motivações

19 Sobre a regra do tempo abstrato, ver Martineau (2016). Todo trabalho sociorreprodutivo não remunerado está separado do espaço e do tempo da lei do valor, mas em graus variáveis.

pessoais, realizando algo por si mesmos no decorrer de seu tempo de trabalho para o capital. Eles atenuam sua própria alienação à medida que resistem aos limites temporais e espaciais prescritos pela lei do valor. Os seguranças reivindicam seu tempo e bom humor, enquanto o orgulho do metalúrgico é uma reivindicação para si do produto final. De fato, propõe Ursula Huws, o sujeito-modelo do capitalismo neoliberal, o trabalhador "criativo" ou "culto", é especialmente propenso a reconhecer seu trabalho, pelo menos por uma porção de tempo,

> como não alienado, como fonte de satisfação genuína, o que cria uma motivação para o trabalho que não se resume à simples necessidade econômica de ganhar a vida. O trabalhador [se preocupa] com o conteúdo (ou propriedade intelectual) da obra, que, mesmo depois de vendida, ainda pode ser reconhecida como, em certo sentido, "sua". (Huws, 2014, p. 110-1)

O trabalho concreto de criar filhos e manter os próprios familiares também pode ser influenciado pelo mesmo tipo de apego e de prazer pessoal. Ajudar uma criança a aprender a comer com uma colher é parte integrante da reprodução da força de trabalho, com certeza. Essa educação é moldada por temporalidades capitalistas (as refeições são agendadas e muitas vezes apressadas para acomodar a jornada de trabalho, por exemplo) e espaços (a criança geralmente come em casa ou na creche). Também pode ser uma atividade extremamente divertida, cujo prazer deriva, em parte, dos esforços do cuidador e do bebê. Da mesma forma, os professores que trabalham com crianças mais velhas, introduzindo conceitos mais abstratos como a matemática ou as ciências, talvez sintam orgulho e "reconhecimento" nos momentos de aprendizado da criança. O trabalho social reprodutivo de cuidar e ensinar *está* sujeito às condições capitalistas de desapropriação e está subordinado aos processos de produção de valor. No entanto, o processo de reprodução de criar um ser humano é influenciado não apenas pela demanda do capital por força de trabalho futura: é também essencialmente moldado pelas necessidades e desejos pessoais do cuidador e professor, bem como pelas necessidades e desejos psicofisiológicos da criança. Como tal, pode ser mais divertido e não totalmente alienado.

A lei capitalista do valor, então, assegura que o trabalho abstrato deve dominar a produção, mas jamais incorporar totalmente o trabalho concreto. Essa natureza dupla — a origem do trabalho abstrato no trabalho concreto e sua simultaneidade — é, segundo David McNally, o ponto-chave da contradição interna do capitalismo, a razão que o torna propenso a crises. O trabalho é e deve estar ligado a um corpo vivo, cuja reprodução adere a tempos e espaços concretos, e do qual a lógica da reprodução capitalista necessita, mas trabalha para extinguir. "O desejo do capital de subsumir completamente o trabalho, instrumentalizá-lo, despojá-lo de toda personificação e subjetividade, esbarra em sua dependência do trabalho concreto e vivo — trabalho sensível, corporificado, pensante e autoconsciente" (McNally, 2004, p. 198). Em outras palavras, o corpo — e, portanto, a atividade humana prática concreta que ele realiza — ultrapassa a abstração, mesmo quando é dominado por ela. Como sugere John Holloway (2010b, p. 914): o trabalho concreto existe — simultaneamente — *em, contra e além dos* processos capitalistas de abstração.[20] Além disso, à medida que os corpos envolvidos em trabalho concreto são absorvidos e mantêm algum controle sobre sua atividade humana prática e consciente, eles não apenas fornecem a base para uma crítica imanente ao capitalismo, mas também sinalizam uma alternativa ao modo de ser do qual depende a reprodução desse sistema.

Isso quer dizer, então, que a brincadeira é uma forma de trabalho concreto (social reprodutivo) que é, em muitos sentidos, mais livre (voltarei a esse termo em breve) do que a forma concreta, assalariada e abstrata (ou seja, trabalho), que produz diretamente

20 Reconhecer esse aspecto não exige subscrever as conclusões políticas do autor, as quais sugerem que o movimento trabalhista compreende uma "luta do trabalho abstrato contra o capital", ao passo que viver em si é "uma luta contra as formas capitalistas de atividade" (Holloway, 2010b, p. 916, 921).

valor. Também é mais livre do que muitas formas de trabalho concreto não remunerado que fazem parte da reprodução social de trabalhadores (ou seja, o trabalho doméstico). Essa liberdade maior tem tudo a ver com a distância relativa que separa espaços e tempos de lazer nos locais de trabalho, onde os ditames da produção de valor privilegiam diretamente o trabalho abstrato sobre o concreto, e nos locais e momentos da maior parte do trabalho social reprodutivo. Estes últimos, embora não sejam diretamente dominados pela lei do valor — não diretamente disciplinados pela lógica abstrata de valoração do tempo de trabalho e dos processos de apropriação —, são, no entanto, profundamente afetados por essa disciplina do tempo capitalista.[21]

Essa distância relativa permite uma forma menos instrumentalizada e mais expansiva da atividade humana prática consciente. Livre da disciplina direta do mercado e criando tempo e espaço em meio às atividades necessárias para sustentar o mercado de trabalho, quem brinca se engaja nas potencialidades sensitivas e criativas da atividade humana consciente e prática de modo mais intenso do que os "trabalhadores" (produtivos e sociorreprodutivos). No entanto, a brincadeira ainda é atividade sociorreprodutiva, uma vez que é parte integrante da criação da mão de obra presente e futura.[22] Localizada a certa distância dos tempos e espaços de compulsão do mercado, sua atividade é moldada mais pelas necessidades e pelos desejos dos próprios (re)produtores do que pelos ditames do capital. É isso, como Marx diz em *Grundrisse*, o essencial para a liberdade. Uma "atividade de liberdade", escreve ele, ocorre quando "as finalidades são despojadas da

21 Não existe uma regra estrita sobre quais atividades reprodutivas sociais estão mais ou menos sujeitas à disciplina do tempo-trabalho, mas as condições do trabalho reprodutivo claramente importam nesse caso. Podemos presumir com bastante segurança que quanto mais empobrecidas ou opressivas as condições, mais semelhantes elas serão ao trabalho produtivo, e menos lúdicas.

22 Na verdade, em sociedades ricas, com grandes classes médias, as chamadas brincadeiras livres, estruturadas ou não, são consideradas essenciais para a aprendizagem e o desenvolvimento de uma criança, sobretudo para aprimorar sua capacidade de "resolver problemas".

aparência de mera necessidade natural externa e são postas como finalidades que, em primeiro lugar, o próprio indivíduo põe —, logo, como autorrealização, objetivação do sujeito, daí liberdade real, cuja ação é justamente o trabalho" (Marx, 1993, p. 611 [2011, p. 509]) ou, eu poderia sugerir, cuja ação é lazer e trabalho. Muito mais pode e precisa ser dito sobre as distinções que estou propondo. Em particular, precisamos examinar mais de perto de que modo temporalidades abstratas e concretas figuram no lazer e em outras atividades sociorreprodutivas. Todavia, o ponto-chave para os propósitos deste ensaio é que o lazer representa uma alternativa — e, porque é uma alternativa, também uma potencial resistência e desafio — para a instrumentalização e a disciplina do trabalho concreto imposto pela lei do valor. As tendências infantis lúdicas ou práticas, assim, se chocam constantemente com as forças sociopolíticas geradoras de sujeitos capitalistas. A negociação dessa dinâmica por parte das crianças também ajuda a moldar os campos de reprodução social dos quais são sujeitos e objetos.

Campos contestados pela reprodução social: escolas e trabalho-lazer

Um enfoque feminista da reprodução social desafia a reificação das subjetividades infantis encontrada nas noções convencionais de crianças como agentes, além de assinalar como a infância capitalista e, portanto, a formação do sujeito infantil são centrais para a reprodução da força de trabalho. Essa abordagem propõe tal desafio ao teorizar a mão de obra como um aspecto da vida e do perfil capitalista. Em outras palavras, trata-se de se recusar a esquecer que a capacidade de uma pessoa trabalhar para o capital não existe separadamente de suas potencialidades e necessidades ditadas pela reprodução da vida como um todo. A vida é vivida e reproduzida em e pelos indivíduos multidimensionais e concretos. Assim — e isso é fundamental para o desenvolvimento de uma compreensão robusta da infância capitalista e do capitalismo —, a demanda do capital por sujeitos trabalhadores gera tensão em outras dimensões da formação e da reprodução da vida em geral (dimensões que poderiam ser consideradas geradoras de uma "vida boa"). Essa tensão se mantém durante grande parte da vida da maioria das pessoas, mas é evidente sobretudo na infância, porque as crianças são menos sujeitas e menos adaptadas às demandas diretas do capital. De fato, no Norte global, a infância foi construída de tal forma que as crianças são pelo menos parcialmente protegidas dessas demandas.[23]

Enfrentar a questão exige examinar o indivíduo para reconhecer que os processos de formação de sujeitos não são apenas sociológicos e políticos, mas também fisiológicos e psicológicos. Assim, enquanto o Estado, por exemplo, é uma força poderosa em nossa formação de sujeitos, uma vez que restringe ou proscreve certas maneiras de estar no mundo (dormir em bancos de parque, abandonar a escola, perturbar a "paz"), também são os impulsos fisiológicos e psicológicos (buscar prazer, liberar agressividades, amar e cuidar dos outros) que promovem modos de ser ou subjetividades alternativas. As crianças, que começam a vida sob o domínio de um poderoso narcisismo primário, apenas gradualmente prestam atenção e aprendem a negociar em um mundo mais amplo. Como resultado, os processos fisiológicos e psicológicos da formação do sujeito são especialmente relevantes e influentes em suas vidas. Com essa negociação em mente, a seção final deste ensaio faz uma análise (altamente esquemática) de um dos principais campos da reprodução social: a escolarização. Sugiro que a perspectiva descrita acima possa enriquecer nossa compreensão da natureza contestada da escola como um campo da reprodução social.

23 Esse aspecto é ainda mais verdadeiro na vida de crianças privilegiadas (brancas, de classe média, de países centrais), mas a hegemonia da infância da classe média resultou também em alguma proteção para as crianças da classe trabalhadora e oprimidas.

Com o estabelecimento do "novo mundo", veio a escolaridade, tanto pública quanto privada (financiada localmente). No entanto, somente no século XIX uma proporção considerável de crianças (até 50% em alguns estados dos Estados Unidos, em sua maioria de famílias brancas e mais abastadas) estava matriculada em escolas públicas. A despeito das muitas evidências de que grande parte das famílias da classe trabalhadora preferia enviar seus filhos para as escolas a mandá-los para as fábricas, sua decisão se baseava, grosso modo, na necessidade de receber o salário da criança ou de seu trabalho não remunerado como cuidadora e trabalhadora rural. Assim, em Ontário, em 1850, os filhos de artesãos frequentavam a escola tanto quanto os filhos de profissionais liberais e de outras famílias abastadas, mas suas matrículas não eram estáveis. As inscrições caíram consideravelmente nos anos subsequentes, quando uma economia mais mecanizada ameaçou o sustento das famílias, criando empregos "não qualificados" para os quais as crianças eram consideradas adequadas (Hurl, 1988, p. 91; Palmer, 1992). A compulsão econômica também superou a compulsão legal, já que as leis de escolaridade obrigatória, aprovadas no Canadá e nos Estados Unidos na década de 1870, surtiram pouco efeito nos números de matrículas. Somente após a recessão da década de 1890, durante uma nova fase de concentração e centralização de capital e um aumento na imigração que duraria até as vésperas da Primeira Guerra Mundial, começaria um declínio gradual e instável na demanda da indústria por trabalho infantil. Isso — além da extensão da obrigatoriedade da escolarização e da regulamentação reforçada da evasão escolar — aumentou as matrículas, mas somente de maneira oscilante. A escolaridade só se tornaria a norma para a maioria das crianças na década de 1920, um período de prosperidade relativamente sustentado para famílias da classe trabalhadora "pouco qualificadas" e "não qualificadas", que então se permitiram renunciar às contribuições dos salários do trabalho infantil (Mintz, 2004, p. 178; Hurl, 1988, p. 115; Nasaw, 1985, p. 49).

Por mais que exista uma relação de reforço mútuo entre escolaridade e trabalho infantil, a escolaridade nitidamente não se origina nem se desenvolve, *em nenhum sentido direto*, em função da necessidade do capitalismo de suprir a si mesmo de força de trabalho futura. De fato, o empresariado em geral se opunha tanto ao financiamento a escolas por meio de impostos quanto à obrigatoriedade da frequência escolar. A vontade política de estabelecer escolas — e depois obrigar as crianças a frequentá-las — teve origem sobretudo em comunidades religiosas e reformadores políticos de espírito cívico e recebeu apoio (com considerável ambivalência) de muitas famílias da classe trabalhadora. Embora as motivações entre e dentro desses diferentes grupos variassem, dois discursos dominantes prevaleceram ao longo do século: o de proteção e o de disciplina infantil (Hurl, 1988; Mintz, 2004; Heron, 2015).

Como sugere minha análise, a retórica e a reforma da proteção à criança refletem um sentimento público mais amplo de que há algo muito especial nas crianças. Um crescente fascínio romântico pela criança e pela infância se consolidou entre a burguesia no século XIX, sem dúvida porque cada vez mais crianças de classe média, libertadas da necessidade de trabalho, receberam espaço e tempo para exibir seus modos infantis de ser no mundo, tema discutido acima. A qualidade externa, mas estranhamente familiar, das interações da criança com o mundo alimentou esse fascínio à medida que o estudo das brincadeiras dava origem a políticas sociais que promoviam e protegiam a infância lúdica: jardins de infância (em parte inspirados nos estudos infantis de Friedrich Fröbel, na década de 1830, e seu Instituto Alemão de Educação Universal) surgiram nos distritos escolares europeus, estadunidenses e britânicos, por exemplo, enquanto reformistas convenciam os conselhos municipais a construir playgrounds urbanos (mal utilizados) para proteger as crianças dos crescentes perigos das ruas. Algo na participação delas em seus novos espaços emergentes da infância inspirava curiosidade naqueles que tinham tempo e recursos para ponderar sobre isso; algo em sua maneira divertida de estar no mundo levou esses adultos a se organizarem para preservá-la, desenvolvê-la e protegê-la.

No entanto, o mesmo fascínio pela criança foi, como qualquer fetiche, um intenso causador de ansiedade. O *continuum* trabalho--diversão, demonstrado pelas crianças, podia muito bem ser celebrado, mas, para cientistas, reformistas, políticos de classe média e para os membros da classe trabalhadora que apoiavam a escola pública, era algo que também devia ser contido. "A criança que resiste, que preserva algo contra as demandas da vida cultural [...] pode empurrar o espectador de volta para os estados mudos, mas ainda agitados, de ser e de pensar da infância e da primeira infância", sugere Vicky Lebeau em seu trabalho sobre a criança no cinema. "Com uma alteridade interior, um espaço e tempo que todos experimentamos sem conhecê-lo, essa é a criança que devemos superar [...] [mas com quem] devemos também negociar continuamente" (Lebeau, 2008, p. 66, 84). O "excesso" de sensorialidade e imaginação das crianças (seus "corpos vazados", para usar o termo evocativo de Margrit Shildrick) representa uma ameaça para a ordem dada da reprodução social, como ficou evidente no discurso reformista, inflado e popular sobre "mendigos" e "vagabundos de rua" (Mintz, 2004, p. 154-84; Shildrick, 1997).[24] Playgrounds supervisionados, acampamentos de verão, organizações juvenis e escolas são "soluções" para aquele suposto "problema". Enquanto isso, aquelas que se supõe serem as crianças mais sensoriais e "sujas" (dependendo do contexto, isso pode incluir meninas e crianças negras, indígenas, da classe trabalhadora e pobres, que, portanto, despertam os maiores medos) demandam formas mais severas de controle social, como reformatórios, prisões e outras formas de disciplina que lhes negam a oportunidade de brincar e buscar prazer. Em sua maior parte, os esforços para preservar, desenvolver e proteger a infância são também esforços para organizar e controlar as maneiras infantis mais divertidas de estar no mundo. Proteção é sempre ao mesmo tempo regulamentação. Patrões e capitalistas, individualmente,

24 Esse medo e essa ansiedade são dirigidos com maior intensidade às crianças negras e indígenas; ver Bernstein (2011).

podem não pressionar de modo direto por essas políticas, mas profissionais da classe média, trabalhadores qualificados e "não qualificados" que já se adaptaram e internalizaram amplamente as subjetividades capitalistas sabem, no fundo (e, quase sempre, também em seu coração), como é necessário reprimir as qualidades sensoriais e criativas da vida. Eles sabem que a reprodução da vida depende da capacidade de ganhar um salário, o que, por sua vez, depende do aprendizado das subjetividades capitalistas.

As escolas, como todas as instituições de reprodução social, foram criadas para lidar com a tensão entre a busca do prazer das crianças e as ansiedades que essa busca suscita. Em primeira instância, isso se deu por meio do castigo corporal de crianças que "se comportavam mal" e do policiamento de subversivos (Heron, 2015, p. 139-43). Hoje, com a escolaridade obrigatória mais normalizada, uma disciplina mais branda (apoiada pela força legal, óbvio) é geralmente adequada. Isso já foi bem documentado em muitas excelentes análises da escolarização. No entanto, a maioria delas admite, ao invés de questionar, a necessidade de disciplina. Elas normalmente não se perguntam por que as crianças, em particular, precisam dessa disciplina; por que a disciplina assume tais formas; ou o que o fato de as crianças continuarem afirmando modos alternativos de comportamento, mesmo diante de punição, indica sobre a relação escola/capitalismo. Talvez isso não seja surpreendente, dada a hegemonia da ideologia do desenvolvimento infantil, que afirma que a transição de uma criança voluntariosa e brincalhona para um indivíduo racional e contido é natural e inevitável. Contudo, quando se questiona a naturalidade dessa "progressão" e o propósito de tais práticas como um todo, a autonomia das crianças para provocar a natureza disciplinar da escola se torna mais evidente.

A escolaridade trata, fundamentalmente, de disciplinar as crianças. Mas é mais do que isso. Por não estarem diretamente sob o controle capitalista, as escolas (e outras instituições de reprodução social) geram tempo e espaço para atender aos impulsos psicológicos e fisiológicos de crianças e adolescentes. Elas incentivam as crianças a contar histórias, desenhar, cantar, praticar esportes e trabalhar juntas para resolver problemas; atividades orientadas ao prazer, ao afeto, à fisicalidade e à sociabilidade. Como tal, alimentam e preservam a vida sensitiva e imaginativa da criança de uma maneira que o mundo do trabalho raramente ou nunca faz. Essas instituições cultivam ativamente formas de ser ou subjetividades alternativas (enquanto também trabalham para reprimi-las de outras maneiras). À medida que os pais da classe trabalhadora e os reformistas da classe média da virada do século viam a escolaridade como uma alternativa ao trabalho infantil — apesar de outros motivos para educar seus filhos —, as escolas continuavam sendo imaginadas como lugares em que o *continuum* brincadeira-trabalho poderia ser protegido e, até certo ponto, encorajado. O movimento de criação dos jardins de infância garantiu isso para crianças muito pequenas. Reformistas como Maria Montessori, John Dewey, entre outros, introduziram a aprendizagem centrada na criança na década de 1930 e abriram possibilidades para que esse *continuum* fosse incentivado e salvaguardado também para crianças mais velhas. Ajustes sucessivos no currículo oficial da maioria dos países do Norte global podem ser entendidos como uma luta em relação ao limite para que as crianças possam ou devam ser incentivadas a usar esses espaços de reprodução social para explorar formas de ser não instrumentalizadas. No início do século XX, por exemplo, os sistemas de ensino público, de modo geral, mudaram o ensino de latim, gramática e matemática básica para incorporar lições de música, artes visuais e esportes. Em muitas escolas, a ênfase no aprendizado baseado em perguntas também fornece espaço para um relacionamento mais curioso, criativo e divertido das crianças com o mundo.

Isso não quer dizer que essas iniciativas também não sejam simultaneamente tentativas de canalizar essas energias infantis para fins "produtivos" — elas o são — ou que todas as crianças desfrutem ou se beneficiem delas. Além disso, elas nunca substituem por completo ou ofuscam o currículo mais parecido com o trabalho, com base em aprendizado mecânico e testes padronizados. Como as relações sociais capitalistas estabelecem o terreno em que a reprodução social ocorre, existem limites reais para que crianças individuais e instituições de reprodução social permitam o florescimento de necessidades e potencialidades humanas expansivas. O ponto é que *ambas as dinâmicas podem ser encontradas nas escolas e em outras instituições exatamente porque a reprodução social do trabalho não pode ser separada da reprodução social da vida; porque as crianças e as infâncias geralmente estão mais longe das compulsões temporais e espaciais da criação de valor capitalista (ainda que elas sejam condição essencial para sua reprodução)*. Assim, as próprias crianças estão constantemente negociando entre suas subjetividades mais sensíveis e imaginativas e a negação ou a repressão delas. No processo, abrem uma janela para maneiras alternativas de ser, que muitos adultos reconhecem como valiosas, algo a ser preservado, algo pelo qual lutar. Vistas desse modo, as crianças não são vítimas impotentes de um regime educacional disciplinar. Na verdade, são negociadoras soctiais, cujas formas lúdicas moldam os sistemas escolares essenciais para a atual reprodução da força de trabalho. Esse papel, no entanto, é profundamente contraditório, porque, como as crianças nos lembram através de seu modo alternativo de ser, a força de trabalho não é uma coisa; é uma capacidade de indivíduos concretos, potencialmente divertidos, cujas necessidades e desejos entram em conflito com o impulso capitalista de separar lazer e trabalho.

Conclusão

As respostas institucionais a esse conflito — orfanatos, escola, unidade familiar, prisões — costumam disciplinar e tirar o poder das crianças. A reprodução social do trabalho não se dá sob o controle direto do capital, e as crianças abrem uma janela para um modo de ser alternativo (algo de que os adultos se lembram e que de fato também estão sempre reprimindo para manter suas subjetividades capitalistas próprias); por isso, essas instituições são ao mesmo tempo moldadas por um impulso não capitalista, que prioriza espaço e tempo para atender às necessidades expansivas e inspirar as potencialidades expansivas das crianças. Em outras palavras, escolas e famílias em particular não são simplesmente reprodutoras da força de trabalho. Elas também são reprodutoras da vida. Como tal, tornam-se locais de luta pelas determinações que prevalecerão no processo de formação do sujeito.

Além disso, as crianças ajudam a moldar sua própria reprodução social, enquanto negociam constantemente entre suas subjetividades mais expansivas e lúdicas e a negação ou repressão delas, pois também sofrem para se reproduzir como sujeitos capitalistas. Essa negociação nunca é resolvida no capitalismo. Não pode ser resolvida. No entanto, deve-se reconhecer: é essencial entender a natureza das crianças e da infância capitalista e ver as crianças capitalistas como produtoras — e não apenas como consumidoras — de seu mundo. Fazer isso não apenas valoriza a autonomia infantil (não reificada), mas também destaca as possibilidades de maior liberdade nas lutas para mudar nosso mundo.

Carmen Teeple Hopkins tem doutorado em geografia pela Universidade de Toronto, no Canadá. Sua pesquisa concentra-se nas áreas de geografia feminista, precarização do trabalho, estudos urbanos críticos, economia política, reprodução social, imperialismo e análises de gênero, raça e classe.

6 Muito trabalho, pouco lazer: reprodução social, migração e trabalho doméstico remunerado em Montreal

Carmen Teeple Hopkins

Introdução

A economia política feminista nos deu muitas perspectivas para analisar a reprodução social. O livro *Economics of Household Production* [Economia da produção doméstica], de Margaret Reid (1934), foi um dos primeiros estudos a criticar a exclusão do trabalho doméstico não remunerado da coleta de dados estatísticos.[1] O trabalho doméstico não remunerado continuou a ser um espaço crucial da investigação feminista para desvelar a opressão das mulheres nas sociedades patriarcais capitalistas. No entanto, as feministas marxistas há muito divergem sobre como analisar a posição das mulheres no capitalismo, principalmente sobre se o trabalho doméstico não remunerado produz ou não valor no processo de produção capitalista. As feministas marxistas autonomistas Mariarosa Dalla Costa, Selma James e Silvia Federici argumentam que o trabalho doméstico não remunerado tem um valor de troca, ao passo que Margaret Benston, Lise Vogel, Paul Smith e outras discordam, sustentando que o trabalho doméstico não remunerado tem apenas valor de uso (Costa & James, 1975;

1 Ver Benería, Berik e Floro (2003) e Waring (1989).

Federici, 1975; Smith, 1978; Vogel, 1983; Benston, 1969).[2] Embora eu me alinhe à última tradição, as feministas marxistas autonomistas fornecem uma base importante para entender a necessidade do trabalho doméstico não remunerado para a reprodução da força de trabalho. De fato, elas foram as primeiras a levantar a questão, e devemos agradecer a essas escritoras ativistas por suas contribuições.

Atualmente entendida de três maneiras principais, a reprodução social abarca a reprodução biológica de pessoas, como amamentação, barriga de aluguel, gravidez; a reprodução da força de trabalho, por exemplo, o trabalho não remunerado de cozinhar, de assistência e de limpeza; e indivíduos e instituições que realizam trabalho assistencial remunerado, como assistência pessoal domiciliar, camareiras, empregadas domésticas remuneradas (Katz, 2001b; Bakker, 2007; Bakker & Silvey, 2008; Kofman & Raghuram, 2015; Luxton, 2006; Meehan & Strauss, 2015). Essa definição teve avanços significativos ao considerar os modos pelos quais os status de raça e cidadania afetam a reprodução social paga. De fato, mulheres racializadas da classe trabalhadora e trabalhadoras imigrantes realizam muitos tipos de tarefas remuneradas relacionadas a cozinhar, limpar e cuidar (Arat-Koç, 2001; Glenn, 1992; Blackett, 2011; Wills *et al.*, 2010). Contudo, muitas vezes o cânone da reprodução social falha em reconhecer as análises de feministas negras que discutiram o trabalho não remunerado de mulheres afro-estadunidenses escravizadas e o trabalho doméstico remunerado que muitas delas realizaram no período pós-escravidão, e que seguem executando (hooks, 1981 [2019]; Collins, 1990 [2019]; Carby, 1997; Brewer, 1997).

Neste ensaio, esboço as linhas conceituais do trabalho doméstico remunerado ou não na TRS (incluindo o feminismo negro)

2 Em termos marxistas, as mercadorias têm um valor de uso e um valor de troca. O valor de uso se refere à utilidade prática de um objeto, e o valor de troca se refere ao montante pelo qual um objeto pode ser comprado ou vendido no mercado de trabalho capitalista; ver Marx (1990 [2013]) e Braverman (1974 [1974]).

para examinar o trabalho migrante no neoliberalismo contemporâneo no Canadá. Pontuo que as comunidades religiosas operam como importantes locais da reprodução social para os cuidadores migrantes cujas casas (locais de reprodução) também são locais de trabalho (locais de produção). Especificamente, há um distanciamento espacial e temporal das esferas de produção e da reprodução para que cuidadoras migrantes atendam às suas próprias necessidades sociais de reprodução. O lado empírico deste texto é baseado nos retratos de duas trabalhadoras domésticas remuneradas em Montreal, na província de Quebec. Entre 2013 e 2015, entrevistei quatro empregadas domésticas remuneradas como parte de um estudo de 28 entrevistas com trabalhadoras precarizadas em indústrias e bairros e com ativistas antiprecariedade nessa cidade.[3] Das quatro trabalhadoras que entrevistei, duas delas eram das Filipinas e chegaram ao Canadá por meio do Live-In Caregiver Program [Programa de cuidador residente] (LCP).[4]

Primeiramente, revisarei o debate sobre o trabalho doméstico, como uma porta de entrada para examinar o trabalho doméstico remunerado na segunda seção. De fato, remunerado ou não, o trabalho doméstico não produz valor de troca. Minha análise do trabalho doméstico remunerado leva a uma discussão sobre a sobreposição e a separação das esferas da produção e da reprodução nesse tipo de atividade. Em seguida, apresentarei o contexto canadense de trabalho doméstico remunerado e migração generificada por meio do LCP. Na seção final, com base em Silvia

3 Os parâmetros do estudo excluíram trabalhadoras permanentes em tempo integral, estudantes e indivíduos sem status. As entrevistas foram conduzidas em inglês e em francês. Todos os nomes são pseudônimos e o consentimento foi obtido previamente. A maioria foi gravada em áudio, mas alguns participantes preferiram que eu tomasse notas; nesses casos, transcrevi as anotações imediatamente depois.

4 As outras duas empregadas domésticas remuneradas que entrevistei nunca moraram com seus empregadores. Discuto as experiências de trabalho das quatro trabalhadoras domésticas remuneradas e a organização política em torno do trabalho doméstico remunerado em Montreal em outro texto; ver Hopkins (2017).

Federici,[5] Barbara Ellen Smith e Jamie Winders (2015), mostrarei como a igreja e as comunidades religiosas são essenciais para entender muitas formas de apoio socialmente reprodutivo que as duas trabalhadoras domésticas remuneradas recebem. Na conclusão, utilizarei a noção de contratopografia, de Cindi Katz (2001a), como uma maneira de comparar com futuras pesquisas o papel das comunidades religiosas para migrantes racializadas em Montreal.

Trabalho doméstico não remunerado

Na Itália dos anos 1960, as marxistas autonomistas tendiam a se concentrar no papel da luta da classe trabalhadora contra os capitalistas em curso nas fábricas e nas comunidades, em vez de enfatizar a importância da política do Partido Comunista (Cleaver, 1979, p. 51); ou seja, ressaltavam a autonomia e a luta dos trabalhadores, o que ficou conhecido como "fábrica social", em vez de fazer da fábrica a frente e o centro de sua análise. O termo "fábrica social" foi criado em 1963 por Mario Tronti, um dos principais marxistas italianos da época.[6] Ele estabeleceu que o trabalho produtivo nas fábricas, como o concebia Marx, era insuficiente para analisar a totalidade da vida social. A acumulação não se daria apenas durante a produção no local de trabalho, como tradicionalmente se entendia, mas também entre aqueles que reproduziam os trabalhadores, ou seja, a força de trabalho. A fábrica, então, seria social, porque a classe trabalhadora era a "sociedade

5 Silvia Federici, "Precarious Labour: A Feminist Viewpoint" [Trabalho precarizado: um ponto de vista feminista], palestra na livraria Bluestockings Radical, Nova York, 28 out. 2006. Disponível em: https://inthemiddleofthewhirlwind.wordpress.com/precarious-labor-a-feminist-viewpoint.

6 De acordo com Cleaver (1979, p. 57), Tronti lançou a expressão no artigo "Capital's Plan" [Plano do capital], no jornal esquerdista italiano *Quaderni Rossi*, em 1963.

como um todo" e a "classe trabalhadora tinha de ser redefinida para incluir trabalhadores não industriais" (Cleaver, 1979, p. 57).

De fato, a contribuição de Tronti forneceu a oportunidade para que as feministas marxistas autonomistas italianas refletissem sobre a reprodução.[7] Ao fazê-lo, Mariarosa Dalla Costa e outras autoras tiveram um impacto teórico e político significativo dentro e fora da Itália. Teoricamente, elas ampliaram o trabalho de Tronti para desenvolver uma concepção de trabalho não remunerado fora da fábrica formal, demonstrando como a reprodução da força de trabalho no lar sustentava o capitalismo (Cleaver, 1979, p. 59). Dalla Costa e James, em particular, defendiam que o trabalho não remunerado no lar fosse valorizado e pago como mão de obra. Enquanto Marx enfatizava a relação salarial como central no capitalismo, essas feministas argumentavam que o trabalho das mulheres era o trabalho de assistência não remunerado necessário para reproduzir a força de trabalho assalariada (James, 2012).

Dalla Costa e James usam o termo de Tronti para situá-lo nos processos de produção e reprodução capitalistas de um ponto de vista especificamente feminista:

> A comunidade, portanto, não é área de liberdade e lazer auxiliar da fábrica, na qual, por acaso, há mulheres que se degradam como servas pessoais dos homens. A comunidade é a outra metade da organização capitalista, a outra área de exploração capitalista oculta, a outra fonte oculta de trabalho excedente. Ela se torna cada vez mais regulada, como uma fábrica, o que chamamos de *fábrica social*. Nela, os custos e a natureza do transporte, da moradia, da assistência médica, da educação, do policiamento são todos temas de luta. E essa fábrica social tem como personagem central

7 É importante ressaltar que Antonio Negri, Michael Hardt, Maurizio Lazzarato e Paolo Virno, teóricos do trabalho imaterial, interpretam o conceito de fábrica social de forma diferente das feministas marxistas autonomistas. Eu exploro a tradição do trabalho imaterial e suas diferenças teóricas com as feministas em outro texto (Hopkins, 2016). Ver Hardt e Negri (2000 [2001]; 2004 [2005]); Lazzarato (1996); Virno (2003 [2013]).

> a mulher em casa produzindo força de trabalho como mercadoria, *e sua luta contra isso*. (James, 2012, p. 51-2)

A abordagem convencional do trabalho como produção fabril conta apenas metade da história da vida no capitalismo. A outra metade consiste na esfera reprodutiva, e essa esfera não é a de lazer. Trata-se de um trabalho doméstico não remunerado e extenuante que também pode operar como o trabalho na fábrica, entendido no sentido marxista clássico: cozinhar, limpar e cuidar do parceiro, dos filhos e de si mesma.

Federici também se refere à fábrica social e a amplia, concentrando-se nas relações sociais em casa:

> o circuito da produção capitalista e a "fábrica social" produzida por ele começavam e estavam centrados, acima de tudo, na cozinha, no quarto, na casa (na medida em que esses eram os centros de produção da força de trabalho), e a partir daí mudaram-se para a fábrica, passando pela escola, pelo escritório, pelo laboratório. (Federici, 2012, p. 7-8 [2019, p. 25])

A concepção feminista da fábrica social ressaltou a importância do trabalho doméstico não remunerado das mulheres, e aquelas feministas formularam uma bandeira de luta concreta, por meio da campanha internacional por salários para o trabalho doméstico, iniciada em 1972 (Federici, 2012, p. 8 [2019, p. 25]). Esse movimento atribuiu um valor de troca ao trabalho doméstico não remunerado, incorporando-o ao processo de produção capitalista.

Diversas feministas marxistas discordaram dessa posição feminista marxista autonomista de que o trabalho doméstico produzia valor de troca (Benston, 1969; Himmelweit & Mohun, 1977; Smith, 1978; Vogel, 1983 [2022]).[8] Essas teóricas argumentaram que a linha entre trabalho e lazer era porosa. Nos países do Sul global, por exemplo, era difícil distinguir entre o tra-

8 Para uma revisão do debate sobre o trabalho doméstico e a TRS, ver Luxton (2006).

balho doméstico não remunerado e o trabalho camponês realizado em fazendas para fins de subsistência. A coleta de água para consumo doméstico contava como subsistência ou trabalho doméstico? Pode ser classificada como ambos. Além disso, nenhuma dessas formas de trabalho produz mercadorias (Benería, Berik & Floro, 2003; Bennholdt-Thomsen, 1981; Boserup, 1971; Collins & Gimenez, 1990). De muitas maneiras, esse argumento consagrou a impossibilidade de se estabelecer uma distinção nítida entre as categorias temporal e espacial dos trabalhos produtivo e improdutivo.

Por sua maleabilidade, o trabalho doméstico não remunerado exige um novo conjunto de relações — externas às definições de valor de troca — para ser compreendido.

> Se queremos reconhecer a contribuição das atividades de cuidado e autorrealização para o bem-estar da sociedade, precisamos de um tipo de análise diferente, que resista à tendência de polarização. Nem tudo precisa ser visto como trabalho ou não trabalho. Em vez de reforçar essa dicotomia, insistindo para que haja reconhecimento das contribuições das mulheres à sociedade, de modo que elas se encaixem em uma categoria projetada para as maneiras pelas quais os homens entram na economia capitalista, precisamos transcendê-la. (Himmelweit, 1995, p. 15-6)

A tarefa, então, é ir além das noções de produção e reprodução, a fim de valorizar e teorizar o trabalho de cuidado não remunerado.

Um argumento adicional foi a distinção entre trabalho produtivo e socialmente necessário (Smith, 1978). Sem dúvida, o trabalho doméstico não remunerado é socialmente necessário. Apesar de sua primazia nas relações de produção capitalistas, não era preciso defini-lo como produtivo, no sentido de gerar mais-valia. Segundo Paul Smith (1978, p. 215), “a reprodução da força de trabalho ocorre fora do modo de produção capitalista”. Simplificando, o trabalho doméstico não remunerado não é afetado pelas mudanças no preço de mercado da força de trabalho quando os salários aumentam ou diminuem (Smith, 1978, p. 204). Portanto, apesar de socialmente necessário para a produção capitalista, já que a força de trabalho precisa receber cuidados, refeições e apoio emocional, o trabalho doméstico não remunerado não pode produzir lucro nem é afetado por quedas de lucro no mercado.

Embora o debate sobre o trabalho doméstico seja, com frequência, considerado a espinha dorsal teórica e política do que agora se conhece como TRS, o feminismo negro fez intervenções importantes que demonstram como o trabalho não remunerado realizado por mulheres afro-estadunidenses data dos tempos da escravidão nos Estados Unidos:

> Durante a escravidão nos Estados Unidos, houve uma divisão de gênero do trabalho escravo, pela qual as mulheres negras realizavam as funções no campo, com homens negros, mas também o serviço doméstico que esses homens não executavam. O trabalho dessas mulheres no campo, colhendo nas lavouras, e como empregadas domésticas foi desvalorizado pelos homens negros porque era visto como feminino. [...] Durante aquele período, o trabalho escravo era não remunerado tanto para mulheres quanto para homens, mas o trabalho delas muitas vezes diferia do deles e não era considerado importante. Portanto, o trabalho escravo das mulheres negras era central tanto para o processo de produção quanto para o socialmente produtivo. Além disso, como as mulheres negras estadunidenses trabalhavam fora de casa, executando serviços não remunerados durante a escravidão, a divisão tradicional de esfera pública/privada não se aplicava a elas. (Hopkins, 2015, p. 136)

A escravidão nos Estados Unidos muda o ponto focal do trabalho não remunerado para ressaltar a exploração de mulheres afro-estadunidenses escravizadas, tanto nas casas quanto nos campos dos senhores brancos.

Mencionei aqui três tradições distintas que analisam o trabalho doméstico não remunerado. Primeiro, as feministas marxistas autonomistas sustentam que esse tipo de trabalho gera valor de troca e que o domínio da reprodução é temporal e espacialmente separado da esfera da produção. Segundo, elas o definem apenas de acordo com o valor de uso. Finalmente, as feministas negras mostram que ele começou durante o comércio transatlântico de escravizados. Elas desconstroem as divisões claras de tempo em casa versus tempo de trabalho e espaço público versus espaço privado: das mulheres escravizadas, exigia-se a realização de tarefas a qualquer momento; algumas trabalhavam nas casas dos proprietários de escravizados, enquanto outras trabalhavam nos campos agrícolas.

Trabalho doméstico remunerado: raça e migração

Os teóricos da reprodução social ultrapassaram o debate sobre o trabalho doméstico, em direção a teorizar acerca de uma divisão racial da mão de obra no trabalho reprodutivo remunerado (Duffy, 2007; Falquet, 2009; Glenn, 1992; Peake, 1995). Por exemplo, pesquisas realizadas com 97 mulheres em Grand Rapids, Michigan, descobriram que as afro-estadunidenses eram mais propensas a desempenhar trabalhos mal remunerados (como auxiliares de enfermagem e de cuidados infantis), enquanto as anglo-estadunidenses costumavam ter empregos mais bem remunerados, qualificados e valorizados, em cargos como enfermeiras, parteiras e assistentes de terapeutas ocupacionais (Peake, 1995, p. 420). Em geral, o trabalho reprodutivo é desvalorizado; no entanto, para mulheres racializadas, é ainda mais.

Quando os empregadores de trabalhadores domésticos remunerados contemporâneos são famílias ou casas (e não agências ou empresas), a relação de emprego é muitas vezes fundamentada nas relações entre mestre e servo da escravidão histórica (Blackett, 2011; 2012; Glenn, 1992; Anderson, 2000). Embora a reprodução social remunerada seja geralmente degradada, há diferenças entre o trabalho doméstico remunerado por empregadores individuais ou familiares e aquele promovido por agências de empregadas domésticas, enfermeiras, atendentes de casas particulares, professores e zeladores. As trabalhadoras domésticas remuneradas tendem a estar isoladas social e espacialmente, pois não têm colegas. Também não são sindicalizadas e, em geral, são excluídas das leis trabalhistas (Duffy, 2007).

Durante o comércio transatlântico de escravizados, a movimentação de pessoas ao redor do globo atingiu uma larga escala. A migração não é uma novidade, mas, desde o período neoliberal da década de 1970, programas migratórios interrelacionam o status de emprego e cidadania (Munck, Schierup & Wise, 2011; Yeoh & Huang, 2010). Desde a "guerra ao terror" iniciada em 2001, há um aumento do disciplinamento dos trabalhadores migrantes, que tendem a ser racializados no Norte global (Munck, Schierup & Wise, 2011, p. 255). Os migrantes estão associados a empregadores e são deportados se perderem o emprego. Muitos Estados assistenciais europeus excluem os trabalhadores migrantes dos benefícios sociais da cidadania plena (Pessar & Mahler, 2003; Pratt & Yeoh, 2003; Yeoh & Huang, 2010), um fenômeno que reduz a qualidade de trabalho para todos (Munck, Schierup & Wise, 2011, p. 256). Em síntese, são características fundamentais do capitalismo neoliberal as formas de discriminação legalizadas que entrelaçam trabalho precário e cidadania precária.

A migração neoliberal é generificada e passou a ser conhecida como a feminização da migração laboral (Pessar & Mahler, 2003; Pratt & Yeoh, 2003; Yeoh & Huang, 2010). Cada vez mais mulheres migram para serem empregadas no trabalho doméstico remunerado, trabalho sexual ou de assistência. Com a mudança demográfica na Europa e na América do Norte, que levou as mulheres de classe média a estarem empregadas no mercado formal de trabalho e a um aumento na expectativa de vida, é necessário que as trabalhadoras domésticas (em geral migrantes) realizem as tarefas de cozinhar, limpar e cuidar para as mulheres de classe média que não desejam mais se encarregar delas (Kofman & Raghuram, 2015).

A contribuição econômica das trabalhadoras migrantes para seus países de origem não pode ser subestimada. Na escala da reprodução social transnacional, as mulheres migrantes costumam mandar dinheiro para seus países de origem como compensação ao declínio no provisionamento social pelos Estados, após as reformas do Banco Mundial e do FMI (Mullings, 2009, p. 178). De fato, a reprodução social transnacional é essencial para revelar a precariedade nas nações do Sul global, que têm histórias diferentes dos Estados do Norte global devido ao colonialismo e aos ajustes estruturais (Lee & Kofman, 2012). Exemplo do fenômeno são as Filipinas, país cujo primeiro programa de ajuste estrutural foi executado em 1980, seguido de mais dois, de 1983 a 1985 e de 1990 a 1992 (Ashby, 1997; Lim & Montes, 2000). Em 1977, as remessas de emigrantes representavam 1,7% do produto interno bruto (PIB) do país; até 2015, elas representavam 10,3%.[9]

A migração transnacional por gênero também se articula com as dimensões sociais de raça e cidadania. As dimensões racializadas, no entanto, variam conforme o contexto. No Canadá, como em muitos países do Norte global, muitas vezes há uma diferença de classe racializada, pois as trabalhadoras domésticas migrantes tendem a ser mulheres de cor que provêm dos países do Sul global, enquanto seus empregadores são famílias brancas da classe média (Stiell & England, 1997; Parreñas, 2000; 2012, p. 269). Já na Malásia ou em Singapura, os empregadores tendem a ser malaios e muçulmanos, enquanto os trabalhadores domésticos são indonésios e muçulmanos, o que acaba "exigindo negociações complicadas, em uma malha fina tanto de similaridade quanto de diferença" (Yeoh & Huang, 2010, p. 220). A racialização do trabalho doméstico remunerado é mais pronunciada em certas sociedades do que em outras, mas há uma característica em comum:

9 Banco Mundial, "Personal Remittances, Received (% of GDP) — Philippines" [Remessas pessoais recebidas (por porcentagem do PIB) — Filipinas], 2016. Disponível em: https://data.worldbank.org/indicator/bx.trf.pwkr.dt.gd.zs?locations=ph.

a cidadania precária que essas mulheres experimentam, o que frequentemente faz coincidir seu local de trabalho e sua casa.

Esse entrelaçamento de casa e trabalho fez do trabalho doméstico remunerado um excelente exemplo de espaços sobrepostos de produção e reprodução. As mulheres migrantes podem trabalhar como cuidadoras, residentes ou não (McDowell, 1991; Stiell & England, 1997), embora a fronteira fluída entre essas duas esferas seja particularmente visível quando as trabalhadoras domésticas remuneradas migrantes moram na casa de seus empregadores, pois não podem deixar o local físico de trabalho no fim do dia (Stiell & England, 1997; Anderson, 2000; McDowell, 2001; Duffy, 2007; 2011; Parreñas, 2000).

Federici especifica que essa interseção entre casa e trabalho não é necessariamente direta e evidente. O trabalho reprodutivo remunerado nos Estados Unidos e na Europa, por exemplo, é uma esfera na qual a distinção entre produção e reprodução é "indefinida" (Federici, 2012, p. 100 [2019, p. 210]). A autora responde a essa questão argumentando que, no entanto, as mulheres continuam a realizar o trabalho doméstico não remunerado, além do trabalho reprodutivo remunerado; assim, as esferas da produção e da reprodução permaneceriam analítica e politicamente distintas. Federici concorda que a sobreposição espacial entre casa e trabalho ocorre para trabalhadoras migrantes que residem ou não na casa do empregador, mas argumenta que há uma distância temporal entre as tarefas exercidas pela trabalhadora migrante em seu emprego e o trabalho emocional não remunerado que ela fornece à sua própria família e amigos. Também reforça a necessidade de entender produção e reprodução como categorias distintas, para nomear e valorizar o trabalho reprodutivo desvalorizado, necessário para a acumulação capitalista.[10]

10 Silvia Federici, "Precarious Labour: A Feminist Viewpoint", *op. cit.*

Trabalho doméstico filipino remunerado no Canadá

Iniciado em 1992, o programa canadense LCP exigia que trabalhadores migrantes residissem com uma família que os empregasse por dois anos, momento em que o trabalhador poderia solicitar uma residência permanente (Stiell & England, 1997). Em vez de financiar um programa nacional universal de creches, o governo federal usou o LCP como uma maneira de atrair mão de obra barata, criando um "mercado para força de trabalho doméstica mal remunerada" (Cossman & Fudge, 2002). O programa inicialmente abrangia mulheres caribenhas e, depois, filipinas (Silvera, 1983; Giles & Arat-Koç, 1994; Bakan & Stasiulis, 1995; 1997, p. 112; Arat-Koç, 2001; Bonifacio, 2008; Pratt, 1997; 2004). O trabalho oferecido pelo LCP era inseguro, não sindicalizado, desvalorizado, pouco qualificado e mal remunerado. Também remete às relações históricas entre mestre e servo:

> Muitas trabalhadoras domésticas do Terceiro Mundo suportam um período mínimo de dois anos de servidão virtual, institucionalizada por meio do programa de trabalhadores domésticos estrangeiros do governo federal. O programa continua a atrair candidatos apenas por causa da promessa de obtenção do status de residência permanente. (Stasiulis & Bakan, 1997, p. 306)

Em 2015, o governo canadense tornou opcional a opção de "morar" com os empregadores como parte de uma grande revisão do sistema de imigração canadense.[11] O programa atual permite às mulheres migrantes uma das duas opções para obter residência permanente: (i) dois anos de moradia no emprego; ou (ii) 3.900 horas de emprego em período integral, em um intervalo de 22 meses a quatro anos. Ambas as opções excluem momentos de desemprego

11 Governo do Canadá, "Become a Permanent Resident — Live-in Caregivers", 2015. Disponível em: http://www.cic.gc.ca/english/work/caregiver/permanent_resident.asp.

e tempo passado fora do Canadá. Ainda não sabemos quais serão as repercussões em longo prazo dessa reforma. É possível, no entanto, que as mulheres migrantes que ingressam no LCP como cuidadoras enfrentem condições de trabalho exaustivas; decidir deixar de prestar serviços a um empregador excessivamente exigente significa desemprego, e qualquer tempo que passem desempregadas atua contra seu pedido de residência permanente.

O número de cuidadores residentes (*live-in caregivers*) em Quebec é desproporcionalmente menor em comparação a outras províncias canadenses. Uma possível explicação é a existência local de um sistema público e amplo de creches (Kelly *et al.*, 2011). Apesar disso, a comunidade filipina em Montreal continua a ser a mais espacialmente concentrada no Canadá. Filipinos tendem a falar inglês; poucos falam francês. A combinação entre barreiras linguísticas e o fato de serem empregadas, muitas vezes, em residências britânicas (como babás e empregadas domésticas) ou em hospitais pode explicar por que as filipinas tendem a morar em Côte-des-Neiges, um bairro central de Montreal. Outros grupos de imigrantes racializados (como chineses, sul-asiáticos e negros) experimentam menor segregação residencial em Montreal (Balakrishnan, Ravanera & Abada, 2005, p. 67). Côte-des-Neiges também fica ao lado do bairro anglófono de classe alta de Westmount, de modo que as mulheres empregadas pelas famílias de lá têm menos tempo de deslocamento. A concentração da comunidade filipina no bairro central sugere que um senso emocional e social de comunidade está espacialmente vinculado à região.

As necessidades da reprodução social dos migrantes: migração e relacionamento entre reprodução social e produção

Enquanto Silvia Federici observa, no trabalho doméstico remunerado, uma sobreposição espacial entre as categorias lar e trabalho, embora as distinga temporalmente,[12] a geografia econômica feminista desenvolve outro argumento. Barbara Ellen Smith e Jamie Winders afirmam (contra a posição de Katharyne Mitchell, Sallie A. Marston e Cindi Katz) que as esferas do trabalho e do não trabalho devem ser desconstruídas (Smith & Winders, 2015; Mitchell, Marston & Katz, 2004). Mitchell e suas colegas usam o exemplo de migrantes que passam boa parte do tempo decidindo como chegar ao trabalho com segurança e navegar pelo movimento intraurbano (Mitchell, Marston & Katz, 2004, p. 15). Em contraste, Smith e Winders argumentam que, para as pessoas da classe trabalhadora, há um tempo e um espaço aumentados entre os campos da produção e da reprodução. Esse distanciamento é particularmente notável para os membros da classe trabalhadora racializados e sem status de cidadania (Smith & Winders, 2015, p. 103). Por exemplo, no Alabama e na Geórgia, nos Estados Unidos, a legislação de 2011 criminalizou muitos aspectos da vida, como transporte, hospedagem ou aluguel para indivíduos que não são cidadãos, obrigando as escolas públicas a prestar contas do status de cidadania de seus alunos e permitindo que a polícia aborde qualquer pessoa que acredite ser ilegal. Quando essas leis foram implementadas, após atrasos significativos, houve uma mudança visível em ambos os estados. Produziu-se uma escassez de trabalhadores na agricultura. As famílias migrantes ou se mudaram ou ficaram menos propensas a sair de casa e a enviar seus filhos para a escola, por medo de serem enquadrados pela polícia. Menos pessoas passaram a comparecer à igreja e os eventos religiosos foram

12 Silvia Federici, "Precarious Labour: A Feminist Viewpoint", *op. cit.*

cancelados por preocupação com a segurança de seus membros em espaços públicos. Essas leis anti-imigração enrijeceram a distinção entre público e privado, trabalho e casa, produção e reprodução para famílias migrantes no Sul dos Estados Unidos (Smith & Winders, 2015, p. 103).

Ainda que Smith e Winders argumentem contra a indefinição da fronteira entre trabalho e não trabalho, valendo-se da distância espaçotemporal entre eles, sua metodologia não é feminista marxista autonomista nem faz referência a essa corrente. No entanto, o ponto de vista que defendem reforça a ênfase de Federici na distinção entre as esferas da reprodução e da produção. Tomo por base as teorias de Federici, assim como as de Smith e Winders, para postular o seguinte: até mesmo no trabalho doméstico remunerado que ocorre no espaço da casa — uma forma laboral que desconstrói espacialmente a esfera privada e pública — pode-se separar temporal e espacialmente as esferas da produção e da reprodução.

Definindo o contexto

Esta seção faz uso das histórias de Marie e Dawn, duas filipinas que residem em Montreal, como exemplos para demonstrar o prolongamento temporal e espacial de sua vida diária. Essas mulheres são ex-cuidadoras residentes e agora têm residência permanente no Canadá. Elas foram moldadas por suas próprias experiências com o LCP e tecem duras críticas ao programa.[13] O uso desses exemplos

13 Na província de Quebec, as trabalhadoras domésticas empregadas por famílias individuais estão incluídas nos padrões de trabalho (por exemplo, salário mínimo, horas extras, pagamento de férias), mas excluídas da licença por acidente de trabalho e do seguro-desemprego. Em contraste, as que trabalham para agências têm direito a ambos os benefícios. A indenização e as normas trabalhistas estão sob a alçada da Commission des normes, de l'équité, de la santé et de la sécurité du travail [Comitê de normas, equidade, saúde ocupacional e segurança] (CNESST).

se enquadra nas tradições da geografia do trabalho e da economia feminista, que se baseiam nas experiências de um indivíduo ou de um pequeno número de indivíduos para fornecer um retrato de tendências político-econômicas (Crang, 1994; Olmsted, 1997; Lo, 2015). Segundo as estatísticas de 2001, havia 25 mil empregadas domésticas em Quebec: as mulheres constituíam 87%, e 80% eram imigrantes. Entre as imigrantes, 80% eram das Filipinas.[14]

Tanto Marie quanto Dawn solicitaram que eu as entrevistasse em sua igreja. Elas frequentam o mesmo local de culto e são amigas. Sua comunidade religiosa é predominantemente composta por mulheres filipinas, muitas das quais são ou foram cuidadoras. Inicialmente entrevistei Marie, que depois me apresentou a Dawn. Elas me convidaram para participar das cerimônias religiosas em algumas ocasiões e, em todas elas, eu era a única pessoa branca no espaço. A igreja está localizada em Côte-des-Neiges, refletindo as descobertas de Balakrishnan, Ravanera e Abada (2005) sobre a concentração espacial da comunidade filipina de Montreal. Dawn também vive no mesmo bairro com uma colega de quarto, enquanto Marie reside em uma vizinhança no leste de Montreal, com o marido branco de Quebec.

A CNESST define trabalhadora doméstica (*travailleur domestique*) como a pessoa contratada para exercer atividade remunerada na habitação de um indivíduo sob a forma de tarefas domésticas, ou como a pessoa residente em domicílio que cuida de uma criança ou de alguém que está doente ou inválido; ver Comission de normes, de l'équite de la santé et de la sécurité du travail, "Glossaire: Travailleur domestique", 2016. Disponível em: https://www.cnesst.gouv.qc.ca/fr/lexique#T.

14 Claude Turcotte, "Les travailleuses domestiques veulent être couvertes par la CSST comme les autres travailleurs" [As trabalhadoras domésticas querem cobertura da CSST como os outros trabalhadores], *Le Devoir*, 23 fev. 2009.

Marie tem cerca de cinquenta anos e mora em Montreal há mais de sete. Ela trabalha em período integral como empregada doméstica para uma família, aproximadamente 48 horas por semana, de terça a sexta-feira. Além disso, trabalha em outros dois empregos de meio período que também envolvem limpeza e culinária. Ela está feliz por não viver mais como cuidadora em casas de família: "É horrível quando você é residente. Quando você mora (no local), o empregador tende a abusar de seu tempo. Eles podem acordar você, podem deixar você de prontidão quando estão fora, é como trabalhar das sete da manhã à meia-noite. É realmente difícil. Por isso entrei [...] para uma organização de cuidadoras".

Dawn se mudou de Toronto para Montreal em 2007 como cuidadora residente (*live-in caregiver*), e agora é residente permanente, trabalhando em período integral como empregada doméstica. Ela me diz que, de forma legal, as trabalhadoras domésticas devem trabalhar apenas oito horas por dia. Caso trabalhem mais, devem receber horas extras. Em toda a sua experiência de trabalho no Canadá (com pelo menos três empregadores), ela trabalhou regularmente uma hora a mais sem receber remuneração. Apesar da crítica de Dawn às horas extras não remuneradas com esses três empregadores, ela me diz: "Eu sempre digo que sim, não reclamo". Mas ela nunca trabalhou mais do que uma hora extra não remunerada — é aí que ela traça um limite. Muitas das colegas que conhece em Montreal são frequentemente solicitadas a fazer horas extras; algumas trabalham até doze horas por dia (o que equivale a quatro horas não remuneradas). Dawn conhece os padrões trabalhistas de Quebec e já precisou chamar a Junta do Trabalho para informar sobre seus direitos trabalhistas. Em todas as famílias em que trabalhou, sentiu que as pessoas agiam de forma superior. Eles dizem que a amam e reconhecem seu valor, mas ela sente que seus comentários são superficiais.

Em relação a uma família para quem trabalhou por um mês e meio, Dawn menciona: "Eles gostam de seu trabalho, mas não parecem sinceros". Essa família nunca lhe dava pausas. Eles lhe davam as sobras de comida e roupas de segunda mão, mas diziam: "Você é da família". Dawn diz que as famílias "pensam que você é uma máquina. Lamento dizer isso, mas é a minha experiência". Ela também teve prolongada sua jornada de trabalho, sem os intervalos a que tinha direito. Depois dessa família, ela trabalhou para outra por dois anos. No primeiro ano, eles não deram a ela dias de férias ou feriados. Ela ligou para a Junta do Trabalho de Quebec para saber se a família tinha que lhe dar férias; no segundo ano, eles lhe deram.

As histórias de Dawn e Marie refletem a pesquisa da reprodução social em cuidadoras migrantes, mostrando que os empregadores frequentemente violam os padrões trabalhistas (Stiell & England, 1997; Anderson, 2000; Blackett, 2011; Smith, 2011; Hanley, McGill School of Social Work & Pinay Foundation, 2008; Galerand, Gallié & Gobell, 2015). Em um estudo feito em Montreal, que consistiu em entrevistas com 148 cuidadores residentes e grupos focais com alguns deles, os participantes relataram que seu contrato delineava um dia útil de oito horas, mas que seus dias úteis geralmente ultrapassavam isso. Embora a maioria tivesse intervalos para o almoço, muitos trabalhavam "longas horas sem descanso" e quase metade não recebia horas extras. Pouco mais de um terço dos participantes da pesquisa mencionou ocasiões em que não eram pagos para assistir os filhos de seus empregadores e 30% dos participantes da pesquisa já usaram seu próprio dinheiro para comprar "itens necessários ao trabalho" (Hanley, McGill School of Social Work & Pinay Foundation, 2008, p. 16-7).

As horas extras não remuneradas dos cuidadores migrantes refletem uma relação temporal entre as esferas da produção e da reprodução. Como pontua Federici, o trabalho reprodutivo remunerado em residências pode ser entendido como um campo confuso para as esferas de produção e reprodução, mas, como as mulheres continuam realizando a maior parte desse serviço, existe uma linha rígida entre essas esferas de produção e reprodução (Federici, 2012, p. 100 [2019, p. 210]). Embora alguém possa argumentar que a sobreposição dos espaços de produção e reprodução em casa também é temporal quando os empregadores violam os padrões trabalhistas e invadem o tempo socialmente reprodutivo não remunerado dos trabalhadores domésticos remunerados, eu argumento que os próprios trabalhadores não entendem a violação das normas trabalhistas como uma desconstrução das linhas entre trabalho e não trabalho. Ao contrário, Marie descreve essas ocorrências como abuso de seu tempo; Dawn conhece seus direitos trabalhistas, o que determina a quantidade de suas horas extras não remuneradas.

O prolongamento do espaço

Uma das fontes de apoio de longa data para Marie e Dawn é a igreja que frequentam. Marie descreve os cuidados emocionais, sociais e físicos encontrados nas amizades naquele local: "Se você se apega a uma igreja, eles cuidam de você, especialmente quando você é recém-chegada. [...] Antes, eles cuidavam de mim. Agora é minha hora de cuidar dos novos. Aconselhamos, [na mudança] de um empregador para outro, para que não haja emprego [desemprego] no meio. Cuidamos delas, damos comida, o que elas quiserem e precisarem".

Para Marie, a igreja desempenha um papel enorme na reprodução social: as mulheres filipinas que chegaram antes dela a ajudaram a encontrar trabalho e a lidar com uma nova vida em Montreal, dando-lhe comida e outras coisas de que ela precisava. Agora que está em Montreal há oito anos, ela tem o conhecimento, a experiência e a capacidade de cuidar e ajudar as mulheres recém-chegadas.

Dawn fala de modo semelhante sobre a igreja, mas se concentra no apoio emocional que a espiritualidade desempenha em sua vida. Além de seu trabalho remunerado em tempo integral, ela passa vinte horas por semana estudando para se tornar contadora. Quando concluir os estudos, ela planeja deixar o trabalho doméstico para trabalhar em um escritório. "Se você trabalha em casa, eles a tratam como uma escravizada." Para lidar com o estresse, Dawn se volta para sua vida espiritual: "Somente Deus satisfaz meu coração". Ela não tem família em Montreal, mas agora tem muitos amigos que são sua "família espiritual". Domingo é o dia de descanso; o relacionamento com a igreja e com Deus é o "segredo da minha vida". Tal como para Marie, a igreja desempenha grande papel na reprodução social para Dawn, principalmente por meio do apoio emocional e de amizades para lidar com o estresse relacionado ao trabalho.

Os relacionamentos de Marie e Dawn com a igreja confirmam os resultados de uma pesquisa sobre cuidadoras filipinas no Canadá, que ressalta o papel das comunidades religiosas como um modo de apoio informal (Bonifacio, 2008, p. 33). Com base em entrevistas com trinta trabalhadoras domésticas no sul da província de Alberta, quinze das quais são residentes, Glenda Bonifacio mostra que elas tendem a depender de redes informais, não de programas governamentais, para cuidar de si mesmas. Além das comunidades religiosas, as filipinas também dependem de associações vinculadas a seu país, de amigos, familiares e, em alguns casos urgentes, de agências de recrutamento. "A religião está intrinsecamente ligada à migração na vida das cuidadoras filipinas no sul de Alberta", escreve Bonifacio. "Ir à igreja lhes dá uma sensação de pertencimento e familiaridade cultural com instituições semelhantes das Filipinas" (Bonifacio, 2008, p. 39). As atividades e os espaços da igreja não apenas proporcionam um senso de inclusão cultural para algumas dessas mulheres, mas também uma maneira de experimentar um trabalho de cuidado que não é facilmente disponível para elas como cuidadoras residentes.

Bonifacio argumenta que as atividades da igreja fornecem uma fonte importante de cuidado informal para essas trabalhadoras. Contextualizo esse argumento sugerindo que os relacionamentos não remunerados entre as mulheres filipinas nessas igrejas fornecem o apoio fundamental de que elas precisam para sobreviver *socialmente* durante seu pouco tempo fora do trabalho; sobreviver *emocionalmente* em meio às dificuldades e às exaustivas condições de trabalho; sobreviver *fisicamente* em situações em que elas precisam sair da casa de um empregador e encontrar moradia imediata; e sobreviver *materialmente*, caso precisem de apoio financeiro ou indicação para um potencial novo empregador durante crises de desemprego. Como as casas em que as cuidadoras migrantes vivem são locais de emprego e residência, as igrejas podem oferecer um espaço seguro e reconfortante, algo que as trabalhadoras não necessariamente têm em sua própria casa. Em suma, a localização física da igreja mostra que a distância espacial é essencial ao bem-estar emocional, social, físico e material das cuidadoras migrantes.

Uma sensação de lar

Como cuidadoras residentes, Marie e Dawn descobriram que o local físico de seus lares não servia como lar emocional ou espiritual. Com base na tradição feminista negra, Doreen Massey (1994, p. 166-7) nos diz que o lar não tem sido historicamente um local de conforto e segurança para mulheres afro-americanas escravizadas, mas um local de perigo e exploração:

> bell hooks argumenta que o significado da palavra "lar" como senso de lugar foi muito diferente para aqueles que foram colonizados, e que isso pode mudar com as experiências de descolonização e radicalização. Os escritos de Toni Morrison, especialmente o romance *Beloved* [Amada], minam para sempre qualquer noção de que todo mundo teve um lugar chamado lar ao qual poderia recorrer, um lugar não apenas ao qual se pertence, mas que pertence a alguém, um lugar onde alguém pode se dar ao luxo de localizar suas identidades. [...]

> Há, então, uma questão: a qual identidade nos referimos ao falarmos de um lugar chamado lar e dos apoios que ele pode proporcionar em relação a estabilidade, unidade e segurança? Existem maneiras muito diferentes pelas quais a referência ao lugar pode ser usada na constituição da identidade de um indivíduo, mas também existe um outro lado nessa relação entre lugar e identidade. Embora a noção de identidade pessoal tenha sido problematizada e cada vez mais complexificada em debates recentes, a noção de lugar permaneceu relativamente não examinada.

Marie e Dawn expressam sentimentos de perigo, exploração e condições análogas à escravidão ao estarem vinculadas a um contrato de trabalho em um local que também é o lar. Suas histórias permitem uma analogia contemporânea e histórica com a escravidão vivida pelas mulheres negras. De fato, a tradição feminista negra ressalta como as atuais relações de emprego das trabalhadoras domésticas estão historicamente enraizadas na escravidão doméstica, e que um sentimento emocional de lar não está necessariamente localizado em uma casa física (Blackett, 2011; 2012; Glenn, 1992). Dada a falta de segurança e conforto que as migrantes cuidadoras vivenciam no lar, elas buscam esse vínculo emocional em outro lugar. Amizades na igreja e na fé podem fornecer esse tipo de sentimento em um local físico fora dos limites tradicionais da residência. Enquanto meu argumento se baseia na necessidade de distinguir entre as esferas da produção e da reprodução[15] e nas crescentes distâncias espaciais e temporais entre os locais da casa e do trabalho (Smith & Winders, 2015), exponho a localização da reprodução social não remunerada fora do lar e para os espaços da igreja. De fato, para muitas cuidadoras migrantes, sua casa não é uma fonte de apoio ou segurança emocional, mas de dificuldade, perigo e exaustão no local de trabalho.

15 Silvia Federici, "Precarious Labour: A Feminist Viewpoint", *op. cit.*

A despeito da sobreposição espacial da casa como local de trabalho e residência para cuidadoras migrantes, é necessário teorizar sobre os aspectos temporais e espaciais da relação entre trabalho reprodutivo e produtivo. A atenção ao tempo de cuidado não remunerado e às responsabilidades das trabalhadoras domésticas ilustra que as longas horas de trabalho interferem na quantidade de tempo que elas podem dedicar às suas próprias necessidades de reprodução social; e que, quando têm tempo fora do trabalho, costumam frequentar a igreja com outras amigas. Esses círculos de amizade embasados na fé são importantes para dar e receber cuidados. Embora o emprego remunerado das trabalhadoras migrantes no setor de serviços (principalmente no trabalho doméstico) permita que os cidadãos da classe média equilibrem as obrigações laborais e familiares, as trabalhadoras migrantes são tratadas como se não tivessem responsabilidades e relacionamentos próprios além do trabalho pelo qual são pagas (Dyer, McDowell & Batnitzky, 2011). Este ensaio questiona como elas se reproduzem socialmente e considera os espaços religiosos como fonte importante de reprodução social não remunerada.

É válido interrogar até que ponto os espaços religiosos fora do lar físico fornecem apoio emocional, físico, material e financeiro para outros grupos de mulheres migrantes em Montreal. Vamos tomar como exemplo a migração muçulmana. Os padrões de imigração de Montreal diferem dos de Toronto e de Vancouver, porque o francês é a língua oficial da província de Quebec, o que significa que há uma população maior originária do Magreb — Argélia, Marrocos e Tunísia (Vatz-Laaroussi, 2008, p. 47). As mesquitas fornecem um nível de apoio socialmente reprodutivo para as mulheres magrebinas, semelhante ao que a Igreja católica oferece às mulheres filipinas? Cindi Katz (2001a; 2001b) considera alguns aspectos comuns entre as diferenças. A autora se baseia na tradição do feminismo marxista para discutir o potencial de aliança política em diferentes lugares, por meio de seu conceito de contratopografia. Ela reinterpreta a definição tradicional de topografia, um termo cartográfico para descrever paisagens físicas, teorizando-o como um método de pesquisa multiescalar que examina o mundo material, do nível corporal ao global. Esse método materialista de topografia analisa processos "naturais" e sociais em conjunto, para entender como os lugares e a natureza são produzidos, e a ideia de contratopografia se vale da metáfora das linhas de contorno de um mapa para conectar indivíduos em lugares diferentes e traçar as conexões entre pessoas sob a globalização neoliberal (Katz, 2001a, p. 1.228-9).

No entanto, essa contratopografia é política, e prevê a distinção de um lugar em particular, enquanto investiga os processos capitalistas compartilhados nos diversos lugares: "Que política pode funcionar nos contornos que ligam o encarceramento na Califórnia à fábrica de roupas de Nova York, à maquiladora do México e à Howa estruturalmente ajustada, e vice-versa? [...] As perspectivas são tentadoras e as apostas políticas são altas" (Katz, 2001a, p. 1.231). Minha sugestão é aplicar a contratopografia na escala intraurbana para considerar os contornos políticos que conectam os migrantes racializados em Montreal. É uma maneira de não apenas ligar diferentes grupos de trabalhadores precários, mas de usar a reprodução social como uma lente e como uma forma de conectar pessoas dentro da mesma cidade, concentrando-se em espaços religiosos. Pesquisas futuras devem comparar os espaços religiosos das populações de migrantes e dos cidadãos para avaliar melhor o papel das comunidades religiosas no fornecimento das necessidades sociorreprodutivas.

Serap Saritas Oran é doutora em economia pela Universidade de Londres. Foi professora da Universidade Dokuz Eylül, na Turquia, até 2018, quando foi demitida por assinar o manifesto Acadêmicos pela Paz. É atualmente pesquisadora na Universidade de Oslo, na Noruega, e assina diversos artigos, capítulos de livro e conferências sobre abordagens financeiras heterodoxas e reformas previdenciárias.

7

Aposentadoria, pensões e reprodução social[1]

Serap Saritas Oran

Introdução

O objetivo deste ensaio é situar o pagamento de aposentadorias em relação à reprodução social geracional da força de trabalho. No mundo moderno, as aposentadorias (*pensions*) aparecem, à primeira vista, como pagamento protelado, ao qual o trabalhador deve ter direito depois de se aposentar. Em geral, o montante para as aposentadorias é acumulado em um fundo, como poupança, e devolvido ao beneficiário na velhice, mas também pode ser destinado àqueles que não tiveram acesso a nenhum plano de previdência social e, ainda assim, precisaram desse dinheiro em idade mais avançada. Finalmente, há as pensões propriamente ditas, pagas aos parentes do participante do plano de previdência, com base nas relações de parentesco e de dependência. Esses diferentes arranjos de aposentadoria e pensões demonstram uma variedade de estruturas, formas e níveis, ou seja, não se trata apenas de salários protelados ou economias individuais. Para analisar aposentadorias e pensões pelo viés da economia política, deve-se abstraí-las de diferentes aparências e conceituá-las em relação aos processos de reprodução social e ao valor da força de trabalho.

1 Dedico este ensaio a Nazenin.

Marx define a força de trabalho como uma mercadoria especial — a capacidade de trabalho que o capitalista encontra no mercado e aplica à produção de mais-valia.[2] Segundo ele, essa mercadoria peculiar tem um valor determinado, como no caso de qualquer outra, pelo tempo de trabalho necessário para a produção desse artigo específico (Marx, 1986a [1961]). Embora nessa definição o valor da força de trabalho seja a soma dos valores de uso que se representam no tempo de trabalho, outra maneira de defini-lo é apontando o valor correspondente à soma dos valores de troca necessários para sua reprodução: o salário (Fine, 2012). No entanto, nenhuma dessas abordagens é capaz de explicar bens e serviços que possuem valor de uso, mas não valor de troca, como atividades domésticas reprodutivas ou serviços estatais, e aqueles que não têm nenhum valor de uso, mas são parte integrante da vida cotidiana moderna, como bens e serviços de arte ou luxo. Em outras palavras, a força de trabalho não é meramente reproduzida por meio de bens e serviços produzidos nas relações capitalistas. A reprodução dessa força também requer provisões e processos não capitalistas, como serviços estatais e trabalho doméstico; ou seja, o valor da força de trabalho está associado a um *padrão de vida* necessário para a reprodução social de trabalhadores fora do controle direto, se não da influência, das relações de produção (Fine, 2009). Portanto, um dos pontos centrais da discussão é a seguinte ideia: *o valor da força de trabalho não é apenas a soma do tempo de trabalho necessário para a reprodução dos músculos e nervos de cada trabalhador. Está relacionado a processos mais amplos de reprodução social que determinam seu valor em relação à classe capitalista, ao Estado e à família.*

Marx menciona um aspecto da reprodução geracional no valor da força de trabalho, referindo-se às despesas com as crianças

2 "E o possuidor de dinheiro encontra no mercado uma tal mercadoria específica: a capacidade de trabalho, ou força de trabalho. Por força de trabalho ou capacidade de trabalho entendemos o conjunto das capacidades físicas e mentais que existem na corporeidade [*Leiblichkeit*], na personalidade viva de um homem e que ele põe em movimento sempre que produz valores de uso de qualquer tipo" (Marx, 1990, p. 270 [2013, p. 242]).

(incluindo a educação) em relação à reprodução das gerações futuras de trabalhadores. No entanto, dentro da teoria do valor, o destino dos idosos (ex-trabalhadores), principalmente, é um tópico esquecido da reprodução social da força de trabalho. É claro que as aposentadorias e pensões não são uma mercadoria nem um serviço que correspondem ao tempo de trabalho. Elas são a renda da velhice, usada para trocar por materiais de subsistência depois que o trabalhador se aposenta. Não são, portanto, parte diretamente integrante da *força de trabalho individual* durante a carreira desse indivíduo. De uma perspectiva mais ampla, as aposentadorias são um componente do valor da força de trabalho como um padrão de vida para a classe trabalhadora, que inclui os pagamentos e os benefícios necessários para a reprodução social geracional. Esses dois pressupostos — a definição do valor da força de trabalho como padrão de vida, que, por sua vez, inclui as aposentadorias e pensões, em associação com os processos de reprodução social — levantam as questões: quem está pagando pelas pensões? E qual a fonte desses pagamentos?

Minha resposta é que todas as aposentadorias e pensões são pagas com a mais-valia produzida pelos trabalhadores, mas apropriada pelos capitalistas, como componente do produto social total dedicado à reprodução social da classe trabalhadora. Em poucas palavras, parte desse produto precisa ser usada para reproduzir relações de produção, como infraestrutura para futuros processos produtivos. Uma porção dessa mais-valia, contudo, é necessária para a reprodução da classe trabalhadora, ou seja, a reprodução social. Para esse fim, discuto as ideias de Marx na *Crítica do programa de Gotha*, obra que relaciona os fundos de pensão à reprodução da classe trabalhadora (Marx, 1978 [1998]). Ele distingue entre a reprodução econômica e a social e interpreta o apoio financeiro local a necessitados de seu tempo como forma de reprodução social dos não trabalhadores. Extrapolando esse ponto de vista, as aposentadorias têm a ver com os custos socializados dos meios de consumo dos membros não trabalhadores da classe trabalhadora. Esse entendimento das aposentadorias se baseia na ampla literatura sobre reprodução social no sentido de reprodução biológica, reprodução da força de trabalho e atividades de cuidado no lar, bem como cuidados com crianças e idosos, lembrando que estes se tornam cada vez mais importantes (Gill & Bakker, 2003).

Além disso, à luz do desenvolvimento histórico das aposentadorias, é nítida a difusão do capitalismo como o meio de produção subjacente que cria as condições necessárias e suficientes para o surgimento dos sistemas de aposentadoria. Do mesmo modo, o papel da luta de classes no aumento dos padrões de vida, incluindo a segurança na velhice, é um fator substancial. Em certos contextos, o uso instrumental da criação de planos de aposentadoria e pensão, para atrair apoio político, tem sido um mecanismo fundamental subjacente ao sistema de pensões. Assim, a emergência das aposentadorias como parte do padrão de vida da classe trabalhadora é resultado de desenvolvimentos históricos e fatores mistos, como a luta de classes para sustentar, após a aposentadoria, os padrões de vida do período de trabalho, pelo menos parcialmente; e o esforço dos capitalistas para vincular os trabalhadores às relações de produção de maneira mais estável e em longo prazo. Analogamente, as aposentadorias e pensões são utilizadas por aqueles que visam evitar agitações — foi o caso de Bismarck (discutido a seguir) — como argumento político para mostrar o capitalismo como um sistema ideal (Blackburn, 2002). Em outras palavras, como mostra o desenvolvimento histórico das relações capitalistas, o número dos membros não trabalhadores do proletariado aumentou consideravelmente, o que requer renda sistemática para a velhice, resultando na necessidade de socializar os custos da reprodução social dos idosos. Nesse sentido, a formação do Estado como Estado-nação é um dos elementos que determinam de que modo os custos da reprodução social serão compartilhados entre muitos capitalistas por meio de impostos sobre a mais-valia. Isso fica evidente no fato de a estrutura de previdência social mais comum ser o pagamento público conforme o uso, chamado modelo de repartição simples ou PAYG.[3]

3 Os *public pay-as-you-go* são planos de benefício definido ou contribuição definida, em geral financiados também pelo Estado e com investimentos de baixo risco. [N.T.]

Olhar por esse ângulo nos permite entender as recentes reformas nas pensões. Nas últimas três décadas, com o envolvimento do Banco Mundial, os esquemas de aposentadoria de mais de trinta países foram alterados para diminuir a importância do esquema público do modelo de repartição simples, aumentando a importância dos planos financiados individualmente. A principal diferença entre esses dois acordos para aposentadorias e pensões é que o primeiro se utiliza do Estado (tributação) como mecanismo intermediário para compartilhar os custos de reprodução dos idosos, enquanto o segundo regime depende dos mercados financeiros. A maior parte das análises reconhece os efeitos potenciais dessa alteração, embora limite seu escopo à discussão da privatização. Como contribuição para a literatura, este ensaio analisa as reformas previdenciárias no contexto da financeirização, que subordina cada vez mais aspectos da vida econômica e social às condutas financeiras. Eu argumento que as recentes reformas previdenciárias significam a financeirização da renda da velhice: ou seja, a penetração das finanças nos processos de reprodução social (Fine, 2013). Nesse sentido, as reformas previdenciárias devem ser entendidas como ataques neoliberais aos fundos necessários para a reprodução da classe trabalhadora em geral e a reprodução social geracional, em particular. A luta de classes determinará quanto conseguirão "espremer" esses fundos e quanto será possível preservar do padrão de vida dos membros ativos do mercado de trabalho e dos aposentados. Além dos efeitos variáveis da financeirização da previdência social em diferentes setores da classe trabalhadora, é um fato inegável que a integração da renda da velhice aos mecanismos fictícios da esfera financeira coloca em risco as aposentadorias, ao mesmo tempo que oferece novas oportunidades de lucro para os capitalistas financeiros. Em resumo, a esfera financeira, em que circula o capital monetário, tem um caráter fictício, o que significa que os valores dos instrumentos financeiros são regulados de maneira diferente do valor do capital real subjacente aos títulos.[4]

4 "E não devemos esquecer que o valor monetário do capital representado por esses papéis nos cofres do banqueiro é, ele mesmo, fictício, na medida em que tais papéis

Em primeiro lugar, faço uma revisão dos fatores subjacentes ao surgimento e à expansão de aposentadorias e pensões como um direito. Esse pano de fundo histórico revela o que explica a incorporação pelo sistema da renda na velhice: os capitalistas tentam se livrar desses custos, mesmo que isso não seja benéfico para eles em longo prazo. É crucial enxergar a transformação do Estado no neoliberalismo e a crescente substituição de mecanismos estatais por práticas do mercado financeiro como um fator subjacente às recentes reformas previdenciárias. Depois, vou examinar o que significa o valor da força de trabalho em relação aos processos de reprodução social. Apresentarei a visão de Marx sobre a renda na velhice, no contexto de aposentadorias e pensões como parte da reprodução social geracional. Em seguida, farei um esboço das transformações recentes nos esquemas de aposentadoria, que encolhem os mecanismos de financiamento entre gerações, enquanto favorecem esquemas individuais de aposentadoria. Na conclusão, exporei o argumento de que a campanha geral de reforma das previdências faz parte do ataque neoliberal à classe trabalhadora.

---

consistem em direitos sobre rendimentos seguros (como no caso dos títulos da dívida pública) ou títulos de propriedade de capital real (como no caso das ações) e que esse valor é *regulado diferentemente* do valor do capital real, que, ao menos em parte, esses papéis representam: ou quando representam mero direito a rendimentos, e não capital, o direito ao mesmo rendimento é expresso num montante de capital monetário fictício constantemente variável" (Marx, 1991, p. 600 [2017, p. 527], grifo meu).

Um histórico das aposentadorias, discussões sobre o Estado de bem-estar social e as pensões na perspectiva da economia política

Os sistemas de previdência surgiram às vésperas da era moderna. Antes disso, os idosos incapazes de trabalhar eram sustentados pela família. Na ausência de familiares ou parentes, soluções locais proporcionavam uma renda modesta para os idosos em necessidade: por exemplo, instituições religiosas, instituições de caridade e sociedades de benefícios mútuos forneciam ajuda, inclusive para doenças e funerais (Blackburn, 2002). Na Grécia e na Roma antigas, havia algumas assistências sociais, como renda para as famílias de guerreiros mortos e renda básica para os que não podiam trabalhar (Akpinar, 2014). Acredita-se que a guilda de São Tiago tenha estabelecido em Londres o primeiro sistema de renda medieval, antes de 1375 (Pilch & Wood, 1979). Iniciativas locais para ajudar os idosos necessitados assumiram formas variadas: na França, *mutualités*; na Grã-Bretanha, *friendly societies*; no Império Otomano, *teavun sandigi* ou *orta sandigi* (Gökbayrak, 2010). Uma ajuda pública geral aos idosos não seria oferecida até a promulgação da primeira lei dos pobres ingleses, em 1587 (Kreiser, 1976).[5]

Com a modernização, a ideia de uma pensão universal para todos os cidadãos emergiu e encontrou expressão na segunda parte de *Direitos dos homens*, de Thomas Paine, em 1792 (Blackburn, 2002; Paine, 1951 [2005]). As aposentadorias ocupacionais também esta-

5 Blackburn (2002) classifica as razões do surgimento dos primeiros regimes públicos de pensões da seguinte forma: atrair ou reter funcionários públicos estratégicos ou favorecidos (por exemplo, em 1598, o Parlamento de Elizabeth I votou por uma pensão para soldados que lutaram pela rainha); para suavizar o descontentamento e a inquietação que acompanharam a expansão das relações sociais pré-capitalistas (por exemplo, a lei elizabetana dos pobres, de 1601, como uma resposta à necessidade de proteção social contra o novo regime disruptivo que estava transformando a vida rural); e para obter a garantia de um bom serviço por parte das instituições (por exemplo, o ministro naval de Luís XIV estabeleceu um sistema de pensões para oficiais navais, marinheiros e administradores para impulsionar a marinha francesa em 1673).

vam em funcionamento. Um exemplo muito modesto de regime civil foi estabelecido na Inglaterra com a Superannuation Act [Lei de aposentadoria] de 1834 (Pilch & Wood, 1979). É importante observar que as aposentadorias não surgiram graças ao humanitarismo dos empregadores, como alguns autores argumentam (Kreiser, 1976). A verdadeira razão de origem foi a luta trabalhista por uma renda confiável e estável. O Congresso Sindical do Reino Unido começou a pressionar por aposentadorias na década de 1890, porque os trabalhadores idosos aceitavam salários mais baixos e isso diminuía o poder do sindicato na negociação salarial. Em outras palavras, a história da previdência social está cheia de greves e protestos pelos direitos à pensão (Blackburn, 2002).[6]

O mais importante nesse contexto é a difusão do modo de produção capitalista e a criação do proletariado como uma classe diferenciada. Em comparação com o trabalho agrícola, é menos provável que a produção industrial permita que os idosos trabalhem (Blackburn, 2002). Além disso, por volta da década de 1880, as tabelas atuariais de *friendly societies* inglesas entraram em déficit devido ao aumento da expectativa de vida, consequência do desenvolvimento da medicina. No entanto, aquela foi também a época de enfermidades crônicas como tuberculose, câncer e doenças respiratórias e circulatórias decorrentes do ar impuro e da sujeira das cidades industriais (Gilbert, 1966). As pessoas passaram a viver mais tempo do que podiam trabalhar, mas precisavam desesperadamente de uma renda sistemática para a velhice. O primeiro fundo de pensão conhecido foi estabelecido em 1862 pelo Bank of South Wales, na Austrália, seguido pela American Express Company, dos Estados Unidos (Gökbayrak, 2010, p. 90).

A previdência social permaneceu incomum até que Otto von Bismarck estabelecesse o primeiro sistema universal de aposentadorias e pensões, em 1889, no Império Alemão. Não se tratava diretamente

6 Uma figura histórica popular dessas lutas foi Charles Booth, um defensor social das pensões no Reino Unido; seus esforços foram influentes durante o final do século XIX (Pilch & Wood, 1979).

de um produto do capitalismo, mas do medo do socialismo. Bismarck viu nas medidas de seguro social, incluindo pensões na velhice, uma maneira de convencer os trabalhadores a não apoiar o Partido Social-Democrata (Akpinar, 2014). Em poucas palavras, seu programa contou com as contribuições de trabalhadores e empresas. A renda das aposentadorias e pensões era muito modesta, a idade da aposentadoria era alta (setenta anos), as contribuições eram investidas em títulos financeiros e o esquema não apresentava características redistributivas (Perotti & Schwienbacher, 2009). Apesar de tudo isso, outros países seguiram o exemplo alemão: Dinamarca, em 1891, Nova Zelândia, em 1899, e Grã-Bretanha, em 1908, quando Lloyd George introduziu a Old-Age Pension Act [Lei da pensão por idade] (Blackburn, 2002). Asbjørn Wahl ressalta o contexto histórico dos movimentos sindicais e do Estado de bem-estar social, dois fenômenos novos que emergiram do capitalismo industrial:

> O capitalismo industrial fez as ferramentas e os meios de produção serem assumidos pelo proprietário da fábrica, o capitalista, enquanto os trabalhadores ficavam apenas com sua força de trabalho, transformada em mercadoria no mercado de trabalho. Os trabalhadores responderam a isso de duas maneiras: primeiro, organizando-se de modo a enfraquecer ou neutralizar a concorrência entre eles no mercado de trabalho, e, segundo, estabelecendo e lutando para implementar esquemas de seguro coletivo, o que significava que as pessoas seriam compensadas financeiramente se não fossem mais capazes de participar de iniciativas destinadas a reduzir os efeitos negativos do fato de o trabalho ter se tornado uma mercadoria comercializável. (Wahl, 2011, p. 22)

Assim, o surgimento da previdência social foi resultado de uma combinação de fatores: a expansão do capitalismo, que destruiu as relações de família e propriedade que permitiam a sobrevivência dos idosos; a luta de classes dos trabalhadores por padrões de vida mais altos, incluindo segurança na velhice; e a luta entre diferentes partidos políticos, que apelaram às aposentadorias e pensões como um instrumento para obter apoio. Como resultado, durante o entreguerras, as aposentadorias se tornaram um elemento substancial das provisões sociais em quase todos os países com relações capitalistas desenvolvidas.

A Grande Depressão de 1929 foi um ponto de virada para a disseminação de todos os tipos de programas sociais, inclusive os de aposentadorias. A crise provocou desemprego maciço, o que exigiu medidas sociais, o estabelecimento de planos de aposentadoria e pensão financiados pelo Estado e a expansão dos benefícios existentes (Perotti & Schwienbacher, 2009). Depois da Segunda Guerra, a maioria dos países ofereceu uma mistura de sistemas públicos e privados, seguindo o argumento de sir William Beveridge sobre "a necessidade do princípio contributivo para uma previdência privada sustentável", em seu famoso relatório (Beveridge, 1942). O Relatório Beveridge favoreceu a manutenção do padrão existente de financiamento de aposentadorias por seguro nacional, com base em contribuições e benefícios com taxas fixas (Cutler & Waine, 2001). Ele buscava incorporar ao sistema os custos do apoio aos trabalhadores, distribuindo esses custos por meio de transferências intergeracionais (Akpinar, 2014). A generalização das aposentadorias, com a prevalência de outros serviços de assistência social, exigiu a conceitualização, atrasada, do Estado de bem-estar social.[7]

Pesquisadores heterodoxos abordam o conceito de Estado de bem-estar social com base em vários enfoques.[8] Um deles diz res-

7 "O Estado de bem-estar social é definido como um conjunto de garantias legais que fornecem aos cidadãos direitos de transferência de pagamentos de planos de seguridade social obrigatórios, bem como de serviços organizados do Estado (como saúde e educação) para uma ampla variedade de casos definidos pela necessidade e pelas contingências" (Offe, 1983).

8 Para entender essa posição é necessário, antes, uma compreensão do ponto de vista das discussões estatais. As análises marxistas da natureza do Estado podem ser divididas em três correntes: marxista, neomarxista e pós-marxista. Os defensores da primeira linha, a chamada visão instrumental, argumentam que o Estado é um instrumento nas mãos da classe dominante e que esta, por sua vez, usa o Estado para fazer valer a estrutura de classes e defender seus próprios interesses. A segunda visão,

peito à *lógica do industrialismo*, que argumenta que os Estados de bem-estar social se desenvolvem devido à lógica subjacente da industrialização, pela qual seus principais determinantes são as forças mutáveis da produção. Essa interpretação é útil para apontar que, à medida que o processo de industrialização avança, cria necessidades de gastos públicos ao reduzir as funções da família tradicional e deslocar certas categorias de indivíduos, como jovens, idosos, doentes e deficientes. Como as formas tradicionais de assistência aos indivíduos vulneráveis deixam de existir no capitalismo, o Estado se expande para preencher as lacunas. Assim, os resultados demográficos e burocráticos do crescimento econômico são considerados razões subjacentes ao surgimento dos Estados assistenciais (Quadagno, 1987). Essa visão, no entanto, é simplista demais ao desconsiderar os elementos históricos e culturais de cada país. O foco no "processo de desenvolvimento automático" negligencia a importância da luta de classes.

A concepção do *desenvolvimento capitalista* argumenta que as políticas sociais são as respostas dos Estados aos requisitos de reprodução social do capitalismo. Assim, as políticas do Estado de bem-estar social são impostas pelos imperativos contraditórios do modo de produção capitalista, que cria as condições para a acumulação de capital mas também legitima socialmente as classes dominantes. Nesse contexto, o Estado de bem-estar social consiste em

---

neomarxista, é conhecida como estruturalista, porque localiza a função do Estado como protetor e reprodutor da estrutura das sociedades capitalistas contra as crises a ela inerentes, geradas por três fontes distintas: a economia, a luta de classes e o desenvolvimento desigual. A última corrente compreende duas subseções: a analítica de sistemas (pós-marxismo I) e a realista organizacional (pós-marxismo II) (Barrow, 1993). Além dessas, há a abordagem "derivacionista", que surgiu como resposta ao debate entre instrumentalistas (Miliband) e estruturalistas (Poulantzas) durante os anos 1970. De acordo com os derivacionistas, o Estado é derivado dos requisitos de acumulação de capital, e o Estado de bem-estar social é o resultado da luta de classes e das próprias tendências do capitalismo (Barrow, 1993). O derivacionista Gough (1979, p. 44) define o Estado de bem-estar social como "o uso do poder estatal para modificar a reprodução da força de trabalho e manter a população não trabalhadora nas sociedades capitalistas".

dois conjuntos de atividades: provisão estatal de serviços sociais a indivíduos ou famílias em determinadas circunstâncias (previdência social, bem-estar, assistência médica) e a regulação estatal de atividades privadas que alteram as condições de indivíduos na população, como benefícios para pessoas em posições-chave — por exemplo, nas forças militares. Essa escola de pensamento postula que o Estado de bem-estar social se deu com base no desenvolvimento capitalista e no conflito de classes, indo além da lógica simplista do industrialismo (Offe, 1983).

Por fim, a teoria dos *recursos de poder* enfatiza o papel da distribuição nas democracias capitalistas. Os adeptos dessa visão entendem as políticas sociais como dirigidas e moldadas por estruturas representativas e processos eleitorais, sob a influência de partidos (Myles & Quadagno, 2002). Sugerem que o Estado de bem-estar social é resultante de conflitos entre grupos de interesse socioeconômico relacionados às classes, como partidos políticos, sindicatos e organizações de empregadores. Os que aderem a essa abordagem focalizam sobretudo os efeitos redistributivos do Estado de bem-estar social, enquanto reivindicam conflitos entre grupos de interesse para criar processos distributivos na esfera do mercado e diminuir a desigualdade e/ou a pobreza (Korpi & Palme, 2003). Essa linha teórica ressalta o papel da luta de classes. Depois da década de 1980, o poder da classe trabalhadora diminuiu sob a pressão dos ataques dos governos, de modo que seu impacto sobre as mudanças nos regimes de assistência e previdência social é de fundamental importância, dado o papel da luta de classes no desenvolvimento desses regimes.[9]

9 "O papel da pressão das classes subordinadas e de outros grupos organizados a elas associados é de reconhecida importância para explicar a introdução de medidas de bem-estar. Os sistemas de seguro social de Bismarck da década de 1880, o esquema de seguro-desemprego de Lloyd George de 1911, a melhoria e a extensão dos benefícios da previdência social italiana em 1969, a introdução do Serviço Nacional de Saúde (NHS) ou de escolaridade abrangente na Grã-Bretanha — todos expressam, de maneiras diferentes, os resultados de pressão da classe trabalhadora e grupos aliados" (Gough, 1979, p. 58).

A história ilustra o surgimento de diferentes sistemas de aposentadoria como parte dos serviços do Estado de bem-estar social, dando origem à previdência social durante a velhice e à renda básica para idosos carentes. Essas funções são acompanhadas por várias estruturas de gestão e formas de financiamento, como as transferências intergeracionais (dos modelos de repartição simples). Em cada caso, em graus variados, as aposentadorias são determinadas por fatores associados aos salários, embora também dependam de elementos que vão muito além deles (Fine, 2014). Ademais, as aposentadorias não são usufruídas por todos os aposentados no mesmo nível de vida; elas variam entre a população e de acordo com as posições de certos grupos no mercado de trabalho.[10] A renda de aposentadoria futura ou atual pode ser modificada por meio de alterações nos cálculos de benefícios e métodos de indexação, bem como na tributação. De modo similar, as aposentadorias variam conforme diferentes vetores, de acordo com o nível salarial e a contribuição de empregadores, trabalhadores e Estado. Assim, são terreno diferente da mera influência da inflação e de outros fatores monetários e reais, que alteram os padrões de vida independentemente do nível salarial. O impacto de uma aposentadoria ou pensão como fonte de renda que sustenta a vida na terceira idade está incorporado em outros aspectos da reprodução social e econômica, como provisões para saúde e moradia. Então, o que *é* uma aposentadoria diante de todas essas considerações diferentes? É um elemento do padrão de vida dos trabalhadores necessário para permitir a reprodução social geracional da força de trabalho.

10 No caso de um plano de capitalização, as contribuições mensais abaixo de determinado nível podem dar retornos financeiros insignificantes, o que tornaria os grupos de baixa renda vulneráveis em relação a renda e pensão. Outro exemplo são os esquemas PAYG (de contribuição ou benefício fixos e financiamento com participação do Estado), que distribuem pensões intra e intergeracionalmente. Portanto, os tipos de pensão variam entre diferentes grupos de renda dentro de uma geração, bem como entre diferentes setores da sociedade, como *baby boomers* e trabalhadores com alta ou baixa produtividade e emprego.

A força de trabalho é uma mercadoria especial que os trabalhadores vendem e os capitalistas compram para utilizar no processo de produção (Marx, 1990 [2013]; 1969b [1988]).[11] Como vimos, Marx argumenta que o valor da força de trabalho é determinado pelo tempo de trabalho necessário para produzir as mercadorias imprescindíveis à reprodução da força de trabalho. No entanto, nem todas as mercadorias necessárias para essa reprodução são produzidas por meio de relações capitalistas e, portanto, nem todas têm valor que possa ser medido pelo tempo de trabalho necessário. Algumas são produzidas em relações familiares ou fornecidas pelo Estado. Além disso, a reprodução da força de trabalho não é um processo individual; inclui reprodução geracional, ou seja, futuros trabalhadores. Quando Marx se refere à substituição de "músculos e nervos", ele não se refere apenas à substituição/reposição das capacidades físicas de um indivíduo, mas também ao fato de que os trabalhadores devem ser substituídos intergeracionalmente pela reprodução social de futuros trabalhadores: as crianças (Gough, 1979; Marx, 1990 [2013]).

Nesse sentido, a reprodução de ex-trabalhadores também está embutida nas condições de reprodução da força de trabalho. Assim, o valor da força de trabalho não pode ser definido por um nível salarial individual. Antes, como dizia Marx, aquele valor diz respeito a um padrão de vida material relacionado à reprodução social mais ampla da classe trabalhadora:

11 Nesse sentido, força de trabalho não é o mesmo que trabalho. Ao apontar essa diferença crucial, Marx elucida a origem da mais-valia no modo de produção capitalista. Consequentemente, a força de trabalho tem valor duplo: seu valor de uso é produzir valor, enquanto seu valor de troca é o valor das mercadorias necessárias para reproduzir a força de trabalho. A diferença entre seu valor de uso e seu valor de troca está na origem da mais-valia, apropriada pelo capitalista. Assim, a reprodução da força de trabalho é um dos determinantes do nível de exploração, pois quanto menos custa, *ceteris paribus*, maior é a mais-valia (Fine, 2012). Essa é a razão pela qual o valor da força de trabalho é crucial para entender a exploração.

> Essa análise, primeiramente econômica, precisa ser complementada por um segundo aspecto do valor da força de trabalho: a noção de que o pacote de consumo por ela requerido tem de ser suficiente para a reprodução social da força de trabalho. A força de trabalho não depende apenas de um salário, mas está envolvida em atividades fora dos locais de trabalho, que incluem *o Estado, a família e outras relações, estruturas e processos* sociais em geral. (Fine, 2002, p. 8-9)

Essa interpretação do valor da força de trabalho e sua relação com a reprodução social é fundamental para entender como o Estado, a sociedade e as relações familiares formam a força de trabalho nas relações capitalistas modernas. Portanto, é urgente especificar o que significa *reprodução social.*

Reprodução social é um conceito amplo, utilizado principalmente pela literatura feminista da economia política, com o objetivo de analisar a reprodução biológica dos seres humanos e as práticas de cuidado na família e/ou por meio de provisões sociais. Como a maior parte dessa literatura enfatiza o papel do trabalho feminino não remunerado, o conceito é a melhor maneira de entender a reprodução da força de trabalho como parte de processos, mecanismos e instituições mais amplas da reprodução social.[12] A reprodução biológica consiste em atividades relacionadas à gravidez — o desenvolvimento da força de trabalho —, e as mulheres são vistas como mercadorias a serem consumidas para fins de procriação. Outro aspecto é a reprodução da força de trabalho por meio da manutenção diária dos trabalhadores via educação, treinamento e cuidado de futuros assalariados.[13]

12 "(i) A reprodução biológica da espécie e, precisamente, as condições e construções sociais da maternidade nas diferentes sociedades. (ii) A reprodução da força de trabalho, que envolve não só a subsistência, mas também a educação e a formação. (iii) A reprodução das necessidades de provisão e cuidado que podem ser totalmente privatizadas dentro das famílias ou socializadas ou, de fato, fornecidas pela combinação das duas" (Gill & Bakker, 2003, p. 32).

13 "Esse aspecto da reprodução social foi o foco de muitos debates da economia política feminista marxista na década de 1970 e fez parte dos 'debates sobre o trabalho doméstico'. O objetivo daqueles debates era detalhar a contribuição das mulheres,

A literatura concentra-se, finalmente, em práticas de cuidado que transcendem o processo de trabalho, mas que têm seu valor intrínseco: gerar e parir filhos, cuidar dos idosos. Todos os três aspectos são importantes para definir como o valor da força de trabalho é reproduzido.

Marx deu indicativos explícitos de que o valor da força de trabalho contém as despesas dos trabalhadores com a geração futura e com a reprodução dessa força. Para ele, nas relações capitalistas, esse valor inclui a reprodução: os custos da criação dos filhos. Caso contrário, a força de trabalho futura não será adequada, o que aumentará os salários por vir e diminuirá a mais-valia.[14] Para Marx, a reprodução de futuros trabalhadores está relacionada ao conceito de exército industrial de reserva, que mantém o nível salarial sob controle. Se a reprodução da força de trabalho se torna excessiva, esse exército de reserva fica grande demais, de modo que o nível salarial diminui e a força de trabalho se reduz novamente (Marx, 1990 [2013]). Assim, a reprodução de futuros trabalhadores tem um papel significativo na determinação do valor da força de trabalho.

---

por meio de seu trabalho não remunerado (daí trabalho 'explorado'), para o funcionamento do capitalismo e a perpetuação do patriarcado dentro da família. Em outras palavras, para revelar as condições materiais de opressão das mulheres. Relatos mais recentes vinculam as questões da reprodução da força de trabalho à contradição sistêmica entre a acumulação capitalista e a reprodução necessária de diferentes estratos da força de trabalho e dos consumidores. Aqui, o foco está nas mutáveis condições da contribuição de mulheres e homens para a reprodução da força de trabalho e no papel de mediação exercido pelo Estado por meio do salário social" (Gill & Bakker, 2003, p. 77).

14 Esse aspecto da teoria de Marx é frequentemente criticado por se referir à teoria da população malthusiana; ver Bob Rowthorn (1980). No entanto, essa não é uma crítica justa. A teoria malthusiana é uma teoria do equilíbrio, severamente criticada por Marx. Malthus argumentava que se a população aumentasse mais que o suprimento de alimentos, haveria escassez de comida e a população diminuiria novamente. Ele defendia, então, que o aumento da população, sobretudo das massas, deveria ser mantido sob controle, o que é entendido como uma "seleção natural da sociedade" e é acertadamente criticado por usar a natureza como limite para as regras das relações capitalistas; ver Malthus (1798 [1996]).

Analogamente, pode-se argumentar que os custos das atividades de abastecimento da família e assistência determinam o valor da força de trabalho. No caso do modelo de um provedor único (no qual um membro da família, geralmente do sexo masculino, é o único que trabalha fora de casa, mesmo havendo outros adultos), o valor da força de trabalho deve ser suficiente para sustentar o restante da família, geralmente mulheres, que cuidam do trabalho dentro do lar. Isso tem um duplo impacto no valor da força de trabalho: aumenta os níveis salariais de trabalhadores individuais de tal maneira que o salário cubra os custos de reprodução de toda a família, mas diminui o nível salarial em comparação com o conjunto do mercado privado. É óbvio que a influência das atividades de aprovisionamento (abastecimento das necessidades da família) no valor da força de trabalho depende de quanto delas é realizado por um membro da família que trabalha fora de casa e *também* realiza atividades de reprodução não remunerada dentro dela, como é amplamente discutido na literatura da economia política feminista (Gill & Bakker, 2003).[15]

A questão das aposentadorias é mais complicada, porque não integram diretamente a reprodução da força de trabalho. Contudo, na ausência de uma renda sistemática para a velhice, os custos de assistência ao idoso podem ser parte integrante das despesas domésticas. Ou, ao contrário, a renda dos aposentados pode ser um mecanismo atenuante no orçamento familiar, sobretudo no caso de uma queda no padrão de vida em uma crise, como a que ocorreu Grécia na esteira da recessão de 2008. O idoso, quer seja

15 Uma questão importante aqui são as atividades de assistência a idosos, que se tornam mais significativas com o aumento do número de aposentados em todo o mundo. A renda da aposentaria é essencial para os aposentados, pois, na ausência de um benefício, a família, o Estado ou a sociedade devem lhes fornecer certo padrão de vida material. O regime de aposentadorias é uma forma sistêmica de socialização dos custos dos cuidados aos idosos. Quando esses sistemas são corroídos ou inadequados, surge a necessidade de responsabilização individual dos membros da família. Em sua maioria, são as trabalhadoras que abandonam o mercado de trabalho para cuidar de familiares idosos (Peri, Romiti & Rossi, 2015). Assim, o nível salarial deve sustentar as necessidades financeiras de mulheres desempregadas e familiares idosos.

parte de uma família, quer não, exige certo nível de pensão que funcione como uma distribuição sistemática dos custos da reprodução social. A questão é a origem dos montantes para o pagamento das aposentadorias e pensões, extraídas do produto social total necessário para a reprodução social da classe trabalhadora. Baseei esse argumento na discussão de Marx sobre a distribuição justa na *Crítica do programa de Gotha*[16] (Marx, 1978 [2012]; Albuquerque, 2015), que ressalta os custos do cuidado ao idoso como parte da reprodução social da classe trabalhadora, financiada pelo produto social total. Segundo ele, esse produto constitui-se de três partes diferentes: (i) a substituição dos meios de produção gastos; (ii) a substituição da força de trabalho; e (iii) a mais-valia apropriada pela classe capitalista e destinada à expansão da produção. Nesse sentido, o que é alocado para as necessidades da classe trabalhadora depende das necessidades da classe como um todo. Em outras palavras, não apenas a reprodução da força de trabalho como também a reprodução das gerações futuras e a sobrevivência das gerações anteriores são consideradas parte da reprodução da classe. Assim, a fração do produto total utilizada para fins de consumo destina-se à reprodução social da classe trabalhadora. Como Marx escreve, em *Crítica do programa de Gotha*:

> *Primeiro: os custos gerais de administração, que não entram diretamente na produção.*
>
> Essa fração será consideravelmente reduzida, desde o primeiro momento, em comparação com a sociedade atual e diminuirá na mesma medida em que a nova sociedade se desenvolver.
>
> *Segundo: o que serve à satisfação das necessidades coletivas, como escolas, serviços de saúde etc.*

16 O manuscrito da obra foi enviado ao congresso da unidade do Partido Social-Democrata Alemão, realizado em Gotha, em 1875. Nele, Marx critica severamente a compreensão lassalliana da luta trabalhista, ao mesmo tempo que enfatiza um entendimento das reformas social-democratas de um ponto de vista revolucionário.

> Essa parte crescerá significativamente, desde o início, em comparação com a sociedade atual e aumentará na mesma medida em que a nova sociedade se desenvolver.
>
> *Terceiro: fundos para os incapacitados para o trabalho etc.*, em suma, para o que hoje forma a assim chamada assistência pública à população carente. (Marx, 1978, p. 15 [2012, p. 29])

É importante essa menção de ajuda aos pobres da época, porque aqueles benefícios são os ancestrais do que hoje chamamos de *pensão de assistência social*. As aposentadorias e pensões fazem parte, portanto, dos meios de consumo fornecidos para sustentar a reprodução social. Além disso, a única fonte possível para prover aposentadorias e pensões é o produto social total atual, que destinará à reprodução social dada quantia, determinada pela luta de classes na esfera política. Isso explica por que, em épocas diferentes, de acordo com a força da classe trabalhadora nesse ou naquele momento, os capitalistas, no intento de reduzir os níveis de pensão, alteram as regras paramétricas de elegibilidade ou indexação. De fato, como exponho na próxima seção, a recente tendência de reforma previdenciária comprova o sucesso político da classe capitalista em diminuir os custos da reprodução social por meio da mudança dos níveis de aposentadoria.

Minha posição aqui se beneficia da (e contribui para a) literatura da economia política sobre aposentadorias e pensões em relação à reprodução da força de trabalho e no contexto de provisões do Estado de bem-estar social (Gough, 1975; Esping-Andersen, 1990). Ao mesmo tempo, minha interpretação difere das conceituações de salário social e "descomodificação", por analisar as provisões do Estado de bem-estar social tanto em dinheiro quanto em serviços, no contexto do *salário social*, que não apenas permite a reprodução da força de trabalho como também mantém a população não trabalhadora (Gough, 1979). O conceito de salário social, porém, tem duas contradições com a economia política marxista na qual afirma se basear. A primeira é a relação entre o salário social e o valor da força de trabalho. Gough argumenta que o valor da força de trabalho no Estado de bem-estar social moderno é igual ao salário social — o salário expandido, que consiste em benefícios de bem-estar em dinheiro, mais os salários individuais. Portanto, o valor da força de trabalho não é igual aos salários; pelo contrário, há uma troca de não equivalentes: os trabalhadores ganham mais do que o valor de sua força de trabalho. Essa leitura é problemática porque esse valor só pode ser trocado por um salário equivalente, e o salário pago pelo capitalista envolve um montante em dinheiro, que equivale ao necessário para comprar a força de trabalho (Fine & Harris, 1976). Além disso, de acordo com Gough (1979), os serviços de previdência e assistência social são financiados por impostos diretos e indiretos cobrados da classe trabalhadora. Nesse sentido, os membros que não trabalham pagam impostos pelo consumo (indiretamente), enquanto os trabalhadores pagam impostos sobre a renda com base em seus salários. Desse modo, os serviços de previdência e assistência social são transferências horizontais de renda entre diferentes grupos da classe trabalhadora, em vez de fluxos verticais entre classes. O que Gough tenta mostrar é como as políticas tributárias podem variar de acordo com quem fica com o ônus de custear os serviços de previdência e assistência social, se a classe capitalista ou se a classe trabalhadora. Apesar das boas intenções, essa posição é discutível, porque, do ponto de vista marxista, todos os impostos incidem sobre o capital. Os trabalhadores não podem pagá-los, uma vez que recebem o equivalente ao valor de sua força de trabalho, e não é sustentável tal nível de redução permanente nos salários. Assim, o conceito de salário social está longe de explicar adequadamente as provisões de bem-estar social, incluindo pensões, do ponto de vista da economia política. A principal vantagem dessa interpretação é sua tentativa de ligar os serviços de assistência e previdência a um amplo entendimento da reprodução da força de trabalho.[17]

17 "Na análise do valor de Marx, taxar os salários não pode ter como resultado uma redistribuição de valores para o capital, pois os ganhos salariais são iguais ao valor

Outra tentativa importante de conectar os benefícios de bem-estar à força de trabalho é o conceito de Esping-Andersen (1990) de descomoditização ou desmercantilização da força de trabalho. O termo comoditização (transformar em commodity ou mercadoria) refere-se à dependência dos trabalhadores da venda de sua força de trabalho para sobreviver. De acordo com esse conceito, os próprios trabalhadores se tornam mercadorias quando precisam confiar em sua força de trabalho para sobreviver e competir entre si para vendê-la. Essa pura comoditização/mercantilização dos trabalhadores é característica das relações capitalistas, que criam uma classe trabalhadora que não possui meios de produção.[18] Nesse sentido, os direitos concedidos por meio de serviços de previdência e assistência social afrouxam esse status de mercadoria pura, permitindo que os trabalhadores vivam sem vender sua força de trabalho. Proporcionar uma renda para idosos desmercantiliza-os de diferentes maneiras. Por um lado, com pensões de previdência e assistência social, os benefícios não estão vinculados ao desempenho no trabalho, mas são concedidos com base na necessidade. Com as pensões e aposentadorias do seguro social, por

---

da força de trabalho, e o valor líquido dos salários não pode ser permanentemente reduzido abaixo daquele valor. A imposição de um imposto sobre salários (ou bens salariais) leva a um aumento nos salários brutos; é, portanto, na verdade, um imposto sobre o capital, cobrado por meio do mecanismo de salários. Na análise do valor de Marx, portanto, *todos os impostos são impostos sobre o capital, e a fonte de todas as receitas fiscais é a mais-valia*. Além disso, para Marx, essa não é apenas uma proposição abstrata simplificada, mas o estado normal das coisas na realidade. Embora os impostos sobre o trabalho possam ser redistribuídos temporariamente do trabalho para o capital, a situação normal trará a restauração do valor (líquido) dos salários ao valor da força de trabalho" (Fine & Harris, 1976, p. 106).

18 "Para entender o conceito, a descomodificação não deve ser confundida com a erradicação completa do trabalho como mercadoria; não é uma questão de tudo ou nada. Em vez disso, o conceito significa o grau em que indivíduos ou famílias podem manter um padrão de vida socialmente aceitável, independentemente da participação no mercado. Na história da política social, os conflitos giraram sobretudo em torno de quanto os direitos podiam ficar imunes; ou seja, em torno da força, do escopo e da qualidade dos direitos sociais. Quando o trabalho se torna uma livre escolha, em vez de necessidade, a desmercantilização/descomoditização pode equivaler à desproletarização" (Esping-Andersen, 1990, p. 37).

outro lado, existe uma forte relação entre esses direitos e o status dos trabalhadores nos empregos. Assim, a renda da aposentadoria é proporcional à posição do trabalhador no mercado de trabalho durante sua carreira. Os benefícios de aposentadoria e pensão também podem adquirir a forma de direitos universais, que dependem da cidadania, e não da necessidade ou do status no mercado de trabalho. Esping-Andersen identifica todas essas formas de proporcionar uma renda para idosos como diferentes níveis de descomoditização nos modernos regimes assistenciais.

No entanto, esse ponto de vista também tem uma relação problemática com o conceito de força de trabalho que aplica. O valor dessa força é tomado como relacionado à reprodução de trabalhadores individuais. Consequentemente, os trabalhadores são desmercantilizados/descomoditizados por terem renda durante a aposentadoria, porque foram mercadorias durante suas carreiras. Também existem, contudo, pensões de parentesco e invalidez, além das aposentadorias universais, que refletem um processo separado da mercantilização individual. Assim, as aposentadorias são sociais, e não individuais. Portanto, é necessário relacioná-las à força de trabalho, com ênfase na reprodução social. Na estrutura proposta por Esping-Andersen, o conceito de valor da força de trabalho não tem nenhuma especificidade; refere-se ao valor da força de trabalho do trabalhador antes e depois da aposentadoria, ao valor do trabalho como pagamento de salário individual, e também inclui alguns benefícios sociais. É por isso que os aposentados que não precisam trabalhar são desmercantilizados (descomoditizados) independentemente de terem tido ou não status de mercadorias durante suas carreiras. Do mesmo modo, se uma mulher obtém o direito à pensão por viuvez, com base nos ganhos passados de seu marido, esse benefício não tem nada a ver com sua contribuição reprodutiva por todos os anos que trabalhou como empregada doméstica não remunerada.[19]

19 Para Esping-Andersen, se uma previdência social é universal e igualmente distribuída pela sociedade em níveis que permitem às pessoas viver sem trabalhar, esse é um

Em outras palavras, as aposentadorias não são um mecanismo individual de desmercantilização/descomoditização, porque estão ligadas à reprodução social em um sentido mais amplo. As aposentadorias são pagas ao trabalhador depois que ele realizou sua reprodução e, assim, atingiu certo padrão de vida durante sua carreira. É um pagamento *ex post*, da perspectiva de um trabalhador individual. Embora a aposentadoria tenha uma forte relação com o nível salarial do trabalhador quando ativo, ela também é determinada por fatores constituintes da reprodução social mais ampla, como saúde, educação e moradia. Vamos considerar, para fins de ilustração, um trabalhador a quem é prometida uma aposentadoria muito generosa como parte de negociações salariais, em um momento em que o movimento da classe trabalhadora é forte. Quando o trabalhador se aposenta, uma grande crise financeira sacode o mundo e desvaloriza o generoso benefício prometido a ele trinta anos antes. Isso significa que o valor da força de trabalho desse trabalhador diminuiu? Não. Os benefícios são pagos enquanto um trabalhador, como indivíduo, serve às relações capitalistas. Mas uma queda geral na renda dos aposentados pode causar uma redução no padrão de vida da classe trabalhadora. Foi o que aconteceu na Grécia após a crise (2010-2015): a principal intenção da redução das aposentadorias foi diminuir os salários. Níveis comparativamente altos de aposentadoria tornaram-se a principal fonte de renda para as famílias de um aposentado. No entanto, depois de algum tempo, os benefícios desses aposentados também foram reduzidos por medidas de

---

serviço descomoditizador. No entanto, não é de fato o que as relações capitalistas exigem, por razões óbvias: é preciso que os trabalhadores vendam sua força de trabalho para viver. Sem recorrer à literatura ortodoxa sobre economia do bem-estar, que enfoca qual nível de provisão social não prejudicaria a oferta de trabalho, vou mostrar de que modo isso contradiz a compreensão marxista do valor da força de trabalho. É por essa razão que o valor da força de trabalho não pode ser simplesmente reduzido à soma dos salários e benefícios sociais que um trabalhador individual recebe durante ou após o período de trabalho; é um padrão de vida para toda a classe trabalhadora, embora varie entre os diferentes grupos do proletariado, bem como entre tempos e lugares.

austeridade. Isso não significa que o valor de sua força de trabalho tenha sido alterado; significa uma deterioração dos padrões de vida da classe trabalhadora como um todo.

As discussões da economia política sobre serviços de seguridade social, e sobre aposentadorias em particular, apresentam várias vantagens, porque associam esses serviços à reprodução da força de trabalho. Além disso, é importante considerar a mercantilização/comoditização da força de trabalho para assinalar os diferentes momentos das relações Estado/trabalho/mercado. Essas abordagens são, todavia, insatisfatórias para responder exatamente quem se beneficia dos serviços de previdência e assistência social e quem paga por eles. Para essas questões, a TRS desenvolveu uma estrutura inspirada em discussões anteriores, mas que apresenta uma nova perspectiva ao definir aposentadorias e pensões na relação com os processos de reprodução social que afetam o valor da força de trabalho, além de outros fatores sistêmicos. Para esse fim, proponho o conceito de *reprodução social da classe trabalhadora*, mais amplo do que os entendimentos anteriores sobre a reprodução da força de trabalho. Depois, especifico por que as aposentadorias e pensões, com outros instrumentos de política social, influenciam o valor da força de trabalho.

Meu argumento é baseado em dois pilares. O primeiro é que a reprodução social não diz respeito apenas à reprodução diária dos trabalhadores atuais; pelo contrário, crianças, doentes e idosos fazem parte desse processo com base no princípio intergeracional. O padrão de vida material da classe trabalhadora compõe-se do valor da força de trabalho dos trabalhadores e do valor da reprodução social, como educação, saúde ou benefícios de moradia. O segundo pilar é que os recursos utilizados nos processos de reprodução social não estão relacionados aos retornos individuais da força de trabalho. Em vez disso, fazem parte da mais-valia total produzida pelos trabalhadores e apropriada parcialmente dos capitalistas pelo Estado para fornecer meios de consumo à classe trabalhadora (assim como meios de produção para os capitalistas). Nesse sentido, a generosidade dos serviços de previdência e assistência social depende da produção atual de mais-valia, da luta de classes por esses fundos e das relações políticas entre o Estado e as diferentes classes. Essa estrutura lança luz sobre as recentes transformações nos sistemas de previdência, considerando as implicações na reprodução social do envolvimento dos atores financeiros na previdência social, como aposentadorias e pensões.

Analisando as mudanças recentes

A tendência atual das aposentadorias caracteriza-se por uma participação cada vez maior das finanças. Essa tendência começou com a privatização das aposentadorias no Chile, em 1980, seguindo os conselhos dos Chicago Boys de Milton Friedman (Madrid, 2003). Depois que o esquema de cofinanciamento coletivo e administrado pelo Estado chileno (PAYG) foi completamente substituído por mecanismos de financiamento individual obrigatórios, o esquema financeiro individual se espalhou pelo resto da América Latina e por muitos países que fizeram parte da ex-União Soviética (Müller, 2003). O Banco Mundial, com outras instituições financeiras internacionais, como o FMI, foi particularmente influente na campanha pela reforma previdenciária, com seu relatório inovador de 1994, "Averting the Old Age Crisis" [Evitando a crise da velhice] (Banco Mundial, 1994). Segundo o relatório, como a população mundial está envelhecendo, a melhor maneira de lidar com os déficits orçamentários relacionados ao número crescente de aposentados (em comparação aos trabalhadores) é privatizar as aposentadorias estatais e deixar a previdência social para o mercado financeiro (Orenstein, 2008).

Seguindo o conselho do Banco Mundial, mais de trinta países introduziram esquemas de financiamento de mercado ou fortaleceram o componente financeiro existente de seus sistemas de pensão (Sumaria, 2010). Ademais, em consonância com o argumento de que as previdências não são financeiramente sustentáveis, as regras restritivas de elegibilidade (quem pode pedir os benefícios) foram reforçadas, aumentando a idade para aposentadoria e alongando os tempos de contribuição. A indexação dos benefícios e os métodos de cálculo da renda da aposentadoria foram alterados para diminuir as taxas de reposição do valor, de modo que a renda futura da aposentadoria ficasse muito menor do que as atuais.[20] As reformas foram executadas em tempo comparativamente curto, principalmente sem oposição significativa devido à natureza complicada das regras de previdência, que dificultam a previsão dos resultados de tais alterações (Blackburn, 2002). Como consequência, a receita previdenciária dos modelos estatais de repartição simples diminuiu, enquanto aumentava a responsabilidade individual de investimento nos mercados financeiros para a renda da terceira idade (Sumaria, 2010). Portanto, as autoridades governamentais e os atores financeiros internacionais recomendam que os indivíduos adotem os mecanismos de financiamento via mercado, a fim de compensar as perdas do sistema não financeiro de pensões (Organização para Cooperação e Desenvolvimento Econômico, 2004).

Com base nesse desenvolvimento, argumento que essa mudança nas aposentadorias é sustentada pela *financeirização*, pela intensificação da integração das finanças a áreas cada vez mais diversas da vida econômica e social (Fine, 2014). A literatura a esse respeito investiga o extenso e intensivo crescimento das finanças nos âmbitos da produção e dos processos de reprodução. Taxas lentas de crescimento econômico, peso crescente da atividade financeira nas economias nacionais e uma proporção crescente de lucros financeiros nas receitas de empresas não financeiras são algumas

20 A regra de indexação determina o aumento do benefício a cada ano e é vantajosa para o aposentado desde que cubra o aumento da inflação. Caso contrário, sua renda derreteria ano a ano pelo aumento dos preços. A taxa de substituição refere-se ao sucesso do sistema de aposentadoria em substituir o nível de rendimento na carreira. Se essa taxa diminui, o benefício se torna cada vez mais inadequado para sustentar os padrões de vida do aposentado.

das implicações da financeirização dos processos produtivos, levantadas por vários autores (Krippner, 2005; Lapavitsas, 2013; Orhangazi, 2008). No entanto, ir além das questões econômicas e discutir os resultados da financeirização relacionados à reprodução social, como propõe Fine, é uma postura rara e fundamental:

> Houve um crescimento desproporcional da presença do mercado financeiro nos processos diretos de acumulação de capital para fins de produção e troca, além da interferência cada vez maior das finanças em áreas menos tradicionais, associadas ao que poderia ser chamado de social em oposição à reprodução econômica. Isso se estende da habitação (e hipotecas) até uma gama crescente de serviços anteriormente fornecidos pelo Estado. (Fine, 2009, p. 55)

A financeirização das aposentadorias é um exemplo significativo desse fenômeno, o qual também está presente na educação, na saúde e em outras áreas da vida cotidiana. Assim, enquanto as famílias se reproduzem com a intermediação cada vez mais intensa de mecanismos financeiros, os atores financeiros transformam as áreas de reprodução social em áreas de lucro (Lapavitsas, 2009). Nesse contexto, pode-se argumentar que a alocação de certa fração do produto social total para a reprodução social da classe trabalhadora é cada vez mais realizada pelos atores financeiros, e não pelo Estado. Naturalmente, isso tem consequências de longo alcance do ponto de vista da classe trabalhadora. A mais importante delas é o afrouxamento da fronteira concreta entre produto social e reprodução social por meio de impostos, enquanto o produto social está cada vez mais vinculado ao capital fictício da esfera financeira. Portanto, a relação entre a reprodução social da classe trabalhadora e a produção de valor é ampliada para que os trabalhadores não se conectem ao seu produto por meio de sua posição de classe. O retorno das contribuições para aposentadorias e pensões se torna dependente da lucratividade do mercado financeiro. Em outras palavras, independentemente do que um trabalhador coloque em seu fundo de pensão, o que o contribuinte recebe é um resultado desconhecido, determinado pelas forças do mercado financeiro. Por exemplo, enquanto os trabalhadores com direito a uma pensão durante os anos 1990 (o auge da financeirização nos países anglófonos) tiveram sorte, aqueles que se aposentaram após a enorme crise de 2008 foram infelizes e perderam grande parte de suas economias.

Isso ocorre principalmente porque, quando o Estado era responsável por realizar atividades de reprodução social por meio da apropriação de mais-valia dos capitalistas, a esfera política era adequada para demandas por melhores padrões de vida materiais (Yaffe, 1978). No entanto, o mesmo não pode ser dito da intermediação financeira. No caso de um esquema financeirizado, mesmo que o trabalhador contribua por anos, o retorno depende das circunstâncias dos mercados financeiros. Alguém que se aposente logo após uma enorme crise financeira é apenas *azarado* por acumular metade do benefício que esperava antes (Blackburn, 2006). Nesse caso, não há ninguém para culpar pela má administração e nenhuma plataforma para continuar a luta política. Essa é uma questão completamente *individual*; as autoridades podem até acusar o aposentado de investir em ativos de risco. Nesse sentido, ter uma renda de aposentadoria adequada depende da capacidade de lidar com riscos financeiros.

A individualização trazida pela financeirização transforma direitos sociais em dívidas e beneficiários em devedores. Os direitos são entendidos como ativos financeiros.[21] O resultado é uma mudança fundamental no entendimento dos empregados e de seus sindicatos sobre a previdência social, agora não mais um direito, e sim um tipo de investimento que depende profundamente do desempenho do mercado financeiro. Como observa De Deken:

> A "financeirização" [...] expande o peso dos mercados, razões e instituições financeiras na operação do sistema de benefícios.

21 "Nenhum aumento salarial direto ou indireto (pensões); em vez disso, o crédito ao consumidor e a pressão para o investimento no mercado de ações (fundos de pensão, seguros privados). Nenhum direito à moradia; em vez disso, empréstimos imobiliários" (Lazzarato, 2012, p. 110).

> É uma mudança no financiamento da aposentadoria que também tem repercussões de longo alcance na maneira de administrá-la. Se os ativos acumulados dos planos de pensão são investidos por meio da intermediação do setor de serviços financeiros, o monitoramento do desempenho desses ativos torna-se uma "estratégia de vida" para pessoas de todas as esferas. Eles são levados a adotar a identidade do "investidor autodisciplinado". A "financeirização" da aposentadoria leva, assim, os funcionários e seus representantes sindicais a apostar seu bem-estar em longo prazo na capacidade do setor financeiro de obter altos retornos sobre o investimento. (De Deken, 2013, p. 275)

Além disso, as recentes reformas previdenciárias exacerbaram os problemas relacionados à reprodução social de grupos desfavorecidos da classe trabalhadora, como os ocasionalmente desempregados e os trabalhadores informais. Esses grupos vulneráveis se beneficiaram dos mecanismos de redistribuição dos esquemas estatais PAYG (com contribuição ou benefício predefinido e administração conservadora, de baixo risco) no passado. Porém, os esquemas de financiamento individuais dificultam o acesso desses grupos a uma renda adequada de aposentadoria. Eles enfrentam dificuldades básicas de contribuir para os planos de aposentadoria, que atraem principalmente os que recebem renda média e alta (International Labour Organisation, 1996).[22]

Mais importante: as mulheres estão em pior situação, em razão do resultado de esquemas de pensões financiadas, na comparação com os esquemas estatais de benefício ou contribuição fixa,

22 Para compensar os rendimentos que essas pessoas receberiam na velhice, as reformas recentes sugerem "redes de segurança", uma renda básica baixa concedida com base na necessidade. Em outras palavras, embora essas pessoas contribuam para o produto social e constituam uma fração importante da classe trabalhadora, sua posição nas relações de produção é completamente ignorada. Em vez disso, elas são apresentadas como "perdedoras" da classe trabalhadora, que não conseguiram sequer ter direito à renda de velhice. Isso é novamente uma distorção da relação entre a reprodução social e as aposentadorias e pensões como componentes dos meios de consumo da classe trabalhadora.

que incluem muitos mecanismos de redistribuição inter e intrageracional. Assim, é possível que as que tiveram suas carreiras interrompidas compensem suas perdas por meio de benefícios de licença-maternidade ou pensões de parentesco por meio dos esquemas estatais (PAYG), mas a maioria das pensões financiadas não considera disparidades de gênero e é individualista, de forma a abolir os direitos de parentesco (Elveren, 2008). Embora alguns argumentem que as previdências sociais financeirizadas sejam melhores para as mulheres, pois as incentivam a ingressar no mercado de trabalho, isso não explica os reais motivos pelos quais elas não se beneficiam de uma renda adequada para a aposentadoria. Em suma, a estrutura dos mercados de trabalho, que ou não absorve as mulheres ou não lhes oferece renda igual, é a principal razão para que as aposentadas recebam benefícios menores. O problema é ainda agravado pelo fato de elas quase sempre contribuírem menos do que os homens, já que também recebem menos do que eles (Dedeoglu, 2009; Elveren & Hsu, 2007).

Todos esses desenvolvimentos têm sérias consequências para a luta de classes, pois a individualização dos planos abole a lógica coletiva por trás dos processos de reprodução social (Townsend, 2007). Todo trabalhador precisa negociar em particular direitos como seguro-desemprego e previdência social, que antes eram mantidos coletivamente por motivos de interesse de classe (Lazzarato, 2012). Que partido negociaria um aumento nos fundos de pensão? As autoridades sugerem que os trabalhadores contribuam mais e invistam em ativos mais arriscados, com retornos mais altos. Os sindicatos também são muito desfavorecidos quando se trata de negociar direitos de reprodução social financeirizados. Por exemplo, os fundos de pensão ocupacionais, muitas vezes estabelecidos ou administrados por sindicatos, podem se tornar um instrumento político nas mãos de capitalistas financeiros, que podem ameaçar os trabalhadores com a perda de benefícios de pensão se entrarem em greve, caso seus fundos de pensão tenham sido investidos principalmente em ações da empresa empregadora. Esse complexo status de propriedade prejudica a luta de classes ao criar uma ilusão de troca entre os salários atuais e a renda futura da velhice (Blackburn, 2002).

A financeirização da reprodução social e da renda previdenciária está relacionada, portanto, à luta política por meios de consumo. A fonte de meios para a reprodução social é a mais-valia. No entanto, a quantidade dessa mais-valia que se utiliza para as necessidades da classe trabalhadora depende significativamente da luta política. Para que fique claro, não me refiro à luta de classes com o objetivo de compartilhar ganhos por meio de fundos de pensão, no sentido de uma agenda de "democratização das finanças".[23] O Plano Meidner na Suécia, por exemplo, acabou usando a poupança para aposentadorias como um instrumento para a expansão financeira neoliberal (Belfrage & Ryner, 2009). Ao contrário dessa perspectiva, refiro-me à luta de classes para sugerir que a previdência social seja completamente descolada de quaisquer mecanismos financeiros fictícios.

Essa posição está fundamentada na literatura, que mostra que os esquemas de aposentadoria financeirizados, por meio de fundos de pensão, desempenham um papel substancial no aprofundamento da financeirização das economias, por três canais:

- por meio de sua predominância no mercado de capitais, como investidores institucionais que promovem o valor nas mãos dos acionistas e mudam a maneira como as empresas são governadas (Aglietta, 2000; Lazonick & O'Sullivan, 2000);
- por meio de entradas de recursos no mercado de capitais, o que causa inflação no mercado de ativos e resulta em aumento da instabilidade do mercado financeiro (Toporowski, 2000);
- como consequência de sua lógica financeirizada, que aumenta a demanda por instrumentos financeiros especulativos (Engelen, 2003).

23 Robert J. Shiller, "Democratize Wall Street, for Social Good" [Democratizar Wall Street pelo bem social], *The New York Times*, 7 abr. 2012.

Os estudos de caso frequentemente lançam mão desses mecanismos para explicar a função central dos fundos de pensão na intensificação da financeirização. Macheda (2012), por exemplo, argumenta que esses fundos desempenharam um papel decisivo na financeirização da economia islandesa por duas vias: o fluxo de capital monetário nos mercados nacional e internacional resultou em inflação nos preços dos ativos, aumentando-os significativamente; e cresceu a demanda por fundos de pensão com rendimentos de curto prazo. Assim, os fundos de pensão se envolveram em circuitos especulativos mais arriscados. Theurillat, Corpataux e Crevoisier (2010) discutem a financeirização do setor imobiliário no contexto dos fundos suíços, que estiveram envolvidos em imóveis como atores financeiros entre 1992 e 2005. As decisões tomadas pelos fundos de pensão financeirizaram o setor imobiliário. Belfrage (2008) examina o impacto deles para os trabalhadores na Suécia após a reforma previdenciária em 1999, quando os princípios de desmercantilização e solidariedade foram substituídos pela responsabilidade individual em relação à renda da aposentadoria. A crescente complexidade dos produtos financeiros coloca em risco a meta de garantir um alto padrão de vida material depois que o trabalhador se aposenta.

Em 2016, o valor do salário-mínimo líquido na Turquia aumentou 30%. Contudo, isso enquadrou os assalariados em faixas mais altas para cobrança de imposto de renda, ou seja, uma parte substancial do aumento salarial seria devolvida ao Estado por essa via tributária. Paralelamente, o "sistema de pensão individual" de capital privado tornou-se obrigatório; assim, uma porcentagem do salário-mínimo foi apropriada pelo regime de pensão financeirizado. A maior parte do aumento concedido foi, portanto, recuperada na forma de tributos e de contribuição financeira aos planos de aposentadoria. Essa consequência foi importante porque confirmou a correção da correspondência entre o valor da força de trabalho e o padrão de vida da classe, e não com maiores ou menores montantes de contribuição à previdência social. O caso mostra que, qualquer que seja o valor pago aos trabalhadores, seu padrão de vida só aumenta em relação a processos mais amplos de reprodução social — o que demonstra a importância da luta de classes para a melhoria de suas condições de vida. Na falta dela, o valor da força de trabalho será alterado, explícita ou implicitamente, por intervenções financeiras ou não financeiras, como no caso dos planos de previdência financeirizados.

Em resumo, minha posição sobre reformas previdenciárias financeirizantes contribui para a literatura sobre reprodução social ao lançar luz sobre a deterioração dos padrões de vida da classe trabalhadora sob a influência de políticas neoliberais. De fato, os esforços da classe capitalista para reformular as aposentadorias podem não ter como objetivo abolir a renda da terceira idade, mas estão fazendo reformas de maneira tão inovadora que empurram certos grupos da classe trabalhadora a garantir renda na terceira idade por meio de comportamentos financeiros, ao mesmo tempo que criam oportunidades de lucro para os capitalistas financeiros. Os benefícios financeirizados não têm o mesmo impacto em todos os grupos da classe trabalhadora; às vezes, beneficiam trabalhadores de alta renda, como nos Estados Unidos na década de 1990 (Boyer, 2000). No entanto, é certo que, para o crescente volume de trabalhadores com baixa remuneração, flexível e/ou instável, a previdência social financeirizada resultará em muito menos segurança de renda na aposentadoria. Enquanto as economias para a velhice dos trabalhadores criam oportunidades lucrativas para os capitalistas financeiros, a classe capitalista em geral desfruta da carga decrescente das despesas da reprodução social na forma de menos impostos e de contribuições decrescentes para os fundos de aposentadoria dos trabalhadores.

A reprodução da classe trabalhadora tem estruturas, formas e níveis de provisão que variam em cada país (Fine, 2014), dependendo do que Marx (1990 [2013]) chama de elementos morais e históricos demonstrados nas relações entre capitalistas, trabalhadores e Estado (Esping-Andersen, 1990). O surgimento das aposentadorias foi sistêmico e interno às relações de produção capitalistas, mas não foi automático nem para suprir as necessidades do capital. Pelo contrário, as aposentadorias fazem parte de processos de reprodução social essenciais e complementares às relações de produção. Elas pertencem a um componente reprodutivo específico: a reprodução geracional da força de trabalho. Ao invés da reprodução geracional de futuros trabalhadores (crianças), as aposentadorias, que constituem a reprodução das gerações anteriores de trabalhadores, podem ser vistas como menos essenciais do que outros fatores. Existem outros elementos importantes para se explicar o surgimento e a disseminação das aposentadorias. Eles podem ser encontrados em seu progresso histórico como uma das pedras angulares das provisões estatais em geral e dos serviços do Estado de bem-estar social em particular.

As aposentadorias e pensões emergiram como um direito humano básico devido à luta da classe trabalhadora, que desafiava as relações de expropriação capitalista pelo direito à segurança e ao sustento para os que não eram mais capazes de trabalhar. É evidente que a consolidação das aposentadorias e pensões esteve intimamente relacionada à evolução dos Estados-nações, como agências intermediárias, e à socialização dos custos dos processos de produção capitalistas e da reprodução social, pela via do tributo à mais-valia. Daí que uma renda de aposentadoria, que seria rara ou insatisfatória se deixada à iniciativa de cada capitalista, tenha se tornado elemento predominante e fundamental dos direitos sociais.

De fato, ao analisar desse modo os desenvolvimentos recentes nos sistemas de aposentadorias e pensões, vemos que o direito a esses benefícios está sendo transformado. Com o envolvimento de instituições financeiras internacionais, inclusive do Banco Mundial, a solidariedade e os ganhos coletivos de classe são substituídos pela responsabilidade individual (Banco Mundial, 1994). Enquanto períodos de contribuição mais longos e benefícios previdenciários mais baixos são projetados para todos os trabalhadores, para os não trabalhadores — particularmente para as mulheres confinadas ao trabalho doméstico —, as pensões baseadas em parentescos ficam mais vulneráveis. A expectativa de vida mais longa, uma das principais razões para a adoção de renda de aposentadoria como necessidade (além da necessidade de evitar distúrbios sociais, criar alianças políticas e vincular trabalhadores às empresas), tornou-se o principal argumento dos defensores das reformas previdenciárias. Mas isso não muda o fato de a reprodução social dos trabalhadores, incluindo a reprodução geracional dos que já não trabalham, ser ainda mais crucial do que antes. Essas reformas significam o esforço da classe capitalista em diminuir sua responsabilidade, colocando o ônus da aposentadoria sobre os ombros da classe trabalhadora. Isso só acontece de uma maneira: diminuindo o padrão de vida da classe trabalhadora e, ao mesmo tempo, reduzindo os fundos para a reprodução social. O resultado é fazer com que os trabalhadores assumam cada vez mais a responsabilidade pelo cuidado dos mais velhos, limitando os recursos necessários para sua própria reprodução.

Além disso, os meios financeirizados tornam-se mais importantes na previdência social. Ocorre, assim, uma financeirização do processo de reprodução social, um dos aspectos da integração crescente e profunda das finanças em cada vez mais âmbitos da vida econômica e social. As recentes reformas previdenciárias apontam os mercados financeiros como a maneira mais eficiente, confiável e favorável de gerar renda para os idosos. Por todas essas razões, considerar as aposentadorias do ponto de vista da reprodução social é de suma importância para revelar o tipo de implicações da financeirização das reformas previdenciárias.

A campanha pelas reformas das previdências por parte das instituições financeiras internacionais (IFI) vem mudando as estruturas dos sistemas de aposentadorias e pensões e alterando suas formas: a renda da velhice agora é considerada um investimento financeiro. A relação das aposentadorias e pensões com a reprodução social e, portanto, com as relações capitalistas de produção vem se perdendo, e a renda da velhice vem se tornando uma questão de investimento individual, além de rede de segurança para os idosos em situação de pobreza. Um dos principais argumentos das IFI durante aquela campanha foi de que os sistemas financeirizados de benefícios contribuiriam para a extensão e o aperfeiçoamento dos mercados de capitais, melhorando os níveis de poupança e acelerando o crescimento econômico (Banco Mundial, 1994). Essa é uma missão completamente nova para as aposentadorias e pensões, que anteriormente não eram vistas como úteis aos mercados financeiros. A principal função desses benefícios era o atendimento aos idosos. Agora, os defensores das reformas previdenciárias estão preocupados com o impacto das aposentadorias no mercado de capitais e no crescimento econômico, isto é, na esfera produtiva, e não mais na reprodução social. Para garantir os direitos sociais à reprodução, os processos de reprodução social devem ser descolados da financeirização. Para esse fim, o fortalecimento da luta de classes pelo direito à reprodução social tem importância vital.

Alan Sears é doutor em sociologia, professor da Universidade Metropolitana de Toronto e ativista em diversas organizações que lutam por justiça social. Sua pesquisa se concentra sobretudo nos temas de mudança social e desigualdades. Escreveu *The Next New Left: A History of the Future* [A próxima nova esquerda: uma história do futuro] (Fernwood, 2014) e, com J. Cairns, *The Democratic Imagination: Envisioning Popular Power in the Twenty-First Century* [A imaginação democrática: visualizar o poder poular no século XXI] (University of Toronto Press, 2012).

8 Política do corpo: a reprodução social das sexualidades

Alan Sears

Introdução

Desde os anos 1960, as lutas feministas, antirracistas, anticoloniais e queer têm desempenhado papel importante na transformação dos espaços sociais da sexualidade em todo o mundo, embora de maneiras muito diversas. Essas mudanças são tão profundas que às vezes são chamadas de revolução sexual. No Canadá e em alguns outros lugares do Norte global, as pessoas LGBTQ conquistaram direitos de igualdade e uma nova proeminência cultural; as mulheres tiveram a autonomia de sua sexualidade mais amplamente reconhecida; o assédio e a violência sexual contra as mulheres passaram a ser identificados publicamente como problemas sociais; o erotismo é expresso mais abertamente; e as pessoas trans estão conquistando mais direitos.

No entanto, a realidade das vidas generificadas e sexualizadas após a revolução sexual não é de genuína emancipação. O mundo real da sexualidade é enquadrado pelo silêncio e pela violência. De acordo com Breanne Fahs (2014), a verdadeira libertação sexual deve incluir tanto a liberdade de se envolver em relações sexuais prósperas e mutuamente satisfatórias quanto o fim da coerção e da violência sexual. Ainda estamos longe de alcançar qualquer desses objetivos.

A revolução sexual não derrubou as sexualidades normativas dominantes, mas mudou seus limites. A heteronormatividade continuou a moldar práticas sexuais aceitáveis, mas seus limites se modificaram para incluir relações heterossexuais não conjugais, casais do mesmo sexo e, em algum grau, direitos trans. Neste ensaio, não pretendo debater as especificidades da bissexualidade nem discuto o leque de expressões queer de gênero e sexualidade em pormenores. Meu foco é a dinâmica geral da sexualidade em relação à reprodução capitalista, embora muitas discussões e investigações necessárias fiquem fora dos limites deste texto.

Meu argumento é de que a estrutura da reprodução social pode fornecer ferramentas importantes para entender a persistência da heteronormatividade durante o processo da revolução sexual. Localizo a sexualidade dentro de um conjunto mais amplo de relações sociais por meio das quais as pessoas ganham vida, especificamente a organização da produção e da reprodução social. As barreiras à plena liberação sexual residem não apenas nas visões limitadas que guiam os movimentos em direção aos direitos à igualdade como bases supostamente suficientes para a liberdade, mas também estão nas relações mais amplas de criação da vida, que englobam trabalho cotidiano, formação familiar, lazer e atividades comunitárias.

A visão limitada da liberdade sexual, difundida pela chamada revolução sexual, está fundamentada nas relações de trabalho "livre" sob o capitalismo. Os membros da classe trabalhadora são livres porque possuem o próprio corpo, mas estão sujeitos à compulsão sistêmica, pois precisam vender sua capacidade de trabalhar para obter acesso a requisitos básicos de subsistência. A combinação de consentimento e compulsão, subjacente às relações trabalhistas básicas no capitalismo, também submete as realidades da liberdade sexual aos limites desse sistema.

Capitalismo e heteronormatividade

A heteronormatividade foi alterada, mas não eliminada pela revolução sexual dos últimos sessenta anos. Berlant e Warner (1998, p. 548) definem *heteronormatividade* como o "projeto de normalização que tornou a heterossexualidade hegemônica". O conceito trata das práticas e ideias que enquadram como normal uma orientação heterossexual institucionalizada específica, tornando-a o ponto de referência para se avaliar todas as formas de sexo e intimidade. Essa forma institucionalizada de heterossexualidade é representada como o auge da sexualidade humana e, "em relação a ela, tudo o mais permanece em decadência" (Weeks, 2003, p. 4). A heteronormatividade naturaliza e perpetua formas de sexualidade cultural e historicamente específicas, associadas a formas de vida doméstica e divisões próprias do trabalho, considerando-as produtos da natureza humana e fundamentos necessários para uma sociedade humana saudável.

Jonathan Ned Katz (1995, p. 182) descreve essa eternização como o cerne da heteronormatividade, argumentando que a heterossexualidade é "construída em um discurso historicamente específico como se estivesse além do tempo". O termo heterossexual foi desenvolvido em condições sociais específicas no fim do século XIX. Somente depois o termo homossexual foi cunhado para nomear uma orientação para o mesmo sexo. O desenvolvimento conceitual da heterossexualidade foi parte constituinte do desenvolvimento da heteronormatividade como modo de regulação sexual.

O surgimento de novos vocábulos não criou maneiras sexuais de ser, apenas denominou modos de vida que já existiam. Como escreveu Katz (1995, p. 181): "*Não* acho que a invenção da palavra *heterossexual* e do conceito tenham criado o erotismo entre diferentes sexos". A nomeação dessas formas de sexualidade fez parte dos esforços para regular os modos de vida próprios das relações capitalistas, especificamente a reprodução social do trabalho "livre".

A sexualidade tem como marco a matriz de relações sociais que organizam a vida em qualquer sociedade. A ascensão do capitalismo provocou uma reestruturação fundamental que transformou cada um de modo pessoal e sensível. De fato, o desenvolvimento da sexualidade — a formação de identidades em torno de preferências eróticas (lésbicas, por exemplo) — foi um produto da organização social capitalista. Nas sociedades não capitalistas, uma variedade de formas de prática sexual (orientada para o mesmo sexo ou não) tendia a ser integrada à forma dominante das relações de parentesco, que era o modo básico de organizar as atividades humanas de criação de vida. No capitalismo, como discutiremos a seguir, a atividade produtiva humana foi dramaticamente reorganizada, de maneira a criar formas contraditórias de liberdade sexual conectadas ao surgimento do trabalho "livre".

Segundo Foucault, o entendimento da sexualidade como um domínio distinto da atividade humana, separado da reprodução biológica, apareceu no século XVIII: "Entre o Estado e o indivíduo, o sexo tornou-se objeto de disputa, e disputa pública; toda uma teia de discursos, de saberes, de análise e de injunções o investiram" (Foucault, 1980, p. 26 [2019, p. 30]). O estabelecimento da sexualidade marcou o início de um tipo de "biopoder", que passou a combinar "disciplinas do corpo" com "a regulação das populações" para formar "toda a tecnologia política da vida" (Foucault, 1980, p. 145 [2019, p. 157]).

Na análise de Foucault, a sexualidade entrou na história ao ser implantada como uma estratégia de governo. A trajetória que ele traça para o estabelecimento da sexualidade corresponde à ascensão do capitalismo. Foucault se concentra especificamente na sexualidade como um poder regulador a partir de cima. Aqui, lanço mão do marco teórico da reprodução social marxista-feminista para fornecer uma visão diferente do surgimento da sexualidade, vendo-a como uma resposta contestada às novas relações sociais associadas ao surgimento do capitalismo. A sexualidade se desenvolveu como um conjunto de práticas à medida que as pessoas passaram a viver no contexto do desenvolvimento das relações capitalistas. Seu surgimento foi produto de estratégias "de cima para baixo" de governos (por exemplo, as medidas legais que proibiram a homossexualidade e a prostituição masculinas) e de mobilização de baixo para cima (como as lutas por acesso ao aborto e à contracepção, bem como pelos direitos das minorias sexuais). A sexualidade se molda em torno das relações de exploração e opressão que caracterizam o capitalismo e, no entanto, ao mesmo tempo, demonstra grande potencial libertador.

Um dos aspectos importantes da ascensão da sexualidade foi o desenvolvimento de identidades sociais baseadas na orientação do desejo (homossexual ou heterossexual). De acordo com Gayle Rubin (2011, p. 89): "A ideia de um tipo de pessoa homossexual é um produto do século XIX". Foi somente depois de se cunhar o termo "homossexual", identificando e especificando a pessoa pelo desejo ao mesmo sexo, que se tornou necessário nomear a forma dominante de desejo, assumida como heterossexualidade (Katz, 1995).

John D'Emilio desenvolveu uma explicação bastante disseminada para a conexão entre o capitalismo e a ascensão do homossexual como um tipo de pessoa. De acordo com ele, o foco básico é a estrutura da reprodução social:

> Somente quando os indivíduos começaram a ganhar a vida com o trabalho assalariado, já não como parte de uma unidade familiar interdependente, foi possível que o desejo homossexual se tornasse uma identidade pessoal — uma identidade baseada na capacidade de permanecer fora da família heterossexual e de construir uma vida pessoal baseada na atração pelo próprio sexo. (D'Emilio, 1992, p. 8)

Peter Drucker desenvolveu ainda mais esse entendimento, com sua importante concepção de "formações orientadas para o mesmo sexo" dentro do capitalismo. Uma das características primordiais do capitalismo como modo de produção é seu dinamismo. Drucker vincula processos de reestruturação capitalista ao desenvolvimento de uma sucessão de diferentes "formações orientadas para o mesmo sexo", cada uma calcada em uma organização específica de trabalho, comunidade e políticas em níveis local, nacional e global. Uma *formação entre pessoas do mesmo sexo* é "uma hierarquia específica de diferentes padrões do mesmo sexo (como padrões transgêneros, intergeracionais e lésbicas/gays), na qual um padrão é culturalmente dominante (se não necessariamente mais prevalente)" (Drucker, 2015, p. 41). A reestruturação do capitalismo no Norte global criou as condições para o desenvolvimento de três "formações do mesmo sexo" diferentes: a *inverso-dominante* (aproximadamente 1870-1940), a *gay-dominante* (aproximadamente 1940-1990) e a *homonormativa-dominante* (aproximadamente 1990 até o presente).

O modo inverso-dominante caracterizou-se por uma tendência a relações homossexuais organizadas em torno de identidades polarizadas, como gênero (por exemplo, machona versus feminina), classe (trabalhadores versus burguesia) ou status racializado/imperializado (colonizador versus "nativo"). Eram apenas os não conformistas de gênero (homens femininos e mulheres masculinas) que tendiam a se identificar como membros de uma minoria sexual nessas relações, enquanto os conformistas de gênero geralmente se encaixavam na ordem dominante ("normal"). O modo gay-dominante mudou o modelo de relações culturalmente mais influente para uma forma menos polarizada: por exemplo, um casal composto de duas mulheres ou de dois homens com identidades de gênero aproximadamente semelhantes. Também fez as identidades de gays e lésbicas baseadas na orientação sexual começarem a se separar das identidades de transgêneros baseadas na não conformidade de gênero. Essa separação consolidou-se no modo homonormativo, no qual o reconhecimento dos direitos de parceria e/ou casamento começou a criar uma distinção importante entre formas socialmente aceitáveis de relações lésbicas e gays, e (em menor grau) identidades trans e outras relações de mesmo sexo ou práticas de gênero não conformes, que foram altamente estigmatizadas.

No cerne do trabalho de Drucker está este argumento: "a correspondência entre regimes de acumulação e formações de mesmo sexo fornece evidências para uma afirmação materialista histórica básica: as relações materiais de produção e reprodução constituem a matriz fundamental subjacente para toda a realidade social" (Drucker, 2015, p. 60). Essa matriz de relações de produção e reprodução enquadra nossas experiências de sexualidade e nossos corpos. A abordagem da reprodução social fornece ferramentas cruciais para localizar a sexualidade dentro dessa matriz de relações sociais.

Trabalho "livre" e liberdade sexual

O capitalismo preparou o terreno para o surgimento de formas de sexualidade que combinam liberdade com compulsão. A liberdade sexual no capitalismo é baseada na reprodução social do trabalho "livre", pois a classe trabalhadora se distingue de outras classes subordinadas ao longo da história, uma vez que pode reivindicar a propriedade formal de seus próprios corpos. No entanto, a liberdade de trabalho baseada na autopropriedade é necessariamente combinada com formas de compulsão. Os trabalhadores não possuem ou controlam os meios de produção e, portanto, devem vender suas capacidades de trabalho àqueles que os possuem, a fim de obter acesso às necessidades da vida. Além disso, o trabalho livre em si não substitui, mas se desenvolve em relação a formas de falta de liberdade, que incluem escravidão, colonização, encarceramento, negação da nacionalidade (apátridas) e negação de vistos para residência (os indocumentados).

Em cada forma de sociedade de classes, o estrato dominante usa métodos específicos de dominação para controlar o trabalho vivo das classes trabalhadoras. Os proprietários de terras, em formações sociais de tipo tributário, controlavam os camponeses por meios extraeconômicos, como força armada e restrições de mobilidade/emprego, o que vinculava os trabalhadores à terra (Wolf, 1982 [2009]). Nesse tipo de formação social, os membros das classes dominantes e das subordinadas são vistos quase como espécies diferentes, submetidas a regras muito distintas. Em contraste, os membros da classe trabalhadora nas sociedades capitalistas possuem seu próprio corpo e, portanto, vivem em aparente liberdade e igualdade formal.

Essa liberdade, no entanto, é muito mais limitada do que parece. Os membros da classe trabalhadora podem controlar seu próprio corpo, mas não têm acesso imediato aos requisitos de subsistência. É o capitalista que possui e controla os meios de produção, termo técnico para descrever os *principais recursos* produtivos da sociedade, como terras, patentes, direitos minerais, máquinas, equipamentos e locais de trabalho, que variam de fábricas e minas a escritórios. Os membros da classe trabalhadora só podem obter alimentos, abrigo e outros requisitos de subsistência se alguém da casa conseguir um salário (ou equivalente) vendendo sua capacidade de trabalho. Marx descreveu isso como uma dupla liberdade paradoxal: "o trabalhador livre, e livre em dois sentidos: de ser uma pessoa livre, que dispõe de sua força de trabalho como sua mercadoria, e de, por outro lado, [...] livre e solto e carecendo absolutamente de todas as coisas necessárias à realização de sua força de trabalho" (Marx, 1990, p. 272 [2013, p. 244]).

Nas sociedades capitalistas, a sexualidade está organizada em torno dessa paradoxal dupla liberdade, na qual o controle de alguém sobre o próprio corpo é sempre combinado com formas de compulsão. Temos de ser despojados de nosso controle sobre nosso corpo para cumprir os requisitos de exploração, por meio da venda de nossa capacidade de trabalhar, por menos do que o valor do que produzimos. Essa despossessão tem duas dimensões fundamentais. Primeiro, exige que os principais recursos produtivos sejam retirados de nosso controle. Marx viu isso como um processo violento de expropriação que criou a classe trabalhadora, a qual foi despojada do controle de quaisquer recursos produtivos para além de seus próprios corpos: "esses recém-libertos só se convertem em vendedores de si mesmos depois de lhes terem sido roubadas todas as garantias de sua existência [...]. E a história dessa expropriação está gravada nos anais da humanidade com traços de sangue e fogo" (Marx, 1990, p. 875 [2013, p. 787]).

Sangue e fogo, porque as pessoas morriam de fome depois de serem expulsas da terra ou morriam nos projetos de colonização genocida, associados ao capitalismo e à escravidão. Esse processo, que Marx apelidou de *acumulação primitiva*, produziu uma classe de proletários livres, desprotegidos e sem direito (Marx, 1990, p. 876 [2013, p. 787]). Ele identificou aí o processo histórico que criou a classe trabalhadora originalmente, tendo ocorrido em diferentes momentos ao redor do mundo. Uma vez que os trabalhadores foram expropriados, Marx acreditava que a necessidade econômica de obter sua subsistência vendendo sua capacidade de trabalhar os disciplinaria: "a coerção muda exercida pelas relações econômicas sela o domínio do capitalista sobre o trabalhador. A violência extraeconômica, direta, continua, é claro, a ser empregada, mas apenas excepcionalmente" (Marx, 1990, p. 899 [2013, p. 808-9]).

No entanto, a força extraeconômica provou-se, nas sociedades capitalistas, uma característica mais resistente do que havia antecipado Marx. Apesar de serem brutalmente separados do controle sobre os meios de produção mediante um processo de acumulação primitiva, os trabalhadores necessariamente põem as mãos nesses meios de produção para trabalhar e se reproduzir. Isso cria uma potencial ameaça para o controle da classe dominante que se realiza à medida que os trabalhadores desenvolvem capacidades de oposição. O processo de desapropriação deve, portanto, estar em curso para restabelecer o controle efetivo dos meios de produção por aqueles que os possuem formalmente. A despossessão está, portanto, conectada à contínua contestação e resistência. Segundo Geoff Bailey (2015): "A desapropriação não é algo autônomo, mas parte do processo de expansão e exploração, e as lutas contra elas não são esferas separadas que precisam ser superadas uma a uma, mas lutas profundamente interligadas".

Ademais, a classe trabalhadora não é uma categoria única e homogênea de assalariados potenciais que possuem seus próprios corpos ao mesmo tempo que são despojados do controle sobre os meios de produção. Escritoras feministas e antirracistas entenderam a desapropriação pelo capital como um processo contínuo e diferenciado, que produz uma classe trabalhadora organizada em torno de gênero, status colonial e racialização. As divisões do trabalho se alicerçam em processos diferenciadores de desapropriação e subordinação.

A feminista marxista italiana Silvia Federici desenvolveu um enfoque para a desapropriação que enfatiza sua natureza contínua e diferenciada. Não basta privar os trabalhadores da propriedade sobre os principais recursos produtivos, também é necessário tirar o controle efetivo de seus corpos continuamente. Como parte dessa subordinação, a divisão do trabalho por gênero opera mediante processos específicos para privar as mulheres do controle sobre o próprio corpo e obrigá-las a reproduzir socialmente novos trabalhadores livres. Federici se opõe à ideia de acumulação primitiva como um evento único que estabeleceu as bases para a moderna relação capital/trabalho, postulando, em vez disso, que se trata de uma característica contínua da formação de classes:

> Cada fase da globalização capitalista, incluindo a atual, vem acompanhada de um retorno aos aspectos mais violentos da acumulação primitiva, o que mostra que a contínua expulsão dos camponeses da terra, a guerra e o saque em escala global e a degradação das mulheres são condições necessárias para a existência do capitalismo em qualquer época. (Federici, 2004, p. 12-3 [2017, p. 27])

Federici (2004, p. 12 [2017, p. 26]) argumenta que a desapropriação produziu "uma nova divisão sexual do trabalho, subjugando o trabalho das mulheres e sua função reprodutiva à reprodução da força de trabalho". Isso se deu por meio de formas específicas de violência, silenciamento e desqualificação, que criaram vulnerabilidade e dependência nas mulheres. Assim, a desapropriação produziu não apenas uma nova classe trabalhadora, mas também "uma nova ordem patriarcal, baseada na exclusão das mulheres do trabalho assalariado e em sua subordinação aos homens" (Federici, 2004, p. 12 [2017, p. 26]).

De acordo com Rosemary Hennessy, essa ordem patriarcal se produz, em parte, por processos de aviltamento que sistematicamente desvalorizam certas categorias de trabalho humano e certos tipos de trabalho: "Ao desvalorizar alguns corpos, o aviltamento ajuda a produzir sujeitos que valem menos, isto é, sujeitos que se perdem ainda mais nas relações de trabalho que produzem capital" (Hennessy, 2013, p. 131). Esses humanos desvalorizados desempenham formas degradadas de trabalho e são identificados com elas. Nas sociedades capitalistas, por exemplo, o cuidado tende a ser sistematicamente desvalorizado. Hennessy (2013, p. 129) define o *trabalho de cuidar* como "o trabalho remunerado e não remunerado de alimentação, cuidado infantil, assistência a idosos e trabalho doméstico que permite a construção do trabalhador assalariado". Ao invés de ser altamente valorizado, uma vez que é fundamental para o ser humano, o cuidado, remunerado ou não, é banalizado e sub-reconhecido. Isso tem muito a ver com a maneira como é privatizado nas sociedades capitalistas e tido como uma preocupação pessoal das famílias da classe trabalhadora, tendo um enorme impacto na vida das mulheres, que suportam a maior parte do peso de cuidar. Para elas, "o trabalho de mãe e o trabalho doméstico têm uma carga negativa na comparação com o trabalho remunerado" (Clement & Myles, 1994, p. 175).

A orientação desproporcional do trabalho das mulheres para o cuidado tem muito a ver com a maneira como a produção e a reprodução social são organizadas nas sociedades capitalistas, como momentos diferentes no ciclo de vida. Em outros modos de produção, reprodução social e produção estiveram unidas em um único conjunto de relações sociais organizadas pelo parentesco. Em contraste, nas sociedades capitalistas, há uma separação entre família e local de trabalho.

Os membros da classe trabalhadora são donos de seu próprio corpo. Portanto, cai sobre seus ombros a responsabilidade de sustentar a si mesmos e a sua família. Essa responsabilidade é essencialmente privatizada e separada da esfera pública de produção social. Assim, as mulheres da classe trabalhadora são despojadas tanto como membros da classe quanto como reprodutoras. Mesmo quando remuneradas, seus salários tendem a ser reduzidos devido à desvalorização do trabalho de cuidados (em que os salários são reduzidos por associação com o serviço não remunerado em casa), pressupostos de competência limitada e responsabilidades na esfera doméstica, cujo valor está ligado ao caráter não remunerado de grande parte de seu trabalho.

Assim, a despossessão é diferenciada dentro da classe trabalhadora. Diferentes categorias de trabalhadores não são simplesmente unidades intercambiáveis, mas tendem a se localizar de maneira diferente nas divisões de trabalho e a serem remuneradas em relação ao grau de desapropriação (Sears, 2016). Essa desapropriação diferenciada é racializada e também generificada, e foi produzida pelas histórias de colonização, racialização e escravidão.

Angela Davis argumentou que a história de escravidão impôs às mulheres afro-estadunidenses uma inclinação mais frequente ao trabalho remunerado e a formas mais pesadas de trabalho manual, em comparação às mulheres brancas: "Durante o período pós-escravidão, a maioria das mulheres negras trabalhadoras que não enfrentavam a dureza dos campos era obrigada a executar serviços domésticos" (Davis, 1981, p. 54 [2016, p. 98]). Essa forma de desapropriação diferenciada teve um impacto profundo no caráter da reprodução social. As famílias afro-estadunidenses pareciam diferentes e não estavam em conformidade com os padrões heteronormativos estabelecidos pelas lentes da branquitude. Roderick Ferguson observa: "Como as diferenças raciais na maneira como as pessoas ganham a vida afetaram a vida doméstica, produzindo formas cada vez mais diversas de família, a família se tornou um índice dessas diferenças" (Ferguson, 2004, p. 86).

O enfoque da reprodução social, com sua ampla visão de vida, fornece insights importantes sobre a espoliação diferenciada. As feministas marxistas enfatizam sobretudo a análise da reprodução social, em contraste com os muitos marxistas que, ao ressaltarem o domínio do emprego remunerado, praticamente ignoram as relações domésticas. Muitos deles, portanto, não deram importância ao trabalho não remunerado — executado principalmente pelas mulheres — de manter a classe trabalhadora viva e criar filhos. Como argumenta Johanna Brenner (2000, p. 2), "os marxistas concentraram sua atenção quase inteiramente na produção das coisas. As feministas marxistas ampliaram essa noção de trabalho necessário para incluir o cuidado e o cuidado das pessoas — usamos o termo 'reprodução social'".

A reprodução social é uma característica central dos ciclos em curso de intercâmbio com a natureza, do processo de reabastecer o que é usado na atividade de produção. As pessoas precisam de descanso, alimentação, atividades de lazer e engajamento social para sustentar sua capacidade de trabalhar. As crianças e aqueles que não estão bem precisam de cuidados. Lise Vogel ressalta que a reprodução da força de trabalho é um elemento crucial da reprodução social: "Processos que atendam às necessidades pessoais contínuas dos portadores da força de trabalho como indivíduos humanos são, portanto, uma condição da reprodução social, assim como processos que reponham os trabalhadores que morreram ou foram retirados da força de trabalho ativa" (Vogel, 1983, p. 139 [2022, p. 326]).

Sexualidade e alienação

A estrutura da reprodução social lança luz sobre as formas específicas de organizar os processos de criação de vida no capitalismo. As pessoas realizam esse trabalho de maneiras muito diferentes, dependendo de como sua sociedade está organizada e das circunstâncias ambientais específicas em que se encontram. Alguns seres humanos viveram em áreas relativamente pequenas e exploraram a natureza por meio da caça e da coleta para atender às suas necessidades. O modo de vida daqueles que plantam sementes e domesticam animais tende a ser muito distinto do dos coletores; os praticantes da agropecuária podem, por exemplo, formar comunidades maiores e geralmente são menos obrigados a buscar novos recursos.

No nível mais básico, todas as formas de vida derivam do sustento extraído de seu meio ambiente. As formas superiores de vida trabalham de várias maneiras diversificadas em seus arredores para obter o que precisam. O trabalho que os seres humanos fazem para sobreviver tem muito em comum com o trabalho que abelhas, girafas e golfinhos realizam, mas também tem uma diferença importante: nós planejamos esse trabalho e fazemos escolhas deliberadas sobre a maneira como transformamos a natureza e atendemos às nossas necessidades. As colmeias podem ser muito mais bonitas do que certas estruturas construídas pelos humanos, mas "o que distingue o pior arquiteto da melhor abelha é o fato de que o primeiro tem a colmeia em sua mente antes de construí-la com a cera" (Marx, 1990, p. 284 [2013, p. 255-6]).

O ser humano baseia sua produção na intenção e na escolha de um modo que nenhuma outra espécie faz, até onde sabemos. Essas escolhas deliberadas fazem uma enorme diferença em nosso trabalho de criação de vida em comparação com o de outras espécies, que interagem com seus ambientes de maneiras basicamente predefinidas, combinando instinto com um repertório limitado de respostas aprendidas. O trabalho humano é potencialmente muito mais aberto; fazemos inúmeras escolhas ao longo de nosso envolvimento com a natureza. A fome é um impulso biológico, e trabalhamos com a natureza para combatê-la, mas, diferentemente de outras espécies, fazemos isso de muitos jeitos. Alguns humanos são vegetarianos e outros comem carne, e às vezes vivem na mesma casa. Essa variação não está presente em outras espécies.

Cada animal não humano produz "apenas segundo a medida e a necessidade da espécie à qual pertence", enquanto os humanos produzem criativamente, "segundo a medida de qualquer espécie" e aplicando "a medida inerente ao objeto". O ser humano, portanto, "também forma, por isso, segundo as leis da beleza" (Marx, 1959, p. 284 [2004, p. 85]). Outras espécies podem produzir coisas mais bonitas, mas somente os humanos desenvolvem objetos específicos para a fruição pelo gosto, pela aparência e pelo tato. Nosso trabalho com a natureza não apenas satisfaz nossas necessidades, mas gera novas necessidades. Marx e Engels diferenciam as necessidades primárias de sustento, como a nutrição, das necessidades secundárias, produzidas por meio de nosso trabalho sobre a natureza: "a satisfação dessa primeira necessidade, a ação de satisfazê-la e o instrumento de satisfação já adquirido conduzem a novas necessidades — e essa produção de novas necessidades constitui o primeiro ato histórico" (Marx & Engels, 1976, p. 48 [2007, p. 33]).

Percebemos nossa humanidade em nosso trabalho no mundo, compreendendo o trabalho no sentido mais amplo da transformação mental e física da natureza para criar coisas, conceitos e interações. As pessoas fazem de suas atividades vitais "um objeto da sua vontade e da sua consciência" (Marx, 1959, p. 73 [2004, p. 84]). Enquanto outros animais apenas produzem para atender às necessidades imediatas, "o homem produz mesmo livre da carência física, e só produz, primeira e verdadeiramente, na [sua] liberdade [com relação] a ela " (Marx, 1959, p. 74 [2004, p. 85]).

Esse trabalho não é separado da natureza, mas faz parte dela. Marx pontua, em relação ao ser humano trabalhador:

> A fim de se apropriar da matéria natural de uma forma útil para sua própria vida, ele põe em movimento as forças naturais pertencentes a sua corporeidade: seus braços e pernas, cabeça e mãos. (Marx, 1990, p. 283 [2013, p. 255])

Ao transformarem a natureza para atender às suas necessidades, as pessoas também mudam a si mesmas: "Agindo sobre a natureza externa e modificando-a por meio desse movimento, ele modifica, ao mesmo tempo, sua própria natureza". Assim, o planejamento, a escolha e as decisões deliberadas desempenham um papel particularmente importante no trabalho humano: "Ele desenvolve as potências que nela jazem latentes e submete o jogo de suas forças a seu próprio domínio" (Marx, 1990, p. 283 [2013, p. 255]).

A natureza humana é, portanto, dinâmica, produto da interação entre as pessoas e seu ambiente. Nosso comportamento não é social nem biologicamente determinado, mas produzido pela interação entre as duas esferas. Richard Levins e Richard Lewontin sustentam essa ideia como centro de sua concepção de *biologia dialética*: "organismo e ambiente como interpenetrantes, de modo que ambos são ao mesmo tempo sujeitos e objetos do processo histórico" (Levins & Lewontin, 1985, p. 4). Embora seja possível pensar na natureza de outras espécies, relativamente definidas a qualquer momento, até serem alteradas pelos processos de evolução, "o fato evidente sobre a vida humana é a incrível diversidade nas histórias de vida individuais e na organização social no espaço e no tempo" (Levins & Lewontin, 1985, p. 257).

O trabalho que os seres humanos operam na natureza é necessariamente social, organizado pela sociedade de maneiras muito específicas. De acordo com Marx e Engels,

> A produção da vida, tanto da própria, no trabalho, quanto da alheia, na procriação, aparece desde já como uma relação dupla — de um lado, como relação natural, de outro, como relação social —, social no sentido de que por ela se entende a cooperação de vários indivíduos, sejam quais forem as condições, o modo e a finalidade. (Marx & Engels, 1976, p. 48-9 [2007, p. 34])

Em muitas sociedades humanas, essa cooperação é organizada em classes sociais, uma relação social na qual aqueles das classes dominantes extraem parte do produto do trabalho daqueles que pertencem às classes trabalhadoras.

Outras sociedades humanas não têm classes sociais. Nas sociedades coletoras, todos contribuem para o trabalho básico com a natureza e recebem uma parcela da produção coletiva. Em contraste, na sociedade capitalista contemporânea, há uma distinção entre aqueles que possuem e/ou controlam o local e meios de trabalho e aqueles que são empregados pelos que estão no controle. O surgimento e a expansão das classes sociais reestruturaram fundamentalmente esse trabalho na natureza. O trabalho da sociedade passa a se organizar principalmente para atender às necessidades dos mais poderosos. Proprietários de escravizados, aristocratas e capitalistas usam seu controle sobre a produção para orientar a sociedade em torno de seus próprios interesses.

Na sociedade capitalista contemporânea, os trabalhadores são contratados pelos empregadores para realizar um trabalho que gera lucro para as empresas, em vez de trabalhar pela satisfação inerente à realização e para atender às suas necessidades. O trabalho é um meio para um fim — ganhar um salário — em vez de um fim em si mesmo. Marx descreve-o como *trabalho alienado*, no qual os trabalhadores não controlam o produto nem o processo de produção e, portanto, não realizam seu potencial humano nem estabelecem laços de mutualidade por meio do processo de trabalho. É devido à natureza alienada do trabalho que "a vida mesma aparece só como *meio de vida*" (Marx, 1959, p. 73 [2004, p. 84]).

O trabalhador se sente esgotado e desumanizado. Corpo e mente são destruídos pelo trabalho, não desenvolvidos. O trabalhador "não se afirma, portanto, em seu trabalho, mas nega-se nele, não se sente bem, mas infeliz, não desenvolve nenhuma energia física e espiritual livre, mas mortifica sua *physis* e arruína o seu espírito" (Marx, 1959, p. 71 [2004, p. 82-3]). Assim, em nossa função humana mais distintiva, o trabalho intencional, as pessoas se sentem humilhadas. Os trabalhadores da linha de montagem costumam dizer que "um macaco treinado poderia fazer o meu trabalho". Marx escreveu que o trabalhador "só se sente como ser livre e ativo em suas funções animais, comer, beber e procriar, quando muito ainda [em relação a] habitação, adornos etc., e em suas funções humanas só se sente como animal" (Marx, 1959, p. 71 [2004, p. 83]). Empregadores e professores, por exemplo, precisam monitorar o uso do banheiro, pois esse parece ser um alívio bem-vindo na rotina de trabalho.

No contexto dessa discussão, a sexualidade humana é diferente da de outros animais. A heteronormatividade a naturaliza e apaga as maneiras pelas quais os seres humanos fazem escolhas deliberadas, sociais e estéticas a respeito dela. Nossa sexualidade é natural, mas ao mesmo tempo social. As práticas sexuais variam tremendamente entre as sociedades, e mesmo a definição do que constitui sexo é altamente controversa. Até dentro dos padrões sociais estabelecidos existem variações individuais importantes.

A sexualidade faz parte do modo como percebemos nossa humanidade; faz parte do nosso trabalho sobre a natureza (interna e externa), por meio do qual deixamos nossa marca no mundo. É uma expressão estética, pessoal e social de quem somos. As condições de vida alienadas vinculam o sexo à compulsão e o tornam um meio para um fim, e não um fim em si mesmo. Isso é bastante óbvio no caso do trabalho sexual remunerado, mas muitas vezes nos vemos usando a sexualidade para cumprir nossas metas de vida, incluindo obter companheirismo, sustento, fuga da tristeza e conquista de significado para uma vida em que outras atividades parecem vazias. A sexualidade é profundamente moldada pela alienação na sociedade de classes.

A reprodução social do consentimento e coerção

A heteronormatividade desenvolveu-se como uma forma de regulação sexual ligada à alienação e à expropriação, que reforçam uma organização específica da reprodução social de um momento particular do desenvolvimento do capitalismo. Esse processo não foi estático e se transformou com a reestruturação das relações de reprodução social.

A heterossexualidade hegemônica institucionalizou-se na forma de casais monogâmicos que coabitam e criam filhos em um lar. Antes da revolução sexual, esse relacionamento de casal era organizado principalmente por meio do casamento. A revolução sexual expandiu de certa forma esse domínio normativo, de modo que, em alguns lugares, a convivência de casais solteiros, a paternidade ou maternidade solo e o envolvimento das mães no trabalho remunerado são muito mais aceitos do que antes dos anos 1960. Além disso, os parâmetros da normatividade sexual foram expandidos para incluir a homonormatividade, uma nova normalidade lésbica e gay, que pressupõe que casais do mesmo sexo vivam da mesma forma que os casais heterossexuais (Duggan, 2002).

A lente da heteronormatividade, fundamentada na análise da reprodução social, fornece ferramentas úteis para entender a agressão sexual com base em relações de coerção e consentimento. A mobilização contra o assédio sexual tem sido um tema proeminente da segunda onda do feminismo desde a década de 1970. Nos últimos anos, houve um aumento importante no ativismo contra o assédio sexual nos meios universitários e, de maneira mais ampla, na sociedade. Há um amplo reconhecimento de que, mesmo com as importantes conquistas desde a década de 1970, o sistema não está funcionando. De fato, o sistema *não está funcionando*, e de tal forma que há quem acredite que ele *está* trabalhando a favor da normalização da agressão sexual e da banalização das experiências de subjugação das mulheres.[1]

O assédio sexual não é resultado da ação de alguns homens desonestos; é sistêmico e de fato normalizado. Segundo Nicola Gavey (2005, p. 2), "as formas heteronormativas e cotidianas, tidas como garantidas, funcionam como um suporte cultural para o estupro". Gavey afirma que o sexo hétero é baseado em normas generificadas que incluem "sexualidade passiva e concordante da mulher e a direta e urgente busca de 'alívio' sexual do homem" (Gavey, 2005, p. 3). Ações contra o assédio sexual devem minar

1 Estou enfatizando a agressão sexual cometida por homens contra mulheres, dada a preponderância e a especificidade dessas formas de coerção e violência. Existem outras formas de agressão sexual e violência de gênero que não serei capaz de abordar dentro dos limites deste ensaio.

esse alicerce cultural por meio "do 'queering' do sexo e da sexualidade da maneira mais ampla" (Gavey, 2005, p. 222). Esse queering[2] ocorre por meio de uma combinação de educação, crítica cultural e ativismo social. Uma de suas dimensões cruciais é o desenvolvimento de "oportunidades para meninas e mulheres experimentarem e desenvolverem forças físicas, prazeres e sensibilidade necessários para incorporarem a autonomia" (Gavey, 2005, p. 223).

O enfoque da reprodução social fornece um método para a análise da sexualidade e da criação de vida que contribui para aprofundar essa concepção de cultura do estupro. A heteronormatividade está fundamentada em práticas de criação de vida dentro de uma matriz de relações de poder. Desenvolvemos um senso de autonomia, ou de ausência dela, por meio de nosso envolvimento em várias formas de trabalho remunerado e não remunerado, além de práticas de lazer organizadas em torno de divisões baseadas em hierarquias sexualizadas de classe, gênero e raça, no contexto de uma ordem mundial de exploração criada pelo colonialismo e pelo imperialismo.

As atitudes dos homens em relação ao próprio corpo e as atitudes das mulheres para com o delas e o de outros homens são, em parte, baseadas em experiências de trabalho (e de preparação para certas formas de trabalho, mesmo no lazer). As normas de gênero não são simplesmente um discurso, mas um conjunto de práticas cotidianas alicerçadas em relações de poder que estruturam a produção e a reprodução nas sociedades capitalistas. Os homens desenvolvem sua identidade como tais por meio do engajamento em formas particulares de trabalho no contexto de relações de poder específicas. Por exemplo, no início do século XX, com o desenvolvimento da produção em larga escala, a Ford desenvolveu estratégias de gerenciamento em torno do incentivo ao orgulho masculino, por eles sustentarem outros membros dependentes da família e por sua capacidade de suportar trabalhos difíceis, dolorosos e tediosos (Lewchuk, 1993). Essa relação

2 Uma tradução aproximada de queering seria deseteronormatização. [N.T.]

com o trabalho e a unidade familiar cria no homem o senso de autonomia incorporada, algo muito diferente do que as mulheres podem desenvolver pelo trabalho não remunerado no agregado familiar, com o qual elas têm uma dependência econômica muito real. O orgulho masculino do professor, do mineiro e do taxista varia muito, mas todos estão ligados a configurações específicas de trabalho e família e a um local específico na divisão do trabalho.

As mulheres são mais propensas a se envolver em trabalhos de prestação de cuidados, remunerados ou não, pelos quais desenvolvem um senso bem diferente de seu corpo, em comparação com quem trabalha em uma mina ou na indústria pesada. Carolyn Steedman refletiu sobre seu trabalho como professora de crianças pequenas: "Meu corpo morreu durante esses anos. Os dedinhos que pegaram minha mão, o calor de uma criança inclinando-se e lendo seu livro para mim de alguma forma impediram todos os outros encontros de corpos" (Steedman, 1985, p. 18). Dorothy Smith argumenta que mulheres e homens tendem a conhecer o mundo de maneiras distintas, porque estão envolvidos em diferentes práticas cotidianas de trabalho. Dadas as divisões predominantes do trabalho, os homens têm noções mais abstratas, já que seu trabalho "depende da alienação dos sujeitos de sua existência corporal e local". Esse modo de vida só é possível para um homem porque, na esfera doméstica, há o trabalho de uma mulher "que cuida da casa e de seus filhos, lava suas roupas, cuida dele quando está doente e geralmente fornece a logística para sua existência corporal" (Smith, 1990, p. 18).

Essa maneira abstrata de conhecer o mundo, estabelecida em parte por práticas específicas de trabalho e lazer, se expressa na esfera da sexualidade com um entendimento da atividade sexual abstraída de toda a matriz de interações humanas concretas, forjadas em torno da mutualidade. Gavey argumenta que um dos pilares da cultura do estupro é a concepção de sexo heterossexual como um *imperativo coital* que "constrói a penetração da vagina pelo pênis como o ponto principal do sexo hétero" (Gavey, 2005, p. 124). Essa conceituação restrita de sexo isola um único momento entre as complexas relações de corpos e vidas que moldam o engajamento sexual real e torna esse momento o auge do sexo heterossexual. Esse imperativo é tão fundamental para a heteronormatividade que supõe ser um impulso biológico, quando sabemos que o erotismo é muito mais complexo e variado do que esse modelo hidráulico de aumento e liberação de pressão. O imperativo do coito está ligado ao modelo de masculinidade originado na divisão dominante do trabalho, em que o envolvimento corporal e social entre pessoas que buscam prazer mútuo fica subordinado à imagem abstrata do "momento culminante" ou do "tiro certeiro". As mulheres, cujo trabalho da vida tem maior probabilidade de incluir o cuidado, são menos propensas a entender a sexualidade com essa estreita abstração.

A reprodução social organiza-se em torno de divisões do trabalho, relações de poder e construções de dependência e independência que constituem um marco para as questões de consentimento e coerção sexual. Gavey ressalta que uma diferenciação simplificada entre consentimento e coerção não faz justiça à realidade sensorial das mulheres, para as quais muitas experiências sexuais transitam em uma área cinzenta em algum lugar intermediário. Às vezes, as mulheres fazem sexo sem necessariamente desejar quando "não sentem que têm uma escolha; quando o senso de obrigação e pressão é muito forte" (Gavey, 2005, p. 139). A autora também discute experiências em que o "homem fez uma pressão, com força física real ou ameaçada, à qual as mulheres se sentiram incapazes de resistir" (Gavey, 2005, p. 139). Mulheres relatam ter continuado em um ato sexual que não foi coagido, mas que era indesejável, "porque elas não achavam que era seu direito interromper ou porque não sabiam como recusar" (Gavey, 2005, p. 139).

A abordagem da reprodução social fornece ferramentas importantes para explicar, além das formas culturais da heteronormatividade, a prerrogativa dos homens e a ausência de controle por parte das mulheres. Relações desiguais de poder criam sentidos de vulnerabilidade e de controle, enquanto divisões do trabalho criam expectativas específicas de exteriorização da imagem. Tithi Bhattacharya demonstra isso com nitidez, começando com a seguinte situação:

> Um homem branco nu perseguindo uma refugiada negra mal remunerada pelos corredores de um hotel caro de Manhattan, para forçá-la a fazer sexo com ele. O homem, é evidente, é o então diretor do FMI, o político francês Dominique Strauss-Kahn, e a mulher, Nafissatou Diallo, 33 anos, natural da Guiné (ex-colônia francesa), é a camareira do hotel em que se hospedava Strauss-Kahn. Diallo também estava na época à procura de asilo nos Estados Unidos. (Bhattacharya, 2013)

Bhattacharya (2013) ressalta que "uma verdadeira cartografia de desapropriação se estende entre essas duas figuras".

O enfoque da reprodução social contribui para o mapeamento dessa cartografia da expropriação, ajudando a entender a relação entre consentimento e coerção nas formas de sexualidade associadas à alienação e à expropriação. A atividade sexual se organiza com base em estruturas salariais desiguais, vida agitada do trabalho precário, histórias de incorporação de gênero no trabalho e no lazer, falta de acesso a cuidados infantis de qualidade, histórias de escravidão e colonialismo, erosão da assistência social, violência contra as mulheres e pessoas não conformistas de gênero, vulnerabilidade de migrantes sem condição estável, expectativa de que as mulheres serão mães e esposas, roteiros sexuais racializados e generificados, falta de acesso à contracepção e ao aborto, e muitos outros fatores. Nessa discussão, abordo o estupro no contexto geral da violência contra as mulheres. É importante observar que homens e pessoas não binárias também são estupradas e que isso é integrado às mesmas relações de dominação de gênero. Há muito mais a ser dito sobre a variedade de formas e significados do assédio sexual; no entanto, aqui ressalto especificamente uma dimensão.

A cultura do estupro faz parte de relações mais amplas de dominação e subordinação que naturalizam a coerção sexual e são sustentadas por ela. Como escreve Angela Davis (1981, p. 175

[2016, p. 180]): "a coerção sexual [...] era uma dimensão essencial das relações sociais entre o senhor e a escravizada". Essa "cultura de estupro", como é agora conhecida, sobreviveu às condições específicas da escravidão: "O padrão do abuso sexual institucionalizado de mulheres negras se tornou tão forte que conseguiu sobreviver à abolição da escravatura" (Davis, 1981, p. 175 [2016, p. 180]). O racismo sustenta a cultura do estupro e é sustentado por ela: "O racismo sempre encontrou forças em sua habilidade de encorajar a coerção sexual" (Davis, 1981, p. 177 [2016, p. 181]).

A ideia de sexo como conquista, associada à masculinidade heteronormativa, é parte integrante da sexualização da dominação. A conquista militar tem sido frequentemente associada à coerção sexual, como observa Angela Davis (1981, p. 177 [2016, p. 182]): "Tratava-se de uma política não escrita do Comando Militar dos Estados Unidos: encorajar o estupro [no Vietnã] de maneira sistemática, já que se tratava de uma arma de terrorismo de massa extremamente eficaz". O exército japonês, na Segunda Guerra Mundial, escravizou chinesas, coreanas, taiwanesas e mulheres de outras nacionalidades tidas como objetos sexuais (eufemisticamente chamadas de "mulheres de conforto"). Como argumenta Yoshimi Yoshiaki (2002, p. 190-1): "a atitude de reconhecer privadamente o estupro como um 'benefício de guerra' permeou todas as fileiras das forças armadas japonesas". Hoje, as prisões israelenses usam agressão sexual e humilhação contra prisioneiras políticas palestinas: "Assédio e humilhação sexual em todas as suas formas, incluindo tentativa de estupro e estupro de fato, são usados para impedir que as mulheres participem da luta" (Abdo, 2014, p. 208).

O assédio sexual reforça as relações de poder marcando a conquista pelo dominante e a degradação do subordinado. Está profundamente conectado às formas existentes de poder e vulnerabilidade. Kimberlé Crenshaw observa que os serviços para mulheres racializadas violentadas necessariamente alocam recursos significativos para atender às necessidades que não estão diretamente associadas a um ataque sexual específico. Ela cita um trabalhador daquele serviço:

> Por exemplo, uma mulher pode entrar ou ligar por vários motivos. Ela não tem para onde ir, não tem emprego, não tem apoio, não tem dinheiro, não tem comida, foi espancada, e, depois que você termina de atender a todas essas necessidades ou tenta atender a todas essas necessidades, então ela pode revelar que, durante tudo isso, estava sendo estuprada. Isso torna nossa comunidade diferente de outras comunidades. Uma pessoa aqui quer suas necessidades básicas primeiro. É muito mais fácil discutir as coisas quando você está satisfeito. (Crenshaw, 1991, p. 1.250)

Relações de dominação e subordinação enquadram, assim, consentimento e coerção sexual. Carol Pateman pontua que a ideia de consentimento sexual, como a entendemos, já se baseia na relativa falta de liberdade das mulheres, e não na liberdade:

> O homem "naturalmente" superior, ativo e sexualmente agressivo toma uma iniciativa, ou oferece um contrato, com o qual uma mulher "naturalmente" subordinada e passiva "consente". Um relacionamento sexual igualitário não pode se basear nisso; não pode ser fundamentado em "consentimento". Talvez o aspecto mais revelador do problema das mulheres e do consentimento seja a falta de uma linguagem por meio da qual ajudemos a constituir uma forma de vida na qual dois iguais concordem livremente em criar juntos uma associação duradoura. (Pateman, 1980, p. 164)

O contrato de trabalho básico entre empregador e empregado é igualmente um exemplo de consentimento fundamentado na desigualdade. O trabalhador e o empregador se reúnem como iguais formais, um comprando a capacidade de trabalhar que o outro está vendendo. No entanto, o trabalhador é finalmente compelido a vender para obter acesso às necessidades da vida, de modo que "a relação de exploração capitalista é mediada pela forma jurídica do contrato" (Pachukanis, 1978, p. 110 [2017, p. 138]). A luta contra o assédio sexual deve ser a respeito de consentimento, mas também da compreensão das desigualdades generalizadas que moldam as interações e tornam o consentimento mais complicado. Como argumenta Bhattacharya (2013), “a administração da sexualidade e a administração do trabalho são, portanto, cadeias de disciplina entrelaçadas, que unem as seções mais vulneráveis do trabalho global”.

Movimentos sociais e autonomia incorporada

De muitas maneiras, o ativismo anticapitalista parece atender a alguns dos critérios de Gavey para a heteronormatividade queer e para desenvolver a autonomia das mulheres. As mulheres que participaram do ativismo muitas vezes militante do Women Against Pit Closures [Mulheres contra o fechamento de minas] (WAPC) durante a greve dos mineiros de 1984 a 1985, na Grã-Bretanha, por exemplo, experimentaram ricas oportunidades para o desenvolvimento dessa autonomia:

> A descoberta de talentos e habilidades individuais e a emoção de viver o protesto com todo o brilho por meio das narrativas de todas as mulheres. Os laços que foram formados eram fortes em muitos casos, principalmente quando as mulheres contavam umas com as outras para apoio emocional e prático. (Shaw & Mundy, 2005, p. 155)

Aquelas mulheres também enfrentaram tensões e o sentimento de exclusão do funcionamento interno do sindicato. Enquanto seu senso de si mesmas mudou, elas ainda “tiveram de enfrentar a cultura masculina dos sindicatos durante a greve” (Shaw & Mundy, 2005, p. 165).

Essa cultura masculina e a ameaça de agressão sexual podem solapar as oportunidades positivas do ativismo como um espaço de desafio à matriz heteronormativa. Mulheres foram agredidas sexualmente em espaços ativistas durante a greve de estudantes do Quebec, em 2012, e na greve de 2015 do Canadian Union of Public Employees [União das funcionárias públicas canadenses] (Cupe 3903)[3] na Universidade de York, em Toronto, Canadá.[4] A mobilização geralmente tem um impacto contraditório, minando e reforçando a heteronormatividade. O ativismo pode criar aberturas para novas formas de interação, mas a militância na atual estrutura social frequentemente coloca em primeiro plano práticas baseadas em masculinidade agressiva. Steve Meyer argumenta que os trabalhadores automobilísticos militantes, nos Estados Unidos da década de 1930, frequentemente "empregavam uma masculinidade militante e heroica, em resistência aos desafios à masculinidade que impuseram as eras da mecanização e do desemprego" (Meyer, 2002, p. 127).

As práticas de masculinidade agressiva costumam servir bem aos ativistas no confronto com o poder do empregador e do Estado. A clássica música sindical "Wich Side Are You?" [De que lado você está?] (curiosamente escrita por uma mulher, Florence Reece) pergunta: "Você será um pelego inútil ou será um homem?". A masculinidade da luta frequentemente se baseia no mesmo repertório de comportamentos fundamental para a perpetuação da cultura do estupro. A luta contra o assédio sexual demanda encontrar novos recursos de militância e desafiar a heteronormatividade tóxica, muitas vezes sustentada em espaços ativistas, devido à utilidade da agressão masculina na militância.

Existem outras maneiras de ser militante. A organização em sindicatos, associações de estudantes e outros movimentos é extremamente importante para as mulheres. Sua trajetória de mobilização é, em geral, um pouco diferente da dos homens. De acordo com Linda Briskin (1999, p. 82): "as mulheres entram

3 Sindicato de trabalhadores da educação universitária. [N.T.]

4 Ver Mandi Gray, "An Open Letter to York University" [Carta aberta à Universidade York], 2 mar. 2015. Disponível em: https://silenceisviolenceatyork.wordpress.com/2015/05/06/an-open-letter-to-york-university-president-dr-mamdouh-shoukri/; Sophie Allard, "Dénonciations à l'UQAM: L'origine de la colère" [Denúncias na UQAM: a origem da raiva], *La Presse*, 21 dez. 2014.

nos sindicatos de maneira diferente da dos homens, por causa de seus locais de trabalho e de suas responsabilidades familiares e no lar". Ao entrevistar mulheres que formaram um sindicato em uma fábrica de autopeças em Windsor, Ontário, no Canadá, Anne Forrest descobriu que elas haviam se organizado para exigir respeito, dignidade, fim do assédio sexual e respostas às suas necessidades como trabalhadoras e mães (Forrest, 2001).

As mulheres frequentemente recorrem a diferentes recursos e experiências para apoiar a militância. Uma onda de greves no leste do Tennessee em 1929 recebeu amplo apoio do ativismo das mulheres. A greve comunitária lhes proporcionou uma abertura para ocupar um espaço público em geral fechado para elas. As jovens estavam em posição de se envolver em ativismo de confronto:

> Uma vez em movimento, as filhas poderiam superar os homens na militância, talvez porque tivessem menos dependentes que seus colegas de trabalho e pudessem recorrer mais facilmente aos recursos dos pais, talvez porque a cultura de solidariedade e a maior independência, incentivadas pelo trabalho nas fábricas, provocassem ousadia e inspirassem experimentação. (Hall, 1986, p. 372)

A greve proporcionou às mulheres oportunidades de transgredir códigos heteronormativos de gênero. Para captar algumas ações transgressivas de mulheres, Hall analisa a transcrição de um julgamento de duas líderes de piquete acusadas de violar uma liminar: "Usando palavras que eram geralmente tabus, em particular para mulheres, recusaram deferência e sinalizaram desrespeito. Não escondendo sua experiência sexual, elas combinaram flerte com ferocidade na linha de piquete e adotaram um estilo provocador no tribunal" (Hall, 1986, p. 375). De fato, a atmosfera intensa, festiva e experimental da greve criou uma situação em que havia liberdade erótica. "O romance e a política surgiram na emoção do momento, florescendo em um espectro de comportamento — da escandalosa Trixie Perry [que tinha grande reputação por sua atividade sexual] a uma série de casamentos entre outras garotas."

Espaços ativistas que não estão estruturados de modo deliberado em torno do ativismo antiestupro provavelmente incluirão, ao mesmo tempo, uma abertura alegre e exploratória ao erótico e uma masculinidade agressiva ligada a padrões heteronormativos associados à agressão sexual, possivelmente livre de algumas inibições cotidianas. Essa é uma combinação tóxica se a cultura do estupro não for interrompida.

Conclusão

A luta pela libertação sexual é uma dimensão importante de mobilizações transformadoras mais amplas. A libertação sexual não será resultado automático de outras mudanças na vida social nem se realizará separadamente das lutas contra o capitalismo, o racismo, o colonialismo e a desigualdade de gênero. O quadro da reprodução social fornece importantes ferramentas conceituais para entender como a sexualidade está aninhada em relações sociais mais amplas. O desafio da libertação sexual é, em última análise, o de democratizar nossa vida cotidiana, construindo poder a partir de baixo.

Cinzia Arruzza é professora de filosofia na New School for Social Research, em Nova York. Ativista do movimento socialista e feminista, foi uma das organizadoras da Greve Internacional de Mulheres nos Estados Unidos nos anos 2017 e 2018. É autora de *Ligações perigosas: casamentos e divórcios entre marxismo e feminismo* (Usina Editorial, 2019) e, com Tithi Bhattacharya e Nancy Fraser, escreveu *Feminismo para os 99%: um manifesto* (Boitempo, 2019).

9

Do feminismo da reprodução social à greve de mulheres

Cinzia Arruzza

No outono europeu de 2016, ativistas polonesas convocaram uma massiva greve de mulheres que conseguiu barrar, no Parlamento, um projeto de lei que teria banido o aborto. Elas se inspiraram na greve histórica de mulheres da Islândia contra a desigualdade salarial. As ativistas argentinas do Ni Una Menos também adotaram essa prática em outubro de 2016, para protestar contra a violência masculina. Depois que essas greves tiveram intensa adesão, organizações feministas de base começaram a se articular globalmente para promover uma jornada internacional de mobilização, em novembro de 2016, por ocasião do Dia Internacional para a Eliminação da Violência contra as Mulheres. No dia 25 de novembro, trezentas mil mulheres tomaram as ruas na Itália. O chamado para uma Greve Internacional de Mulheres, em 8 de março, cresceu organicamente com aquelas lutas: o que havia começado por iniciativa das ativistas polonesas, na greve de mulheres em setembro, estendeu-se, ao longo dos meses seguintes, para cerca de cinquenta países.

Nos Estados Unidos, a ideia de organizar uma greve de mulheres teve origem em um conjunto específico de considerações. A natureza de massas da Marcha das Mulheres realizada em 21 de janeiro de 2017[1] indicou que as condições para o renascimento de uma mobilização feminista estavam maduras. Ao

1 Dia da posse de Donald Trump. [N.T.]

mesmo tempo, a marcha estadunidense também expôs as limitações estruturais do feminismo liberal, que se tornou hegemônico nas últimas décadas. Esse tipo de feminismo mostrou sua verdadeira faceta durante as primárias do Partido Democrata em 2016, quando a campanha de Bernie Sanders se tornou alvo de ataques constantes de feministas liberais que apoiavam Hillary Clinton. Elas argumentavam que seria antifeminista votar em Sanders e que as mulheres deveriam se unir sob a bandeira da "revolução das mulheres" personificada por Clinton. Na eleição presidencial, no entanto, a maioria das votantes brancas preferiu escolher um candidato abertamente misógino ao invés de uma candidata que era a suposta defensora dos direitos das mulheres.[2]

Ainda que um racismo puro possa explicar parcialmente esse tipo de voto, ele não diz respeito à verdade completa. A falta de apelo do suposto feminismo de Clinton para aquela parcela de mulheres permanece sem explicação. Uma forma de tratar desse tema é perguntar simplesmente: quem de fato se beneficiou do tipo de feminismo liberal que Hillary Clinton representa?

Segundo a socióloga Leslie McCall, nos Estados Unidos, uma mulher com ensino superior nos anos 1970 recebia, em média, menos do que um homem sem ensino superior. Entre 2000 e 2010, a situação mudou drasticamente. Enquanto a renda média das mulheres e dos homens da classe trabalhadora permaneceu estável, a renda das mulheres da elite aumentou mais rapidamente do que a dos homens em igual posição. Em 2010, uma mulher com alta renda ganhava, em média, um salário e meio a mais que um homem da classe média. Essa transformação foi resultado de uma legislação progressiva, tal como o Equal Pay Act [Lei da igualdade salarial] de 1963, que eliminou as formas mais flagrantes de discriminação de gênero no local de trabalho. No entanto, essa legislação foi aprovada em um contexto em

2 É importante ressaltar que o número de mulheres brancas que votaram em Trump é muito pequeno em comparação com o número total de mulheres brancas em idade de votar nos Estados Unidos.

que a desigualdade econômica crescia rapidamente na sociedade como um todo. O resultado foi o crescimento da desigualdade econômica e social *entre* as mulheres. As da classe alta conseguiram diminuir com sucesso a diferença salarial em relação aos homens, enquanto as da classe trabalhadora foram completamente deixadas para trás (McCall, 2013).

Em um artigo publicado no jornal *The Nation* no início de 2017, Katha Pollitt se perguntou o que deveria ser considerado uma questão feminista e concluiu que, ainda que os direitos reprodutivos e a luta contra a discriminação de gênero fossem claramente identificados como demandas feministas, a guerra, a pobreza, a crise ambiental e talvez até a luta contra o racismo se estendiam para além da alçada do feminismo.[3] Pollitt reverbera um argumento muito importante e central do feminismo liberal, que se baseia em uma definição jurídica de feminismo, fundamentada em direitos. Não surpreende, portanto, que esse feminismo não chegue a ter apelo para os milhões de mulheres da classe trabalhadora. Igualdade salarial e fim da discriminação de gênero no local de trabalho, por exemplo, são causas certamente valiosas, mas, conforme mostram os dados de McCall, têm poucos efeitos tangíveis na vida das mulheres da classe trabalhadora, se forem desconectadas de demandas por salário-mínimo e redistribuição de renda.

O resultado da eleição presidencial de 2016 nos Estados Unidos marcou um impasse para o feminismo liberal, e de tal modo que nem a imensa participação nas marchas de mulheres de janeiro de 2017 conseguiu superar completamente. O chamado para uma greve de mulheres nasceu da consciência desse impasse, que abriu um espaço político para uma política feminista alternativa e para a consciência da existência de dezenas de coletivos de base, redes e organizações nacionais, que já estavam desenvolvendo uma alternativa ao feminismo liberal: um feminismo classista, antirracista, que incluía mulheres trans, lésbicas, bissexuais

3 Katha Pollitt, "Actually, Not Everything Is a Feminist Issue. And That's Okay" [Na verdade, nem tudo é uma questão feminista, e tudo bem], *The Nation*, 23 mar. 2017.

e pessoas não binárias. O chamado para a greve veio, então, da consciência de que outro feminismo já estava lá. Serviu ao propósito de criar uma rede nacional de organizações e indivíduos, de tornar esse outro feminismo nacionalmente visível, de desafiar a hegemonia do tipo de feminismo corporativo personificado por Clinton e suas apoiadoras, e, por fim, da necessidade de iniciar um diálogo nacional sobre empoderamento das mulheres da classe trabalhadora, imigrantes e negras.

Adotar o termo "greve" tinha o objetivo de enfatizar as atividades que as mulheres realizam não apenas no local de trabalho, mas fora dele, na esfera da reprodução social. Tinha também uma função adicional, que pode ser mais bem compreendida levando em consideração a situação do trabalho nos Estados Unidos.

De 1983 a 2016, a taxa de sindicalização naquele país caiu de 20,1% para 10,7%. A situação é ainda mais deprimente no setor privado: no mesmo período, diminuiu de 16,8% para 6,4%. Se observarmos os dados de greves formais de 1947 a 2016, o número de dias de greve envolvendo mais de mil trabalhadores caiu de 25.720.000 para 1.543.000. Em 2016, houve até um pequeno aumento nos dias de greve, devido particularmente à luta dos professores de Chicago e às greves dos trabalhadores da empresa de telecomunicações Verizon. Essa situação é o resultado de legislações antissindicais e da orientação política e prática de um sindicalismo de negócios. A luta de classes, no entanto, não deve ser confundida com luta trabalhista no local de trabalho. A luta de classes assume muitas formas. Importantes manifestações da classe como ator político e como agente de conflito frequentemente ocorrem na esfera da reprodução social, espaço onde essas lutas têm o potencial de atacar o lucro capitalista. Nos anos recentes, vimos várias importantes mobilizações trabalhistas organizadas por redes e organizações laborais não tradicionais. Por exemplo, a campanha Fight for Fifteen [Lute por quinze], as mobilizações organizadas pelo Restaurant Opportunities Centers [Centro de oportunidades em restaurantes] (ROC), os movimentos como o Black Lives Matter, as greves de migrantes, as mobilizações contra o muro na fronteira com o México e as mobilizações quase espontâneas contra a proibição da entrada de pessoas provenientes de países de maioria islâmica nos Estados Unidos. Em vez de enxergar todas as formas de mobilização como alternativas à organização trabalhista no local de trabalho, é mais útil vê-las todas como variadas formas que a luta de classes vem assumindo, formas que potencialmente fortalecem umas às outras e podem criar condições para organizar paralisações no local de trabalho. A greve de mulheres fez parte desse processo. Ela contribuiu para, outra vez, legitimar politicamente o termo greve nos Estados Unidos, causou paralisações não convencionais de trabalho em três distritos escolares e deu visibilidade às organizações trabalhistas nas quais a maioria das trabalhadoras eram mulheres, como no ROC e na New York State Nurses Association [Associação de enfermeiras do estado de Nova York], bem como às instâncias locais de organização trabalhista e de lutas nos locais de trabalho lideradas por mulheres e pessoas queer.

A experiência concreta da greve de mulheres, assim como a TRS, que inspirou algumas de suas organizadoras, tornou obsoleta a questão de se priorizar ou não, na luta de classes, as "pautas identitárias". Em última instância, mostrou que essa questão estava equivocada. Se pensarmos na classe como agente político, gênero, raça e sexualidade deveriam ser reconhecidos como componentes intrínsecos da forma como as pessoas concretizam seu senso de si mesmas e de sua relação com o mundo. Portanto, gênero, raça e sexualidade compõem a forma como as pessoas se tornam politizadas e se envolvem em lutas. Na realidade em que vivemos, desigualdades de classe, raça e gênero não são experimentadas como fenômenos compartimentalizados, separados, que se intersecionam de fora para dentro. Sua separação é o resultado de um processo de raciocínio analítico equivocado, que não deve ser tomado como reflexo da experiência.

Essa é uma ideia-chave para a organização política, já que estratégias políticas, táticas e formas organizacionais sempre devem ter raízes nas experiências concretas das pessoas. Abstrair da experiência concreta leva à substituição do materialismo pelo racionalismo — nomeadamente, leva a confundir categorias analíticas com a realidade subjetiva e a arquitetar projetos livrescos sobre o que significa (ou que deveria significar) a luta de classes. Ademais, se o feminismo e o antirracismo almejam ser propostas de libertação para toda a humanidade, então a questão do capitalismo é inevitável. O problema de substituir a luta de classes por lutas identitárias deve então ser reformulado como um problema político que surge da hegemonia da articulação liberal do discurso feminista. Essa abordagem transforma o feminismo em um projeto de autopromoção para as mulheres da elite, invisibilizando a questão central da relação estrutural entre opressão de gênero e capitalismo. Devemos discutir modos de quebrar essa hegemonia, e a greve de mulheres foi um primeiro passo importante nessa direção.

Ainda que nem todas as organizadoras e participantes da greve tivessem um compromisso teórico com o feminismo da reprodução social, ela pode legitimamente ser vista como a tradução política da TRS. Mobilizações recentes mostram uma nova e crescente consciência da necessidade de reconstruir solidariedade e ação coletiva como a única forma de nos defendermos contra os ataques contínuos a nossos corpos, nossa liberdade, nossa autodeterminação, e contra as políticas imperialistas e neoliberais. Além disso, solidariedade e ação coletiva agem como um antídoto ao declínio liberal do discurso e da prática feministas.

Ao mesmo tempo, superar essa compreensão de feminismo não significa voltar ao reducionismo econômico ou a uma política universalista baseada na abstração das diferenças. Nas últimas décadas, adquirimos maior consciência da estratificação da condição social de mulheres cis e trans segundo classe, etnia, raça, idade, habilidade e orientação sexual. O desafio que o novo movimento feminista deve encarar é a articulação de formas de ação, organização e demandas que não tornem essas diferenças invisíveis, mas, ao contrário, levem-nas seriamente em conta. Essa diversidade deve se tornar nossa arma, em vez de um obstáculo ou algo que nos divida. Para fazer isso acontecer, é necessário mostrar as relações internas entre as várias formas de opressão, as diferenças que essas opressões geram, e, com base nisso, produzir uma crítica mais abrangente das relações sociais capitalistas. Nesse processo, cada subjetivação política baseada em uma opressão específica pode nos fornecer novas visões sobre as várias maneiras como o capitalismo, o racismo e o sexismo afetam nossa vida.

Referências

ABDO, Nahla. *Captive Revolution: Palestinian Women's Anti-Colonial Struggle Within the Israeli Prison System*. Londres: Pluto, 2014.

ABRAMOVITZ, Mimi. "Poor Women in a Bind: Social Reproduction without Social Supports", *Affilia*, v. 7, n. 2, p. 23-43, 1992.

ABRAMOVITZ, Mimi. *Regulating the Lives of Women: Social Welfare Policies from Colonial Times to the Present*. Boston: South End Press, 1996.

ABRAMOVITZ, Mimi (org.). *Under Attack, Fighting Back: Women and Welfare in the United States*. Nova York: Monthly Review Press, 2000.

ABRAMOVITZ, Mimi. "Women, Social Reproduction and the Neo-Liberal Assault on the U.S. Welfare State". *In*: GAVIGAN, Shelley A. M. & CHUNN, Dorothy E. (org.). *The Legal Tender of Gender: Welfare, Law, and the Regulation of Women's Poverty*. Portland: Hartland Publishing, 2010, p. 15-46.

ADAMS, David Wallace. *Education for Extinction: American Indians and the Boarding School Experience, 1875-1928*. Lawrence: University Press of Kansas, 1995.

AGLIETTA, Michel. "Shareholder Value and Corporate Governance: Some Tricky Questions", *Economy and Society*, n. 1, p. 146-59, 2000.

AITKIN, Stuart. "Placing Children at the Heart of Globalization". *In*: JANELLE, Donald G.; WARF, Barney & HANSEN, Kathy (org.). *World Minds: Geographical Perspectives on 100 Problems*. Dordrecht: Kluwaer, 2004, p. 579-83.

AKPINAR, Taner. "Türk Sosyal Güvenlik Sisteminin Ekonomi Politiği: Kuruluş Süreci", *Calisma ve Toplum*, v. 42, n. 3, 2014.

ALBUQUERQUE, Eduardo da Motta e. "Visible Seeds of Socialism and Metamorphoses of Capitalism: Socialism after Rosdolsky", *Cambridge Journal of Economics*, v. 39, n. 3, p. 783-805, 2015.

ALEXANDER, Michelle. *The New Jim Crow: Mass Incarceration in the Age of Colorblindness*. Nova York: New Press, 2001. [Ed. bras.: *A nova segregação: racismo e encarceramento em massa*. Trad. Pedro Davoglio. São Paulo: Boitempo, 2018.]

ALTHUSSER, Louis. *On the Reproduction of Capitalism: Ideology and Ideological State Apparatuses*. Trad. G. M. Goshgarian. Londres: Verso, 2014. [Ed. bras.: *Sobre a reprodução*. Trad. Guilherme João de Freitas Teixeira. Petrópolis: Vozes, 1999.]

ALTVATER, Elmar. *Marx neu entdecken*. Hamburgo: VSA, 2012.

ANDERSON, Aaron D. *Builders of a New South: Merchants, Capital, and the Remaking of Natchez, 1865-1914*. Jackson: University Press of Mississippi, 2013.

ANDERSON, Bridget. *Doing the Dirty Work? The Global Politics of Domestic Labour*. Londres: Zed Books, 2000.

ANDERSON, Nels. *The Hobo: The Sociology of the Homeless Man*. Chicago: University of Chicago Press, 1961.

ANSELL, Nicola. "Childhood and the Politics of Scale: Descaling Children's Geographies?", *Progress in Human Geography*, v. 33, n. 2, p. 190-209, 2009.

ANTHIAS, Floya. "Hierarchies of Social Location, Class and Intersectionality: Towards a Translocational Frame", *International Sociology*, v. 28, n. 1, p. 121-38, 2012.

ARAT-KOÇ, Sedef. *Caregivers Break the Silence: A Participatory Action Research on the Abuse and Violence, Including the Impact of Family Separation, Experienced by Women in the Live-in Caregiver Program*. Toronto: Intercede, 2001.

ARIÈS, Philippe. *Centuries of Childhood: A Social History of Family Life*. Trad. Robert Baldick. Nova York: Random House Vintage, 1962. [Ed. bras.: *História social da criança e da família*. 2. ed. Trad. Dora Flaksman. Rio de Janeiro: LTC, 1981.]

ARRUZZA, Cinzia. *Dangerous Liaisons: The Marriages and Divorces of Marxism and Feminism*. Londres: Merlin, 2013. [Ed. bras.: *Ligações perigosas: casamentos e divórcios entre marxismo e feminismo*. Trad. Nina Jacomini. São Paulo: Usina Editorial, 2019.]

ARRUZZA, Cinzia. "Functionalist, Determinist, Reductionist: Social Reproduction Feminism and its Critics", *Science & Society*, v. 80, n. 1, p. 9-30, 2016.

ASHBY, Michael. "The Impact of Structural Adjustment Policies on Secondary Education in the Philippines", *Geography*, v. 82, n. 4, p. 335-88, 1997.

BAILEY, Geoff. "Accumulation by Dispossession: A Critical Assessment", *International Socialist Review*, n. 95, 2015.

BAIR, Jennifer. "On Difference and Capital: Gender and the Globalization of Production", *Signs: Journal of Women in Culture and Society*, v. 36, n. 1, p. 203-26, 2010.

BAKAN, Abigail B. & STASIULIS, Daiva K. "Making the Match: Domestic Placement Agencies and the Racialization of Women's Household Work", *Signs: Journal of Women in Culture and Society*, v. 20, n. 2, p. 303-35, 1995.

BAKAN, Abigail B. & STASIULIS, Daiva K. "Negotiating Citizenship: The Case of Foreign Domestic Workers in Canada", *Feminist Review*, v. 57, n. 1, p. 112-39, 1997.

BAKAN, Joel. *Childhood under Siege: How Big Business Targets Children*. Toronto: Allen Lane, 2011.

BAKKER, Isabella. "Social Reproduction and the Constitution of a Gendered Political Economy", *New Political Economy*, v. 12, n. 4, p. 541-56, 2007.

BAKKER, Isabella & SILVEY, Rachel (org.). *Beyond States and Markets: The Challenges of Social Reproduction*. Londres: Routledge, 2008.

BALAKRISHNAN, T. R.; RAVANERA, Zenaida R. & ABADA, Teresa. "Spatial Residential Patterns and Socio-Economic Integration of Filipinos in Canada", *Canadian Ethnic Studies*, v. 37, n. 2, p. 67-76, 2005.

BANAJI, Jairus. *Theory as History: Essays on Modes of Production and Exploitation*. Chicago: Haymarket Books, 2011.

BANCO MUNDIAL. *Averting the Old Age Crisis: Policies to Protect Old and Promote Growth (A World Bank Policy Research Report)*. Nova York/Washington: Oxford University Press/World Bank, 1994. Disponível em: http://documents.worldbank.org/curated/en/973571468174557899/Averting-the-old-age-crisis-policies-to-protect-the-old-and-promote-growth.

BANNERJI, Himani. "But Who Speaks for Us? Experience and Agency in Conventional Feminist Paradigms". *In*: BANNERJI, Himani. *Thinking Through: Essays on Feminism, Marxism and Anti-Racism*. Toronto: Women's Press, 1995, p. 55-95.

BANNERJI, Himani. "Building from Marx: Reflections on Class and Race", *Social Justice*, v. 32, n. 4, p. 144-60, 2005.

BARAN, Paul A. *The Political Economy of Growth*. Nova York: Monthly Review Press, 1957.

BARON, Ava. "Protective Labor Legislation and the Cult of Domesticity", *Journal of Family*, v. 2, n. 1, p. 25-38, 1981.

BARNETSON, Bob. *Illegal and Injurious: How Alberta Has Failed Teen Workers*. Edmonton: Parkland Institute, 2015.

BARROW, Clyde W. *Critical Theories of the State: Marxist, Neo-Marxist, Post-Marxist*. Madison: University of Wisconsin Press, 1993.

BARTOLETTI, Susan Campbell. *Kids on Strike!* Boston: Houghton Mifflin, 1999.

BEAZLEY, Harriot. "Voices from the Margins: Street Children's Subcultures in Indonesia", *Children's Geographies*, v. 1, n. 2, p. 181-200, 2003.

BEDER, Sharon. *This Little Kiddy Went to Market: The Corporate Capture of Childhood*. Londres: Pluto, 2009.

BEECHEY, Veronica. *Unequal Work*. Nova York: Verso, 1987.

BELFRAGE, Claes. "Towards 'Universal Financialisation' in Sweden?", *Contemporary Politics*, v. 14, n. 3, p. 277-96, 2008.

BELFRAGE, Claes & RYNER, Magnus. "Renegotiating the Swedish Social Democratic Settlement: From Pension Fund Socialism to Neoliberalization", *Politics and Society*, v. 37, n. 2, p. 257-87, 2009.

BENANAV, Aaron & CLEGG, John. "Misery and Debt: On the Logic and History of Surplus Populations and Surplus Capital", *Endnotes*, n. 2, p. 20-51, 2010.

BENERÍA, Lourdes; BERIK, Günseli & FLORO, Maria S. *Gender, Development, and Globalization: Economics as if All People Mattered*. Nova York: Routledge, 2003.

BENNHOLDT-THOMSEN, Veronika. "Subsistence Production and Extended Reproduction". *In*: YOUNG, Kate; WOLKOWITZ, Carol & MCCULLAGH, Rosalyn (org.). *Of Marriage and the Market: Women's Subordination in International Perspective*. Londres: CSE Books, 1981, p. 16-29.

BENSAÏD, Daniel. *Marx for Our Times: Adventures and Misadventures of a Critique*. Trad. Gregory Elliot. Londres: Verso, 2002.

BENSTON, Margaret. "The Political Economy of Women's Liberation", *Monthly Review*, v. 21, n. 4, p. 13-27, set. 1969.

BERCAW, Nancy D. *Gendered Freedoms: Race, Rights, and the Politics of Household in the Delta, 1861-1875*. Gainesville: University Press of Florida, 2003.

BERLANT, Lauren & WARNER, Michael. "Sex in Public", *Critical Inquiry*, v. 24, n. 2, p. 547-66, 1998.

BERNSTEIN, Irving. *The Lean Years: A History of the American Worker, 1920-1933*. Baltimore: Penguin, 1970.

BERNSTEIN, Robin. *Racial Innocence: Performing American Childhood from Slavery to Civil Rights*. Nova York: New York University Press, 2011.

BERTALANFFY, Ludwig von. *General Systems Theory: Foundations, Development, Applications*. Harmondsworth: Penguin, 1973. [Ed. bras. *Teoria geral dos sistemas: fundamentos, desenvolvimento e aplicações*. 2. ed. Trad. Francisco M. Guimarães. Petrópolis: Vozes, 1975.]

BEVERIDGE, William H. B. *Social Insurance and Allied Services*. Londres: His Majesty's Stationery Office, 1942.

BEZANSON, Kate & LUXTON, Meg (org.). *Social Reproduction: Feminist Political Economy Challenges Neo-Liberalism*. Montreal: McGill-Queen's University Press, 2006.

BHATTACHARYA, Tithi. "Explaining Gender Violence in the Neoliberal Era", *International Socialist Review*, v. 91, p. 25-47, 2013.

BHATTACHARYA, Tithi. "India's Daughter: Neoliberalism's Dreams and the Nightmares of Violence", *International Socialist Review*, v. 97, p. 53-71, 2015.

BLACKBURN, Robin. *Banking on Death, or, Investing in Life: The History and Future of Pensions*. Londres: Verso, 2002.

BLACKBURN, Robin. *Age Shock: How Finance Is Failing Us*. Nova York: Verso, 2006.

BLACKETT, Adelle. "Introduction: Regulating Decent Work for Domestic Workers", *Canadian Journal of Women and the Law*, v. 23, n. 1, p. 1-45, 2011.

BLACKETT, Adelle. "The Decent Work for Domestic Workers Convention and Recommendation 2011", *American Journal of International Law*, v. 106, n. 4, p. 778-94, 2012.

BLOOM, Joshua & MARTIN JR., Waldo E. *Black Against Empire: The History and Politics of the Black Panther Party*. Berkeley: University of California Press, 2013.

BONIFACIO, Glenda Lynna Anne Tibe. "I Care for You, Who Cares for Me? Transitional Services of Filipino Live-in Caregivers in Canada", *Asian Women*, v. 24, n. 1, p. 25-50, 2008.

BOSCO, Fernando J. "Play, Work or Activism? Broadening the Connections between Political and Children's Geographies", *Children's Geographies*, v. 8, n. 4, p. 381-90, 2010.

BOSE, Christine E. "Intersectionality and Global Gender Inequality", *Gender & Society*, v. 26, n. 1, p. 67-72, 2012.

BOSE, Christine E.; BEREANO, Philip L. & MALLOY, Mary. "Household Technology and the Social Construction of Housework", *Technology and Culture*, v. 25, n. 1, p. 53-82, 1984.

BOSERUP, Ester. *Women's Role in Economic Development*. Londres: George Allen & Unwin, 1971.

BOUSHEY, Heather. *Finding Time: The Economics of Work-Life Conflict*. Cambridge: Harvard University Press, 2016.

BOWDEN, Sue & OFFER, Avner. "Household Appliances and the Use of Time: The United States and Great Britain since the 1920s", *Economic History Review*, v. 47, n. 4, p. 725-48, 1994.

BOYDSTON, Jeanne. *Home and Work: Housework, Wages, and the Ideology of Labor in the Early Republic*. Oxford: Oxford University Press, 1990.

BOYER, Robert. "Is a Finance-Led Growth Regime a Viable Alternative to Fordism? A Preliminary Analysis", *Economy and Society*, v. 29, n. 1, p. 111-45, 2000.

BRAVERMAN, Harry. *Labor and Monopoly Capital: The Degradation of Work in the Twentieth Century*. Nova York: Monthly Review Press, 1974. [Ed. bras.: *Trabalho e capital monopolista: a degradação do trabalho no século XX*. 3. ed. Trad. Nathanael C. Caixeiro. Rio de Janeiro: Editora Guanabara, 1974.]

BRENNER, Johanna. *Women and the Politics of Class*. Nova York: Monthly Review Press, 2000.

BRENNER, Johanna & LASLETT, Barbara. "Gender and Social Reproduction: Historical Perspectives", *Annual Review of Sociology*, v. 15, p. 381-404, 1989.

BRENNER, Johanna & LASLETT, Barbara. "Gender, Social Reproduction, and Women's Self-Organization: Considering the U.S. Welfare State", *Gender & Society*, v. 5, n. 3, p. 311-33, 1991.

BREWER, Rose M. "Theorizing Race, Class, and Gender: The New Scholarship on Black Feminist Intellectuals and Black Women's Labor". *In*: HENNESSY, Rosemary & INGRAHAM, Chrys (org.). *Materialist Feminism: A Reader in Class, Difference and Women's Lives*. Nova York: Routledge, 1997, p. 236-47.

BRISKIN, Linda. "Feminisms, Feminization and Democratization in Canadian Unions". *In*: BLACKFORD, Karen A.; GARCEAU, Marie-Lucie & KIRBY, Sandra (org.). *Feminist Success Stories — Célébrons nos réussites féministes*. Ottawa: University of Ottawa Press, 1999, p. 73-90.

BUCKINGHAM, David & TINGSTAD, Vebjørg (org.). *Childhood and Consumer Culture*. Nova York: Palgrave Macmillan, 2011.

CAFFENTZIS, George. "On the Notion of a Crisis of Social Reproduction". *In*: CAFFENTZIS, George. *In Letters of Blood and Fire: Work, Machines, and the Crisis of Capitalism*. Oakland: PM Press, 2013.

CAHAN, Emily D. *Past Caring: A History of U.S. Preschool Care and Education for the Poor, 1820-1965*. Nova York: National Center for Children in Poverty, 1989.

CAHILL, Cathleen D. *Federal Fathers and Mothers: A Social History of the United States Indian Service, 1869-1933*. Chapel Hill: University of North Carolina Press, 2011.

CAIRNS, Kate. "The Subject of Neoliberal Affects: Rural Youth Envision their Futures", *Canadian Geographer*, v. 57, n. 3, p. 337-44, 2013.

CALLINICOS, Alex. *Deciphering Capital: Marx's Capital and its Destiny*. Londres: Bookmarks, 2014.

CARBY, Hazel V. "White Women Listen! Black Feminism and the Boundaries of Sisterhood". *In*: HENNESSY, Rosemary & INGRAHAM, Chrys (org.). *Materialist Feminism: A Reader in Class, Difference and Women's Lives*. Nova York: Routledge, 1997, p. 110-28.

CHURCHILL, Ward. *Kill the Indian and Save the Man: The Genocidal Impact of American Indian Residential Schools*. São Francisco: City Lights, 2004.

CLEAVER, Harry. *Reading Capital Politically*. Austin: University of Texas Press, 1979.

CLEMENT, Wallace & MYLES, John. *Relations of Ruling: Class and Gender in Post-Industrial Societies*. Montreal: McGill-Queen's University Press, 1994.

COHEN, Lizabeth. *Making a New Deal: Industrial Workers in Chicago, 1919-1939*. Cambridge: Cambridge University Press, 1990.

COLLINS, Jane L. & GIMENEZ, Martha (org.). *Work without Wages: Comparative Studies of Domestic Labor and Self-Employment*. Albany: Suny Press, 1990.

COLLINS, Patricia Hill. *Black Feminist Thought: Knowledge, Consciousness, and the Politics of Empowerment*. Londres: HarperCollins, 1990. [Ed. bras.: *Pensamento feminista negro: conhecimento, consciência e a política do empoderamento*. Trad. Jamille Pinheiro Dias. São Paulo: Boitempo, 2019.]

COLLINS, Patricia Hill. *Black Sexual Politics: African Americans, Gender, and the New Racism*. Nova York: Routledge, 2004.

COOK, Daniel Thomas. *The Commodification of Childhood: The Children's Clothing Industry and the Rise of the Child Consumer*. Durham: Duke University Press, 2004.

COOLEY, Robert Angell. *The Family Encounters the Depression*. Nova York: Scribner, 1936.

COONTZ, Stephanie. *The Social Origins of Private Life: A History of American Families, 1600-1900*. Nova York: Verso, 1988.

CORSARO, William. *Friendship and Peer Culture in the Early Years*. Norwood: Ablex Publishing, 1985.

COSSMAN, Brenda & FUDGE, Judy (org.). *Privatization, Law, and the Challenge to Feminism*. Toronto: University of Toronto Press, 2002.

COSTA, Mariarosa Dalla. "Women and the Subversion of the Community", *Radical America*, v. 6, n. 1, p. 67-102, 1972.

COSTA, Mariarosa Dalla. *Family, Welfare, and the State: Between Progressivism and the New Deal*. Trad. Rafaella Capanna. Nova York: Common Notions, 2015.

COSTA, Mariarosa Dalla & JAMES, Selma. *The Power of Women and the Subversion of the Community*. Bristol: Falling Wall Press, 1975.

COWAN, Ruth Schwartz. *More Work for Mother: The Ironies of Household Technology from the Open Hearth to the Microwave*. Nova York: Basic Books, 1983.

COWIE, Jefferson. *The Great Exception: The New Deal and the Limits of American Politics*. Princeton: Princeton University Press, 2016.

CRANG, Philip. "It's Showtime: On the Workplace Geographies of Display in a Restaurant in Southeast England", *Environment and Planning D: Society and Space*, v. 12, n. 6, p. 675-704, 1994.

CRENSHAW, Kimberlé. "Mapping the Margins: Intersectionality, Identity Politics and Violence against Women of Color", *Stanford Law Review*, v. 43, n. 6, p. 1.241-99, 1991.

CROUSE, Joan M. *The Homeless Transient in the Great Depression: New York State, 1929-1941*. Albany: State University of New York Press, 1986.

CURTI, Giorgi Hadi & MORENO, Christopher M. "Institutional Borders, Revolutionary Imaginings and the Becoming-Adult of the Child", *Children's Geographies*, v. 8, n. 4, p. 413-27, 2010.

CUTLER, Tony & WAINE, Barbara. "Social Insecurity and the Retreat from Social Democracy: Occupational Welfare in the Long Boom and Financialization", *Review of International Political Economy*, v. 8, n. 1, p. 96-118, 2001.

CYPHERS, Christopher J. *The National Civic Federation and the Making of a New Liberalism, 1900-1915*. Westport, Connecticut: Praeger, 2002.

DAVIS, Angela Y. "Reflections on the Black Woman's Role in the Community of Slaves", *Massachusetts Review*, v. 13, n. 2, p. 81-100, 1972.

DAVIS, Angela Y. *Women, Race and Class*. Nova York: Random House, 1981. [Ed. bras.: *Mulheres, raça e classe*. Trad. Heci Regina Candiani. São Paulo: Boitempo, 2016.]

DAVIS, Angela Y. *Are Prisons Obsolete?* Nova York: Seven Stories Press, 2003. [Ed. bras.: *Estarão as prisões obsoletas?* Trad. Marina Vargas. Rio de Janeiro: Difel, 2018.]

DAVIS, Mike. *Planet of Slums*. Londres: Verso, 2006. [Ed. bras.: *Planeta favela*. Trad. Beatriz Medina. São Paulo: Boitempo, 2006.]

DE DEKEN, Johan. "Towards an Index of Private Pension Provision", *Journal of European Social Policy*, v. 23, n. 3, p. 270-86, 2013.

DEDEOGLU, Saniye. "Eşitlik mi Ayrımcılık mı? Türkiye'de Sosyal Devlet, Cinsiyet Eşitliği Politikaları ve Kadın İstihdamı", *Calisma ve Toplum*, v. 2, p. 41-54, 2009.

DELPHY, Christine. *Close to Home: A Materialist Analysis of Women's Oppression*. Nova York: Verso, 2016.

D'EMILIO, John. "Capitalism and Gay Identity". *In*: D'EMILIO, John. *Making Trouble: Essays on Gay History, Politics, and the University*. Nova York: Routledge, 1992.

DENNING, Michael. "Wageless Life", *New Left Review*, v. 66, p. 79-97, 2010.

DEPASTINO, Todd. *Citizen Hobo: How a Century of Homelessness Shaped America*. Chicago: University of Chicago Press, 2003.

DERICKSON, Alan. *Workers' Health, Workers' Democracy: The Western Miners' Struggle, 1891-1925*. Ithaca: Cornell University Press, 1988.

DERICKSON, Alan. "From Company Doctors to Union Hospitals: The First Democratic Health Care Experiments of the United Mine Workers of America", *Labor History*, v. 33, p. 325-42, 1992.

DHAMOON, Rita Kaur. "Considerations on Mainstreaming Intersectionality", *Political Research Quarterly*, v. 64, n. 1, p. 230-43, 2011.

DOBB, M. "Introduction". *In*: MARX, Karl. *Appendix to A Contribution To The Critique Of Political Economy*. Moscou: Progress Publisher, 1970 [1857].

DRUCKER, Peter. *Warped: Gay Normality and Queer Anti-Capitalism*. Leiden: Brill, 2015.

DUBLIN, Thomas. "Women and Outwork in a Nineteenth-Century New England Town". *In*: HAHN, Steven & PRUDE, Jonathan (org.). *The Countryside in the Age of Capitalist Transformation: Essays in the Social History of Rural America*. Chapel Hill: University of North Carolina Press, 1985, p. 51-69.

DUDDEN, Faye. *Serving Women: Household Service in Nineteenth-Century America*. Middletown: Wesleyan University Press, 1983.

DUFFY, Mignon. "Doing the Dirty Work: Gender, Race, and Reproductive Labor in Historical Perspective", *Gender & Society*, v. 21, n. 3, p. 313-36, 2007.

DUFFY, Mignon. *Making Care Count: A Century of Gender, Race, and Paid Care Work*. New Brunswick: Rutgers University Press, 2011.

DUGGAN, Lisa. "The New Homonormativity: The Sexual Politics of Neoliberalism". *In*: CASTRONOVO, Russ & NELSON, Dana D. (org.). *Materializing Democracy: Toward a Revitalized Cultural Politics*. Durham: Duke University Press, 2002, p. 175-94.

DYER, Sarah; MCDOWELL, Linda & BATNITZKY, Adina. "Migrant Work, Precarious Work-Life Balance: What the Experiences of Migrant Workers in the Service Sector in Greater London Tell Us about the Adult Worker Model", *Gender, Place & Culture*, v. 18, n. 5, p. 685-700, 2011.

ELVEREN, Adem Y. "Assessing Gender Inequality in the Turkish Pension System", *International Social Security Review*, v. 61, n. 2, p. 39-58, 2008.

ELVEREN, Adem Y. & HSU, Sara. "Gender Gaps in the Individual Pension System in Turkey", Working Paper n. 2007-06, Universidade de Utah, maio 2007. Disponível em: https://econ.utah.edu/research/publications/2007_06.pdf.

ENGELEN, Ewald. "The Logic of Funding European Pension Restructuring and the Dangers of Financialisation", *Environment and Planning A: Economy and Space*, v. 35, n. 8, p. 1.357-72, 2003.

ENGELS, Friedrich. "Preface". *In*: MARX, Karl. *Capital: A Critique of Political Economy*, book III. Trad. Ben Fowkes. Londres: Penguin, 1991. [Ed. bras.: "Prefácio". *In*: MARX, Karl. *O capital: crítica da economia política*, livro III, *O processo global da produção capitalista*. Trad. Rubens Enderle. São Paulo: Boitempo, 2017.]

ENGELS, Friedrich. *The Origin of the Family, Private Property and the State*. Nova York: Penguin, 2010. [Ed. bras.: *A origem da família, da propriedade privada e do Estado*. Trad. Nélio Schneider. São Paulo: Boitempo, 2019.]

ESPING-ANDERSEN, Gøsta. *The Three Worlds of Welfare Capitalism*. Princeton: Princeton University Press, 1990.

EWEN, Stuart. *Captains of Consciousness: Advertising and The Social Roots of the Consumer Culture*. Nova York: Basic Books, 2008.

FAHS, Breanne. "'Freedom To' and 'Freedom From': A New Vision for Sex-Positive Politics", *Sexualities*, v. 17, n. 3, p. 267-90, 2014.

FALQUET, Jules. "La règle du jeu. Repenser la co-formation des rapports sociaux de sexe, de classe et de 'race' dans la mondialisation néoliberale". *In*: DORLIN, Elsa (org.). *Sexe, race, class: Pour une epistemologie de la domination*. Paris: Presses Universitaires de France, 2009, p. 91-110.

FEDERICI, Silvia. *Wages against Housework*. Bristol: Falling Wall Press, 1975.

FEDERICI, Silvia. *Caliban and the Witch: Women, the Body and Primitive Accumulation*. Nova York: Autonomedia, 2004. [Ed. bras.: *Calibã e a bruxa: mulheres, corpo e acumulação primitiva*. Trad. Coletivo Sycorax. São Paulo: Elefante, 2017.]

FEDERICI, Silvia. *Revolution at Point Zero: Housework, Reproduction, and Feminist Struggle*. Oakland: PM Press, 2012. [Ed. bras.: *O ponto zero da revolução: trabalho doméstico, reprodução e luta feminista*. Trad. Coletivo Sycorax. São Paulo: Elefante, 2019.]

FEDERICI, Silvia & MONTANO, Mario. "Theses on the Mass Worker and Social Capital", *Radical America*, v. 6, n. 3, p. 3-21, 1972.

FERGUSON, Roderick. *Aberrations in Black: Toward a Queer of Color Critique*. Minneapolis: University of Minnesota Press, 2004.

FERGUSON, Susan. "Building on the Strengths of the Socialist Feminist Tradition", *Critical Sociology*, v. 25, n. 1, p. 1-15, 1999.

FERGUSON, Susan. "Canadian Contributions to Social Reproduction Feminism, Race and Embodied Labor", *Race, Gender & Class*, v. 15, n. 1-2, p. 42-57, 2008.

FERGUSON, Susan. "Capitalist Childhood, Anti-Capitalist Children: The Social Reproduction of Childhood" [artigo não publicado], 2015.

FERGUSON, Susan. "Intersectionality and Social-Reproduction Feminisms: Toward an Integrative Ontology", *Historical Materialism*, v. 24, n. 2, p. 38-60, 2016.

FERGUSON, Susan & MCNALLY, David. "Capital, Labor-Power, and Gender Relations: Introduction to the Historical Materialism Edition of *Marxism and the Oppression of Women*".

In: VOGEL, Lise. *Marxism and the Oppression of Women: Toward a Unitary Theory*. Chicago: Haymarket Books, 2013 [1983].

FERGUSON, Susan & MCNALLY, David. "Precarious Migrants: Gender, Race, and the Social Reproduction of a Global Working Class", *Socialist Register*, v. 51, p. 1-23, 2015.

FINE, Ben. *Labour Market Theory: A Constructive Reassessment*. Londres: Routledge, 2002.

FINE, Ben. "Financialisation, the Value of Labour Power, the Degree of Separation, and Exploitation by Banking", 2009. Disponível em: https://eprints.soas.ac.uk/7480.

FINE, Ben. "Exploitation and Surplus Value". *In*: FINE, Ben & SAAD-FILHO, Alfredo (org.). *The Elgar Companion to Marxist Economics*. Londres: Edward Elgar, 2012, p. 118-24.

FINE, Ben. "Financialization from a Marxist Perspective", *International Journal of Political Economy*, v. 42, n. 4, p. 47-66, 2013.

FINE, Ben. "The Continuing Enigmas of Social Policy", Working Paper n. 2014-10, Instituto das Nações Unidas para o Desenvolvimento Social (UNRISD), jun. 2014. Disponível em: https://www.unrisd.org/en/library/publications/the-continuing-enigmas-of-social-policy.

FINE, Ben & HARRIS, Laurence. "'State Expenditure in Advanced Capitalism': A Critique", *New Left Review*, n. 98, p. 97-112, 1976.

FINE, Ben & HARRIS, Laurence. *Rereading Capital*. Londres: McMillan, 1983. [Ed. bras.: *Para reler O capital*. Rio de Janeiro: Zahar, 1981.]

FINE, Ben & SAAD-FILHO, Alfredo. *Marx's 'Capital'*. 6. ed. Londres: Pluto, 2017. [Ed. bras.: *O capital de Marx*, v. 1. Trad. Bruno Höfig, Guilherme Leite Gonçalvez, Renato Gomes e Leonardo Paes Müller. São Paulo: Contracorrente, 2021.]

FITZGERALD, Michael W. *Urban Emancipation: Popular Politics in Reconstruction Mobile, 1860-1890*. Baton Rouge: Louisiana State University Press, 2002.

FOLBRE, Nancy. "The Unproductive Housewife: Her Evolution in Nineteenth-Century Economic Thought", *Signs*, v. 16, n. 3, p. 463-84, 1991.

FOLBRE, Nancy. *The Invisible Heart: Economics and Family Values*. Nova York: New Press, 2002.

FONER, Eric. *Give Me Liberty! An American History*, v. 2. Nova York: W.W. Norton, 2012.

FORREST, Anne. "Connecting Women with Unions: What Are the Issues?", *Relations Industrielles*, v. 56, n. 4, p. 647-75, 2001.

FORTUNATI, Leopoldina. *The Arcane of Reproduction: Housework, Prostitution, Labor and Capital*. Trad. Hilary Creek. Nova York: Autonomedia, 1995 [1981].

FOUCAULT, Michel. *The History of Sexuality*, v. 1, *The Will to Knowledge*. Nova York: Random House, 1980. [Ed. bras.: *História da sexualidade*, v. 1, *A vontade de saber*. 9. ed. Trad. Maria Thereza da Costa Albuquerque e J. A. Guilhon Albuquerque. São Paulo: Paz e Terra, 2019.]

FOUCAULT, Michel. "Governmentality". *In*: BURCHELL, Graham; GORDON, Colin & MILLER, Peter (org.). *The Foucault Effect*. Chicago: University of Chicago Press, 1991, p. 87-104.

FOUCAULT, Michel. *The Birth of Biopolitics: Lectures at Collège de France 1978-1979*. Nova York: Picador, 2010. [Ed. bras.: *Nascimento da biopolítica: curso dado no Collège de France (1978-1979)*. Trad. Eduardo Brandão. São Paulo: Martins Fontes, 2008.]

FOX, Bonnie (org.). *Hidden in the Household: Women's Domestic Labour under Capitalism*. Toronto: Women's Press, 1980.

FRANK, Dana. "'Food Wins All Struggles': Seattle Labor and the Politicization of Consumption", *Radical History Review*, n. 51, p. 64-89, 1991.

FRASER, Nancy. "Women, Welfare, and the Politics of Need Interpretation". *In*: FRASER, Nancy. *Unruly Practices: Power, Discourse and Gender in Contemporary Social Theory*. Minneapolis: University of Minnesota Press, 1989, p. 144-60.

FRASER, Nancy. "Feminism, Capitalism, and the Cunning of History", *New Left Review*, v. 56, p. 97-117, 2009.

FRASER, Nancy. "Marketization, Social Protection, Emancipation: Toward a Neo-Polanyian Conception of Capitalist Crisis". *In*: CALHOUN, Craig & DERLUGUIAN, Georgi (org.). *Business as Usual: The Roots of the Global Financial Meltdown*. Nova York: New York University Press, 2011, p. 137-58.

FRASER, Nancy. "A Triple Movement? Parsing the Politics of Crisis after Polanyi", *New Left Review*, v. 81, p. 119-32, 2013.

FRASER, Nancy. "Behind Marx's Hidden Abode: For an Expanded Conception of Capitalism", *New Left Review*, v. 86, p. 55-72, 2014. [Ed. bras.: "Por trás do laboratório secreto de Marx: por uma concepção expandida do capitalismo", *Direito e Praxis*, v. 6, n. 1, 2015.]

FRASER, Nancy. "Legitimation Crisis? On the Political Contradictions of Financialized Capitalism", *Critical Historical Studies*, v. 2, n. 2, p. 157-89, 2015. [Ed. bras.: "Crise de legitimação? Sobre as contradições políticas do capitalismo financeirizado", trad. José Ivan Rodrigues de Sousa Filho, *Cadernos de Filosofia Alemã: Crítica e Modernidade*, v. 23, n. 2, p. 153-88, 2018.]

FRASER, Nancy. "Contradictions of Capital and Care", *New Left Review*, v. 100, p. 99-117, 2016. [Ed. bras.: "Contradições entre capital e cuidado", *Princípios*, v. 27, n. 53, 2020.]

FRIEBURGER, William. "War Prosperity and Hunger: The New York Food Riots of 1917", *Labor History*, v. 25, n. 2, p. 217-39, 1984.

FROST, Joe L. *A History of Children's Play and Play Environments: Toward a Contemporary Child-saving Movement*. Abingdon: Taylor & Francis, 2010.

GALERAND, Elsa; GALLIÉ, Martin & GOBELL, Jeanne Ollivier. "Travail domestique et exploitation: Le cas des travailleuses domestiques Philippines au Canada (PAFR)", rapport de recherche SAC-Pinay, jan. 2015. Disponível em: https://www.mcgill.ca/lldrl/files/lldrl/15.01.09_rapport_fr_vu2.5.11_0.pdf.

GAVEY, Nicola. *Just Sex? The Cultural Scaffolding of Rape*. Londres: Routledge, 2005.

GENETIN-PILAWA, C. Joseph. *Crooked Paths to Allotment: The Fight over Federal Indian Policy after the Civil War*. Chapel Hill: University of North Carolina Press, 2012.

GERSTLE, Gary. *Liberty and Coercion: The Paradox of American Government from the Founding to the Present*. Princeton: Princeton University Press, 2015.

GILBERT, Bentley. *The Evolution of National Insurance in Great Britain*. Farnborough: Gregg Revivals, 1966.

GILES, Wenona Mary & ARAT-KOÇ, Sedef (org.). *Maid in the Market: Women's Paid Domestic Labour*. Halifax: Fernwood Publishing, 1994.

GILL, Stephen & BAKKER, Isabella (org.). *Power, Production and Social Reproduction: Human In/security in the Global Political Economy*. Basingstoke: Palgrave Macmillan, 2003.

GILMORE, Ruth Wilson. *Golden Gulag: Prisons, Surplus, Crisis, and Opposition in Globalizing California*. Berkeley: University of California Press, 2007.

GLENN, Evelyn Nakano. "Racial Ethnic Women's Labor: The Intersection of Race, Gender and Class Oppression", *Review of Radical Political Economics*, v. 17, n. 3, p. 86-108, 1985.

GLENN, Evelyn Nakano. *Issei, Nisei, War Bride: Three Generations of Japanese American Women in Domestic Service*. Philadelphia: Temple University Press, 1986.

GLENN, Evelyn Nakano. "From Servitude to Service Work: Historical Continuities in the Racial Division of Paid Reproductive Labor", *Signs: Journal of Women in Culture and Society*, v. 18, n. 1, p. 1-43, 1992.

GLENN, Evelyn Nakano. *Forced to Care: Coercion and Caregiving in America*. Cambridge: Harvard University Press, 2010.

GLICKMAN, Lawrence. *A Living Wage: American Workers and the Making of Consumer Society*. Ithaca: Cornell University Press, 1997.

GÖKBAYRAK, Şenay. *Refah Devletinin Dönüşümü ve Özel Emeklilik Programları*. Ankara: Siyasal Kitabevi, 2010.

GÖNCÜ, Artin & GASKINS, Suzanne (org.). *Play and Development: Evolutionary, Sociocultural, and Functional Perspectives*. Mahwah/Londres: Lawrence Erlbaum Associates, 2007.

GORDON, Linda. "Family Violence, Feminism, and Social Control". *In*: GORDON, Linda (org.). *Women, the State, and Welfare*. Madison: University of Wisconsin Press, 1990, p. 178-98.

GORDON, Linda. *Pitied but Not Entitled: Single Mothers and the History of Welfare, 1890-1935*. Nova York: Free Press, 1994.

GOSSO, Yumi. "Play in Different Cultures". *In*: SMITH, Peter K. (org.). *Children and Play: Understanding Children's World*. Nova York: Wiley, 2010, p. 80-98.

GOUGH, Ian. "State Expenditure in Advanced Capitalism", *New Left Review*, v. 92, p. 53-92, 1975.

GOUGH, Ian. *The Political Economy of the Welfare State*. Londres: Macmillan, 1979.

GRAEBER, David. *Debt: The First 5,000 Years*. Nova York: Melville House, 2011. [Ed. bras.: *Dívida: os primeiros 5.000 anos*. Trad. Rogério Bettoni. São Paulo: Três Estrelas, 2016.]

GRAMSCI, Antonio. "Americanism and Fordism". *In*: FORGACS, David (org.). *The Gramsci Reader*. Nova York: New York University Press, 2000, p. 275-99.

GUTMAN, Herbert G. "The Failure of the Movement by the Unemployed for Public Works in 1873", *Political Science Quarterly*, v. 80, n. 2, p. 254-76, 1965.

HAHN, Songsuk Susan. *Contradiction in Motion: Hegel's Organic Concept of Life and Value*. Ithaca: Cornell University Press, 2007.

HAHN, Steven. "Hunting, Fishing, and Foraging: Common Rights and Class Relations in the Postbellum South", *Radical History Review*, v. 26, p. 37-64, 1982.

HAHN, Steven. *The Roots of Southern Populism: Yeoman Farmers and the Transformation of the Georgia Upcountry, 1850-1890*. Oxford: Oxford University Press, 1983.

HALL, Jacquelyn Dowd. "Disorderly Women: Gender and Labor Militancy in the Appalachian South", *Journal of American History*, v. 73, n. 2, p. 354-82, 1986.

HALPERIN, Sandra. *War and Social Change in Modern Europe: The Great Transformation Revisited*. Cambridge: Cambridge University Press, 2004.

HANLEY, Jill; MCGILL SCHOOL OF SOCIAL WORK & PINAY FOUNDATION. "Warning! Domestic Work Can Be Hazardous to Your Immigration Status, Health and Safety and Wallet" [artigo não publicado], 2008.

HARDT, Michael & NEGRI, Antonio. *Empire*. Cambridge: Harvard University Press, 2000. [Ed. bras.: *Império*. 11. ed. Trad. Berilo Vargas. Rio de Janeiro: Record, 2001.]

HARDT, Michael & NEGRI, Antonio. *Multitude: War and Democracy in the Age of Empire*. Nova York: Penguin, 2004. [Ed. bras.: *Multidão: guerra e democracia na era do império*. 4. ed. Trad. Clóvis Marques. Rio de Janeiro: Record, 2005.]

HARTOG, Hendrik. "Pigs and Positivism", *Wisconsin Law Review*, v. 4, p. 899-935, 1985.

HARVEY, David. *A Companion to Marx's Capital*, v. 1. Nova York: Verso, 2010. [Ed. bras.: *Para entender O capital: livro I*. Trad. Rubens Enderle. São Paulo: Boitempo, 2013.]

HARVEY, David. *A Companion to Marx's Capital*, v. 2. Nova York: Verso, 2013. [Ed. bras.: *Para entender O capital: livros II e III*. Trad. Rubens Enderle. São Paulo: Boitempo, 2014.]

HAUG, Wolfgang Fritz. *Das Kapital lesen — aber Wie? Materialien zur Philosophie und Epistemologie der marxschen Kapitalismuskritik*. Hamburgo: Argument, 2013.

HAYDEN, Dolores. *Building Suburbia: Green Fields and Urban Growth, 1820-2000*. Nova York: Vintage, 2003.

HEGEL, Georg W. Friedrich. *Science of Logic*. Trad. A. V. Miller. Londres: George Allen & Unwin, 1969. [Ed. bras.: *Ciência da lógica*, v. 3, *A doutrina do conceito*. Trad. Christian G. Iber, Marloren L. Miranda e Federico Orsini. Petrópolis: Vozes, 2018.]

HEGEL, Georg W. Friedrich. *Phenomenology of Spirit*. Trad. A. V. Miller. Oxford: Oxford University Press, 1977. [Ed. bras.: *Fenomenologia do espírito*. 2. ed. Trad. Paulo Meneses. Petrópolis: Vozes, 2003.]

HEINRICH, Michael. *An Introduction to the Three Volumes of Marx's Capital*. Nova York: Monthly Review Press, 2012.

HENNESSY, Rosemary. *Fires on the Border: The Passionate Politics of Labor Organizing on the Mexican Frontera*. Minneapolis: University of Minnesota Press, 2013.

HENRICKS, Thomas. *Play Reconsidered: Sociological Perspectives on Human Expression*. Urbana-Champaign: University of Illinois Press, 2006.

HERBERT, John H. *Clean Cheap Heat: The Development of Residential Markets for Natural Gas in the United States*. Nova York: Praeger, 1992.

HERON, Craig. *Lunch-Bucket Lives: Remaking the Workers' City*. Toronto: Between the Lines, 2015.

HESS, Cynthia. "Women and the Care Crisis", Institute for Women's Policy Research Briefing Paper IWPR C401, abr. 2013. Disponível em: https://iwpr.org/wp-content/uploads/2020/06/C401.pdf.

HIGONNET, Anne. *Pictures of Innocence: The History and Crisis of Ideal Childhood*. Londres: Thames & Hudson, 1998.

HILLIARD, David (org.). *The Black Panther Party: Service to the People Programs*. Albuquerque: University of New Mexico Press, 2008.

HIMMELWEIT, Susan. "The Discovery of 'Unpaid Work': The Social Consequences of the Expansion of 'Work'", *Feminist Economics*, v. 1, n. 2, p. 1-19, 1995.

HIMMELWEIT, Susan & MOHUN, Simon. "Domestic Labour and Capital", *Cambridge Journal of Economics*, v. 1, n. 1, p. 15-31, 1977.

HOBSON, Barbara Meil. *Uneasy Virtue: The Politics of Prostitution and the American Reform Tradition*. Chicago: University of Chicago Press, 1990.

HOCHSCHILD, Arlie. *The Time Bind: When Work Becomes Home and Home Becomes Work*. Nova York: Henry Holt, 2001.

HOCHSCHILD, Arlie. "Love and Gold". *In*: EHRENREICH, Barbara & HOCHSCHILD, Arlie (org.). *Global Woman: Nannies, Maids and Sex Workers in the New Economy*. Nova York: Henry Holt, 2002, p. 15-30.

HOLLOWAY, John. "From Scream of Refusal to Scream of Power: The Centrality of Work". *In*: BONEFELD, Werner; GUNN, Richard; HOLLOWAY, John & PSYCHOPEDIS, Kosmas. (org.). *Emancipating Marx*, v. 3. Londres: Pluto, 1995.

HOLLOWAY, John. *Crack Capitalism*. Londres: Pluto Press, 2010a. [Ed. bras.: *Fissurar o capitalismo*. Trad. Daniel da Cunha. São Paulo: Publisher Brasil, 2013.]

HOLLOWAY, John. "Cracks and the Crisis of Abstract Labor", *Antipode*, v. 42, n. 4, p. 909-23, 2010b.

HOLMSTROM, Nancy (org.). *The Socialist Feminist Project: A Contemporary Reader in Theory and Politics*. Nova York: Monthly Review Press, 2002.

HOLTER, Harriet (org.). *Patriarchy in a Welfare Society*. Oxford: Oxford University Press, 1984.

HOOKS, bell. *Ain't I a Woman: Black Women and Feminism*. Cambridge: South End Press, 1981. [Ed. bras.: *E eu não sou uma mulher? Mulheres negras e feminismo*. Trad. Bhuvi Libanio. Rio de Janeiro: Rosa dos Tempos, 2019.]

HOPKINS, Carmen Teeple. "Introduction: Feminist Geographies of Social Reproduction and Race", *Women's Studies International Forum*, v. 48, p. 135-40, 2015.

HOPKINS, Carmen Teeple. *Precarious Work in Montreal: Women, Urban Space, and Time*. Tese de doutorado, Universidade de Toronto, Toronto, 2016.

HOPKINS, Carmen Teeple. "Work Intensifications, Injuries and Legal Exclusions for Paid Domestic Workers in Montreal, Quebec", *Gender, Place & Culture*, v. 24, n. 2, p. 201-12, 2017.

HUIZINGA, Johan. *Homo Ludens: A Study of the Play Element in Culture*. Londres: Routledge & Kegan Paul, 1949.

HUMPHRIES, Jane. *Childhood and Child Labour in the British Industrial Revolution*. Cambridge: Cambridge University Press, 2010.

HUNTER, Tera W. "Domination and Resistance: The Politics of Wage Household Labor in New South Atlanta", *Labor History*, v. 34, n. 2-3, p. 205-20, 1993.

HUNTER, Tera W. *To 'Joy My Freedom: Southern Black Women's Lives and Labors After the Civil War*. Cambridge: Harvard University Press, 1997.

HURL, Lorna F. "Restricting Child Factory Labour in Late Nineteenth Century Ontario", *Labour/Le Travail*, v. 21, p. 87-121, 1988.

HUWS, Ursula. *Labor in the Global Digital Economy: The Cybertariat Comes of Age*. Nova York: Monthly Review Press, 2014.

HUYSSEN, David. *Progressive Inequality: Rich and Poor in New York, 1890-1920*. Cambridge: Harvard University Press, 2014.

HYMAN, Paula E. "Immigrant Women and Consumer Protest: The New York Kosher Meat Boycott of 1902", *American Jewish History*, v. 70, n. 1, p. 91-105, 1980.

INTERNATIONAL LABOUR ORGANISATION. *Turkiye Cumhuriyeti Sosyal Güvenlik Nihai Rapor*. Geneva: International Labour Organisation, 1996.

JAMES, Allison. "Embodied Being(s): Understanding the Self and the Body in Childhood". *In*: PROUT, Alan (org.). *The Body, Childhood and Society*. Nova York: St. Martin's Press, 2000, p. 19-37.

JAMES, Joy (org.). *States of Confinement: Policing, Detention, and Prisions*. Nova York: St. Martin's Press, 2000.

JAMES, Selma. "Wageless of the World". *In*: EDMONDS, Wendy & FLEMING, Suzie (org.). *All Work and No Pay: Women, Housework and the Wages Due*. Bristol: Falling Wall Press, 1975, p. 25-33.

JAMES, Selma. *Sex, Race, and Class: The Perspective of Winning — A Selection of Writings, 1952-2011*. Oakland: PM Press, 2012.

JAMESON, Fredric. *Representing Capital: A Reading of Volume One*. Nova York: Verso, 2011.

JOHNSON, Cedric. *Revolutionaries to Race Leaders: Black Power and the Making of African American Politics*. Minneapolis: University of Minnesota Press, 2007.

JOHNSON, Cedric. "Between Revolution and the Racial Ghetto: Harold Cruse and Harry Haywood debate Class Struggle and the Negro Question, 1962-1968", *Historical Materialism*, v. 24, n. 2, p. 165-203, 2016.

JONES, Jacqueline. *Labor of Love, Labor of Sorrow: Black Women, Work, and the Family, from Slavery to the Present*. Nova York: Basic Books, 1985.

JONES, Orwain. "Melting Geography: Purity, Disorder, Childhood and Space". *In*: HOLLOWAY, Sarah L. & VALENTINES, Gill (org.). *Children's Geographies: Playing, Living, Learning*. Londres/Nova York: Routledge, 2000, p. 25-53.

JOSELIT, Jenna Weissman. "The Landlord as Czar: Pre-World War I Tenant Activity". *In*: LAWSON, Ronald & NAISON, Mark (org.). *The Tenant Movement in New York City, 1904-1984*. New Brunswick: Rutgers University Press, 1986.

JUNG, Courtney. *Lactivism: How Feminists and Fundamentalists, Hippies and Yuppies, and Physicians and Politicians Made Breastfeeding Big Business and Bad Policy*. Nova York: Basic Books, 2015.

KAIN, Philip J. *Marx and Ethics*. Oxford: Oxford University Press, 1988.

KAPLAN, Barry J. "Reformers and Charity: The Abolition of Public Outdoor Relief in New York City, 1873-1890", *Social Service Review*, v. 52, n. 2, p. 202-14, 1978.

KASSER, Tim & LINN, Susan. "Growing Up under Corporate Capitalism: The Problem of Marketing to Children, with Suggestions for Policy Solutions", *Social Issues and Policy Review*, v. 10, n. 1, p. 122-50, 2016.

KATZ, Cindi. "On the Grounds of Globalization: A Topography for Feminist Political Engagement", *Signs: Journal of Women in Culture and Society*, v. 26, n. 4, p. 1.213-34, 2001a.

KATZ, Cindi. "Vagabond Capitalism and the Necessity of Social Reproduction", *Antipode*, v. 33, n. 4, p. 709-28, 2001b.

KATZ, Cindi. *Growing Up Global: Economic Restructuring and Children's Everyday Lives*. Minneapolis: University of Minnesota Press, 2004.

KATZ, Jonathan Ned. *The Invention of Heterosexuality*. Nova York: Plume, 1995.

KATZ, Michael B. *The Undeserving Poor: From the War on Poverty to the War on Welfare*. Nova York: Pantheon Books, 1989.

KATZ, Michael B. *In the Shadow of the Poorhouse: A Social History of Welfare in America*. Nova York: Basic Books, 1996.

KATZNELSON, Ira. *When Affirmative Action Was White: An Untold History of Racial Inequality in Twentieth-Century America*. Nova York: W.W. Norton & Company, 2005.

KATZNELSON, Ira. *Fear Itself: The New Deal and the Origins of Our Time*. Nova York: Liveright Publishing, 2013.

KELLY, Philip; PARK, Stella; DE LEON, Conely & PRIEST, Jeff. "Profile of Live-In Caregiver Immigrants to Canada, 1993-2009", Toronto Immigrant Employment Data Initiative (TIEDI) analytical report, n. 18, 2011. Disponível em: http://www.yorku.ca/tiedi/doc/AnalyticalReport18.pdf.

KESSLER-HARRIS, Alice. "Women's Wage Work as Myth and History", *Labor History*, v. 19, n. 2, p. 287-307, 1978.

KESSLER-HARRIS, Alice. "In the Nation's Image: The Gendered Limits of Social Citizenship in the Depression Era", *Journal of American History*, v. 86, n. 3, p. 1.251-79, 1999.

KEYSSAR, Alexander. *Out of Work: The First Century of Unemployment in Massachusetts*. Nova York: Cambridge University Press, 1986.

KLEHR, Harvey. *The Heyday of American Communism: The Depression Decade*. Nova York: Basic Books, 1984.

KOFMAN, Eleonore & RAGHURAM, Parvati. *Gendered Migrations and Global Social Reproduction*. Nova York: Palgrave Macmillan, 2015.

KÖHLER, Gernot & TAUSCH, Arno. *Global Keynesianism: Unequal Exchange and Global Exploitation*. Nova York: Nova Science, 2001.

KORNBLUH, Felicia Ann. *The Battle for Welfare Rights: Politics and Poverty in Modern America*. Filadélfia: University of Pennsylvania Press, 2007.

KORPI, Walter & PALME, Joakim. "New Politics and Class Politics in the Context of Austerity and Globalization: Welfare State Regress in 18 Countries, 1975-1995", *The American Political Science Review*, v. 97, n. 3, p. 425-46, 2003.

KOTZ, David M. *The Rise and Fall of Neoliberal Capitalism*. Cambridge: Harvard University Press, 2015.

KOVEN, Seth & MICHEL, Sonya. "Womanly Duties: Maternalist Politics and the Origins of Welfare States in France, Germany, Great Britain, and the United States, 1880-1920", *The American Historical Review*, v. 95, n. 4, p. 1.076-108, 1990.

KREISER, Larry. "A Short History of the Economic Development and Accounting Treatment of Pension Plans", *Accounting Historians Journal*, v. 3, n. 1/4, p. 56-62, 1976.

KRIPPNER, Greta R. "The Financialization of the American Economy", *Socio-Economic Review*, v. 3, n. 2, p. 173-208, 2005.

KULIKOFF, Allan. *The Agrarian Origins of American Capitalism*. Charlottesville: University Press of Virginia, 1992.

LAND, Hilary. "Who Cares for the Family?", *Journal of Social Policy*, v. 7, n. 3, p. 257-84, 1978.

LANGER, Beryl. "Consuming Anomie: Children and Global Commercial Culture", *Childhood*, v. 12, n. 2, p. 259-71, 2005.

LAPAVITSAS, Costas. "Financialised Capitalism: Crisis and Financial Expropriation", *Historical Materialism*, v. 17, n. 2, p. 114-48, 2009.

LAPAVITSAS, Costas. *Profiting Without Producing: How Finance Exploits Us All*. Londres: Verso, 2013.

LAZONICK, William & O'SULLIVAN, Mary. "Maximizing Shareholder Value: A New Ideology for Corporate Governance", *Economy and Society*, v. 29, n. 1, p. 13-35, 2000.

LAZZARATO, Maurizio. "Immaterial Labour". *In*: HARDT, Michael & VIRNO, Paolo (org.). *Radical Thought in Italy: A Potential Politics*. Minneapolis: University of Minnesota Press, 1996, p. 132-46.

LAZZARATO, Maurizio. *The Making of the Indebted Man: An Essay on the Neoliberal Condition*. Trad. Joshua David Jordan. Los Angeles: Semiotext(e), 2012.

LEBEAU, Vicky. *Childhood and Cinema*. Londres: Reaktion Books, 2008.

LEBOWITZ, Michael A. *Beyond Capital: Marx's Political Economy of the Working Class*. 2. ed. Londres: Palgrave Macmillian, 2003.

LEE, B. C.; GALLAGHER, S. S.; HARD, D. L.; LIEBMAN, A. K.; MILLER, M. E. & MARLENGA, B. (org.). *Blueprint for Protecting Children in Agriculture: The 2012 National Action Plan*. Marshfield: Marshfield Clinic, 2012.

LEE, Ching Kwan & KOFMAN, Yelizavetta. "The Politics of Precarity: Views Beyond the United States", *Work and Occupations*, v. 39, n. 4, p. 388-408, 2012.

LÊNIN, Vladimir I. "A Great Beginning". *In*: LÊNIN, Vladimir I. *Collected Works*, v. 24. Londres: Lawrence & Wishart, 1965 [1919]. [Ed. bras.: "Uma grande iniciativa". *In*: LÊNIN, Vladimir I. *Obras escolhidas*, v. 3. São Paulo: Alfa Ômega, 1980.]

LEVINS, Richard & LEWONTIN, Richard. *The Dialectical Biologist*. Cambridge: Harvard University Press, 1985.

LEWCHUK, Wayne. "Men and Monotony: Fraternalism as a Management Strategy at the Ford Motor Company", *The Journal of Economic History*, v. 53, n. 4, p. 824-56, 1993.

LIM, Joseph Y. & MONTES, Manuel F. "The Structure of Employment and Structural Adjustment in the Philippines", *The Journal of Development Studies*, v. 36, n. 4, p. 149-81, 2000.

LISTER, Ruth *et al*. *Gendering Citizenship in Western Europe: New Challenges for Citizenship Research in a Cross-National Context*. Bristol: Policy Press, 2007.

LO, Marieme Soda. "Senegalese Immigrant Families' 'Regroupement' in France and the Im/possibility of Reconstituting Family across Multiple Temporalities and Spatialities", *Ethnic and Racial Studies*, v. 38, n. 15, p. 2.672-87, 2015.

LORCH, Marjorie & HELLAL, Paula. "Darwin's 'Natural Science of Babies'", *Journal of the History of Neuroscience*, v. 19, n. 2, p. 140-57, 2010.

LUCIA, Danny. "The Unemployed Movements of the 1930s: Bringing Misery out of Hiding", *International Socialist Review*, n. 71, maio 2010.

LUKÁCS, György. *History and Class Consciousness: Studies in Marxist Dialectics*. Cambridge: MIT Press, 1971. [Ed. bras.: *História e consciência de classe: estudos sobre a dialética marxista*. Trad. Rodnei Nascimento. São Paulo: WMF Martins Fontes, 2003.]

LUTZ, Helma. "Intersectional Analysis: A Way Out of Multiple Dilemmas?", *XV International Sociological Association Conference*, Brisbane, Austrália, jul. 2002.

LUXTON, Meg. "Feminist Political Economy in Canada and the Politics of Social Reproduction". *In*: BEZANSON, Kate & LUXTON, Meg (org.). *Social Reproduction: Feminist Political Economy Challenges Neo-Liberalism*. Montreal: McGill-Queen's University Press, 2006, p. 11-44.

MACHEDA, Francesco. "The Role of Pension Funds in the Financialisation of the Icelandic Economy", *Capital & Class*, v. 36, n. 3, p. 433-73, 2012.

MADRID, Raúl L. *Retiring the State: The Politics of Pension Privatization in Latin America and Beyond*. Stanford: Stanford University Press, 2003.

MALTHUS, Thomas. "An Essay on the Principle of Population", 1798. Disponível em: https://www.marxists.org/reference/subject/economics/malthus. [Ed. bras.: *Princípios de economia política e considerações sobre sua aplicação prática* & *Ensaio sobre a população*. Trad. Regis de Castro Andrade. São Paulo: Nova Cultural, 1996.]

MARLER, Scott P. "Fables of the Reconstruction: Reconstruction of the Fables", *Journal of the Historical Society*, v. 4, n. 1, p. 113-37, 2004.

MARTINEAU, Jonathan. *Time, Capitalism and Alienation: A Socio-Historical Inquiry Into the Making of Modern Time*. Chicago: Haymarket Books, 2016.

MARX, Karl. "Trades' Unions: Their Past, Present and Future". *In*: MARX, Karl. *Instructions for the Delegates of the Provisional General Council: The Different Questions*. Londres: International Workingmen's Association, 1886. Disponível em: https://www.marxists.org/history/international/iwma/documents/1866/instructions.htm#06.

MARX, Karl. *Economic and Philosophic Manuscripts of 1844*. Moscou: Progress Publishers, 1959. [Ed. bras.: *Manuscritos econômico-filosóficos*. Trad. Jesus Ranieri. São Paulo: Boitempo, 2004.]

MARX, Karl. "Theses on Feuerbach (1845)". *In*: MARX, Karl & ENGELS, Friedrich. *Marx and Engels Selected Works*, v. 1. Moscou: Progress Publishers, 1969a, p. 13-5. [Ed. bras.: "Marx sobre Feuerbach (1845)". *In*: MARX, Karl & ENGELS, Friedrich. *A ideologia alemã*. Trad. Rubens Enderle, Nélio Schneider e Luciano Cavini Martorano. São Paulo: Boitempo, 2011.]

MARX, Karl. *Value, Price, Profit: Speech by Karl Marx to the First International Working Men's Association*. Nova York: International Co., 1969b. [Ed. bras.: *Salário, preço e lucro*. Trad. Olinto Beckerman. São Paulo: Global, 1988.]

MARX, Karl. *Critique of the Gotha Programme*. Moscou: Progress Publishers, 1978. [Ed. bras.: *Crítica do programa de Gotha*. Trad. Rubens Enderle. São Paulo: Boitempo, 2012.]

MARX, Karl. "Wage-Labor and Capital". *In*: MARX, Karl & ENGELS, Friedrich. *Marx and Engels Collected Works*, v. 9. Nova York: International Publishers, 1986a. [Ed. bras.: "Trabalho assalariado e capital". *In*: MARX, Karl & ENGELS, Friedrich. *Obras escolhidas*, v. 1. Rio de Janeiro: Editorial Vitória, 1961.]

MARX, Karl. "Address of the Central Authority to the League". *In*: MARX, Karl & ENGELS, Friedrich. *Marx and Engels Collected Works*, v. 10. Nova York: International Publishers,

1986b. [Ed. bras.: “Mensagem do Comitê Central à Liga dos Comunistas”. *In*: MARX, Karl & ENGELS, Friedrich. *Obras escolhidas*, v. 1. Rio de Janeiro: Editorial Vitória, 1961.]

MARX, Karl. “Outlines of the Critique of Political Economy (Rough Draft of 1857-1858)”. *In*: MARX, Karl & ENGELS, Friedrich. *Marx and Engels Collected Works*, v. 28. Nova York: International Publishers, 1986c.

MARX, Karl. *Capital: A Critique of Political Economy*, book I. Trad. Ben Fowkes. Londres: Penguin, 1990. [Ed. bras.: *O capital: crítica da economia política*, livro I, *O processo de produção do capital*. Trad. Rubens Enderle. São Paulo: Boitempo, 2013.]

MARX, Karl. *Capital: A Critique of Political Economy*, book III. Trad. Ben Fowkes. Londres: Penguin, 1991. [Ed. bras.: *O capital: crítica da economia política*, livro III, *O processo global da acumulação capitalista*. Trad. Rubens Enderle. São Paulo: Boitempo, 2017.]

MARX, Karl. *Grundrisse: Foundations of the Critique of Political Economy*. Trad. Martin Nicolaus. Nova York: Random House, 1993. [Ed. bras.: *Grundrisse: manuscritos econômicos de 1858-1858 — esboços da crítica da economia política*. Trad. Mario Duayer e Nélio Schneider. São Paulo: Boitempo, 2011.]

MARX, Karl & ENGELS, Friedrich. *The German Ideology*. Moscou: Progress Press, 1976. [Ed. bras.: *A ideologia alemã*. Trad. Luciano Cavini Martorano, Nélio Schneider e Rubens Enderle. São Paulo: Boitempo, 2007.]

MARX, Karl & ENGELS, Friedrich. “Manifesto of the Communist Party”. *In*: TUCKER, Robert C. (org.). *The Marx-Engels Reader*. Nova York: Norton, 1978, p. 487-8. [Ed. bras.: *Manifesto Comunista*. Trad. Álvaro Pina e Ivana Jinkings. São Paulo: Boitempo, 1998.]

MASSEY, Doreen B. *Space, Place, and Gender*. Minneapolis: University of Minnesota Press, 1994.

MCBRIDE, Stephen & IRWIN, John. “Deregulating Child Labour in British Columbia”. *In*: GLEASON, Mona *et al.* (org.). *Lost Kids: Vulnerable Children and Youth in Twentieth-Century Canada and the United States*. Vancouver: University of British Columbia Press, 2010.

MCCALL, Leslie. “Men Against Women, or the Top 20 Percent Against the Bottom 80? How Does Growing Economic Inequality Affect Traditional Patterns of Gender Inequality?”, *Equal Pay Symposium: 50 Years Since the Equal Pay Act of 1963*, Universidade de Miami, Miami, 7 jun. 2013.

MCCURRY, Stephanie. *Masters of Small Worlds: Yeoman Households, Gender Relations, and the Political Culture of the Antebellum South Carolina Low Country*. Nova York: Oxford University Press, 1995.

MCDOWELL, Linda. “Life without Father and Ford: The New Gender Order of Post-Fordism”, *Transactions of the Institute of British Geographers*, v. 16, n. 4, p. 400-19, 1991.

MCDOWELL, Linda. “Father and Ford Revisited: Gender, Class and Employment Change in the New Millennium”, *Transactions of the Institute of British Geographers*, v. 26, n. 4, p. 448-64, 2001.

MCNALLY, David. *Political Economy and the Rise of Capitalism: A Reinterpretation*. Berkeley: University of California Press, 1988.

MCNALLY, David. "The Dual Form of Labour in Capitalist Society and the Struggle over Meaning: Comments on Postone", *Historical Materialism*, v. 12, n. 3, p. 189-208, 2004.

MEEHAN, Katie & STRAUSS, Kendra (org.). *Precarious Worlds: Contested Geographies of Social Reproduction*. Athens: University of Georgia Press, 2015.

MÉSZÁROS, István. *Lukács' Concept of Dialectic*. Londres: Merlin Press, 1972. [Ed. bras.: *O conceito de dialética em Lukács*. Trad. Rogério Bettoni. São Paulo: Boitempo, 2013.]

MEYER, Stephen. "Rough Manhood: The Aggressive and Confrontational Shop Culture of U.S. Auto Workers during World War II", *Journal of Social History*, v. 36, n. 1, p. 125-47, 2002.

MIES, Maria. *Patriarchy and Accumulation on a World Scale: Women in the International Division of Labour*. Londres: Zed Books, 2014. [Ed. bras.: *Patriarcado e acumulação em escala mundial: mulheres na divisão internacional do trabalho*. São Paulo: Timo, 2022]

MINTZ, Steven. *Huck's Raft: A History of American Childhood*. Cambridge: Harvard University Press, 2004.

MITCHELL, Katharyne; MARSTON, Sallie A. & KATZ, Cindi (org.). *Life's Work: Geographies of Social Reproduction*. Oxford: Blackwell Publishing, 2004.

MIZELLE, Brett. "Unthinkable Visibility: Pigs, Pork, and the Spectacle of Killing and Meat". *In*: SHAFFER, Marguerite S. & YOUNG, Phoebe S. K. (org.). *Rendering Nature: Animals, Bodies, Places, Politics*. Filadélfia: University of Pennsylvania Press, 2015, p. 269-70.

MOHANDESI, Salar. "Class Consciousness or Class Composition?", *Science & Society*, v. 77, n. 1, p. 72-97, 2013.

MOJAB, Shahrzad (org.). *Marxism and Feminism*. Londres: Zed Books, 2015.

MOLYNEUX, Maxine. "Beyond the Domestic Labor Debate", *New Left Review*, v. 116, p. 3-27, 1979.

MONTGOMERY, David. *The Fall of the House of Labor: The Workplace, the State, and American Labor Activism, 1865-1925*. Cambridge: Cambridge University Press, 1987.

MONTGOMERY, Heather. *An Introduction to Childhood: Anthropological Perspectives on Children's Lives*. Chichester: Wiley-Blackwell, 2009.

MOORE, Jason W. *Capitalism in the Web of Life: Ecology and the Accumulation of Capital*. Nova York: Verso, 2015.

MÜLLER, Katharina. *Privatising Old-Age Security: Latin America and Eastern Europe Compared*. Londres: Edward Elgar, 2003.

MULLINGS, Beverley. "Neoliberalization, Social Reproduction and the Limits to Labour in Jamaica", *Singapore Journal of Tropical Geography*, v. 30, n. 2, p. 174-88, 2009.

MUNCK, Ronaldo; SCHIERUP, Carl Ulrik & WISE, Raúl Delgado. "Migration, Work, and Citizenship in the New World Order", *Globalizations*, v. 8, n. 3, p. 249-60, 2011.

MYLES, John & QUADAGNO, Jill. "Political Theories of the Welfare State", *Social Service Review*, v. 76, n. 1, p. 34-57, 2002.

NADASEN, Premilla. *Welfare Warriors: The Welfare Rights Movement in the United States*. Nova York: Routledge, 2005.

NADASEN, Premilla. *Household Workers Unite: The Untold Story of African American Women Who Built a Movement*. Boston: Beacon Press, 2015.

NAISON, Mark. *Communists in Harlem During the Depression*. Nova York: Grove Press, 1984.

NASAW, David. *Children of the City: At Work and at Play*. Nova York: Random House, 1985.

NELSON, Barbara J. "Women's Poverty and Women's Citizenship: Some Political Consequences of Economic Marginality", *Signs: Journal of Women in Culture and Society*, v. 10, n. 2, p. 209-31, 1984.

NEUBECK, Kenneth J. & CAZENAVE, Noel A. *Welfare Racism: Playing the Race Card Against America's Poor*. Nova York: Routledge, 2001.

NEWTON, Isaac. *The Principia: Mathematical Principles of Natural Philosophy*. Trad. I. Bernard Cohen e Anne Whitman. Berkeley: University of California Press, 1999. [Ed. bras.: *Principia: princípios matemáticos de filosofia natural*, livro I. Trad. Trieste Ricci, Leonardo Gregory Brunet, Sônia Terezinha Gehring e Maria Helena Curcio Célia. São Paulo: Edusp, 2008.]

O'CONNOR, James. "Capitalism, Nature, Socialism: A Theoretical Introduction", *Capitalism, Nature, Socialism*, v. 1, n. 1, p. 1-22, 1988.

O'CONNOR, Julia S.; ORLOFF, Ann Shol & SHAVER, Sheila. *States, Markets, Families: Gender, Liberalism and Social Policy in Australia, Canada, Great Britain and the United States*. Cambridge: Cambridge University Press, 1999.

OFFE, Claus. "Competitive Party Democracy and the Keynesian Welfare State: Factors of Stability and Disorganization", *Policy Sciences*, v. 15, n. 3, p. 225-46, 1983.

OLLMAN, Bertell. *Alienation: Marx's Conception of Man in Capitalist Society*. 2. ed. Cambridge: Cambridge University Press, 1977.

OLMSTED, Jennifer Claire. "Telling Palestinian Women's Economic Stories", *Feminist Economics*, v. 3, n. 2, p. 141-51, 1997.

O'NEILL, John. *The Missing Child in Liberal Theory: Towards a Covenant Theory of Family, Community, Welfare and the Civic State*. Toronto: University of Toronto Press, 2004.

ORENSTEIN, Mitchell A. *Privatizing Pensions: The Transnational Campaign for Social Security Reform*. Princeton: Princeton University Press, 2008.

ORGANIZAÇÃO PARA COOPERAÇÃO E DESENVOLVIMENTO ECONÔMICO. *Reforming Public Pensions: Sharing the Experiences of Transition and OECD Countries*. Paris: OECD Publishing, 2004.

ORHANGAZI, Özgür. "Financialisation and Capital Accumulation in the Non-Financial Corporate Sector: A Theoretical and Empirical Investigation on the U.S. Economy: 1973-2003", *Cambridge Journal of Economics*, v. 32, n. 6, p. 863-86, 2008.

ORLECK, Annelise. *Common Sense and a Little Fire: Women and Working-Class Politics in the United States, 1900-1965*. Chapel Hill: University of North Carolina Press, 1995.

ORLECK, Annelise. *Storming Caesar's Palace: How Black Mothers Fought their Own War on Poverty*. Boston: Beacon Press, 2005.

ORLOFF, Ann Shola. "Gender and Social Rights of Citizenship: The Comparative Analysis of Gender Relations and Welfare States", *American Sociological Review*, v. 58, n. 3, p. 303-28, 1993.

ORLOFF, Ann Shola. "Gendering the Comparative Analysis of Welfare States: An Unfinished Agenda", *Sociological Theory*, v. 27, n. 3, p. 317-43, 2009.

PACHUKANIS, Evguiéni B. *Law and Marxism: A General Theory*. Londres: Pluto, 1978. [Ed. bras.: *A teoria geral do direito e marxismo e Ensaios escolhidos (1921-1929)*. Trad. Lucas Simone. São Paulo: Sundermann/Ideias Baratas, 2017.]

PAINE, Thomas. *The Rights of Man*. Londres: J.M. Dent, 1951. [Ed. bras.: *Direito dos homens*. Trad. Edson Bini. São Paulo: Edipro, 2005.]

PALMER, Bryan. *Working-Class Experience: Rethinking the History of Canadian Labour, 1800-1991*. Toronto: McClelland and Stewart, 1992.

PANITCH, Leo & GINDIN, Sam. *The Making of Global Capitalism: The Political Economy of American Empire*. Nova York: Verso, 2012.

PARREÑAS, Rhacel Salazar. "Migrant Filipina Domestic Workers and the International Division of Reproductive Labor", *Gender & Society*, v. 14, n. 4, p. 560-80, 2000.

PARREÑAS, Rhacel Salazar. "The Reproductive Labour of Migrant Workers", *Global Networks*, v. 12, n. 2, p. 269-75, 2012.

PATEMAN, Carole. "Women and Consent", *Political Theory*, v. 8, n. 2, p. 149-68, 1980.

PEAKE, Linda. "Toward an Understanding of the Interconnectedness of Women's Lives: The 'Racial' Reproduction of Labor in Low-Income Urban Areas", *Urban Geography*, v. 16, n. 5, p. 414-39, 1995.

PEARCE, Diana. "Women, Work and Welfare: The Feminization of Poverty". *In*: FEINSTEIN, Karen Wolk (org.). *Working Women and Families*. Thousand Oaks: Sage, 1979, p. 103-24.

PEISS, Kathy. *Cheap Amusements: Working Women and Leisure in Turn-of-the-Century New York*. Filadélfia: Temple University Press, 1986.

PERI, Giovanni; ROMITI, Agnese & ROSSI, Mariacristina. "Immigrants, Domestic Labor and Women's Retirement Decisions", *Labour Economics*, v. 36, p. 18-34, 2015.

PEROTTI, Enrico & SCHWIENBACHER, Armin. "The Political Origin of Pension Funding", *Journal of Financial Intermediation*, v. 18, n. 3, p. 384-404, 2009.

PESSAR, Patricia R. & MAHLER, Sarah J. "Transnational Migration: Bringing Gender In", *The International Migration Review*, v. 37, n. 3, p. 812-46, 2003.

PIAGET, Jean. *Play, Dreams and Imitation in Childhood*. Trad. C. Gattegno e F. M. Hodgson. Londres: Routledge, 1951. [Ed. bras.: *A formação do símbolo na criança: imitação, jogo e sonho, imagem e representação*. Trad. Álvaro Cabral e Christiano Monteiro. 4. ed. Rio de Janeiro: LTC, 2010.]

PICCHIO, Antonella. *Social Reproduction: The Political Economy of the Labor Market*. Cambridge: Cambridge University Press, 1992.

PILCH, Michael & WOOD, Victor. *Pension Schemes: A Guide to Principles and Practice*. Farnham: Gower Press, 1979.

PILLING, Geoffrey. "Imperialism, Trade and 'Unequalexchange': The Work of Aghiri Emmanuel", *Economy and Society*, v. 2, n. 2, p. 164-85, 1973.

PIVEN, Frances Fox. "Ideology and the State: Women, Power, and the Welfare State". *In*: GORDON, Linda (org.). *Women, the State, and Welfare*. Madison: University of Wisconsin Press, 1990.

PIVEN, Frances Fox & CLOWARD, Richard A. *Regulating the Poor: The Functions of Public Welfare*. Nova York: Pantheon Books, 1972.

PIVEN, Frances Fox & CLOWARD, Richard A. *Poor People's Movements: Why They Succeed, How They Fail*. Nova York: Vintage, 1979.

PIVEN, Frances Fox & CLOWARD, Richard A. *The New Class War: Reagan's Attack on the Welfare State and its Consequences*. Nova York: Pantheon Books, 1982.

POLANYI, Karl. *The Great Transformation: The Political and Economic Origins of Our Time*. Boston: Beacon Press, 2001. [Ed. bras.: *A grande transformação: as origens da nossa época*. Trad. Fanny Wrobel. Rio de Janeiro: Campus, 2000.]

POULANTZAS, Nicos. *Political Power and Social Classes*. Trad. Timothy O'Hagan. Londres: New Left Books, 1973. [Ed. bras.: *Poder político e classes sociais*. Trad. Maria Leonor F. R. Loureiro. Campinas: Editora da Unicamp, 2019.]

POULANTZAS, Nicos. *State, Power, Socialism*. Trad. Patrick Camiller. Londres: New Left Books, 1978. [Ed. bras.: *O Estado, o poder, o socialismo*. Trad. Rita Lima. São Paulo: Paz e Terra, 2009.]

PRATT, Geraldine. "Stereotypes and Ambivalence: The Construction of Domestic Workers in Vancouver, British Columbia", *Gender, Place & Culture*, v. 4, n. 2, p. 159-78, 1997.

PRATT, Geraldine. *Working Feminism*. Filadélfia: Temple University Press, 2004.

PRATT, Geraldine & YEOH, Brenda. "Transnational (Counter) Topographies", *Gender, Place & Culture*, v. 10, n. 2, p. 159-66, 2003.

PREBISCH, Raúl. *The Economic Development of Latin America and Its Principal Problems*. Nova York: Organização das Nações Unidas, 1950.

PROUT, Alan. "Childhood Bodies: Construction, Agency and Hybridity". *In*: PROUT, Alan (org.). *The Body, Childhood and Society*. Nova York: St. Martin's Press, 2000, p. 1-18.

QUADAGNO, Jill. "Theories of Welfare State", *Annual Review of Sociology*, v. 13, p. 109-28, 1987.

QUADAGNO, Jill. *The Color of Welfare: How Racism Undermined the War on Poverty*. Oxford: Oxford University Press, 1994.

RAI, Shirin M.; HOSKYNS, Catherine & THOMAS, Dania. "Depletion: The Cost of Social Reproduction", *International Feminist Journal of Politics*, v. 16, n. 1, p. 86-105, 2013.

RANSOM, Roger L. & SUTCH, Richard. *One Kind of Freedom: The Economic Consequences of Emancipation*. Nova York: Cambridge University Press, 1977, p. 120-30.

RAZACK, Sherene. *Looking White People in the Eye: Gender, Race and Culture in Courtrooms and Classrooms*. Toronto: University of Toronto Press, 1998.

RED NOTES. *Working Class Autonomy and the Crisis: Italian Marxist Texts of the Theory and Practice of a Class Movement, 1964-1979*. Londres: Red Notes/CSE Books, 1979.

REID, Margaret. *Economics of Household Production*. Nova York: John Wiley & Sons, 1934.

ROBBINS, William G. *Colony and Empire: The Capitalist Transformation of the American West*. Lawrence: University Press of Kansas, 1994.

ROBERTS, Adrienne. "Financing Social Reproduction: The Gendered Relations of Debt and Mortgage Finance in Twenty-First Century America", *New Political Economy*, v. 18, n. 1, p. 21-42, 2013.

ROSS, Kristin. *Fast Cars, Clean Bodies: Decolonization and the Reordering of French Culture*. Cambridge: MIT Press, 1996.

ROWTHORN, Bob. *Capitalism, Conflict and Inflation: Essays in Political Economy*. Londres: Lawrence & Wishart, 1980.

RUBIN, Gayle. *Deviations: A Gayle Rubin Reader*. Durham: Duke University Press, 2011.

RUGGIE, Mary. *The State and Working Women: A Comparative Study of Britain and Sweden*. Princeton: Princeton University Press, 1984.

SAINSBURY, Diane (org.). *Gender and Welfare State Regimes*. Oxford: Oxford University Press, 2000.

SASSEN, Saskia. "Women's Burden: Counter-Geographies of Globalization and the Feminization of Survival", *Journal of International Affairs*, v. 53, n. 2, p. 503-24, 2000.

SAVAGE, Jon. *Teenage: The Creation of Youth Culture*. Nova York: Penguin, 2007.

SEABROOK, Jeremy. "Children of the Market", *Race & Class*, v. 39, n. 4, p. 37-48, 1998.

SEARS, Alan. "Situating Sexuality in Social Reproduction", *Historical Materialism*, v. 24, n. 2, p. 138-63, 2016.

SELF, Robert O. *American Babylon: Race and the Struggle for Postwar Oakland*. Princeton: Princeton University Press, 2003.

SHAFFER, Robert. "Women and the Communist Party, USA, 1930-1940", *Socialist Review*, n. 9, p. 73-118, 1979.

SHANNON, Fred A. *The Farmer's Last Frontier: Agriculture, 1860-1897*. Nova York: Farrar & Rinehart, 1945.

SHAW, Monica & MUNDY, Mave. "Complexities of Class and Gender Relations: Recollections of Women Active in the 1984-5 Miners' Strike", *Capital & Class*, v. 29, n. 3, p. 151-74, 2005.

SHILDRICK, Margrit. *Leaky Bodies and Boundaries: Feminist, Postmodernism and (Bio)ethics*. Londres: Routledge, 1997.

SIIM, Birte. "Women and the Welfare State: Between Private and Public Dependence". *In*: UNGERSON, Clare (org.). *Gender and Caring: Women and Work in Britain and Scandinavia*. Nova York: Prentice-Hall, 1990, p. 93-6.

SILVERA, Makeda. *Silenced: Makeda Silvera Talks with Working Class West Indian Women about Their Lives and Struggles as Domestic Workers in Canada*. Toronto: Williams-Wallace, 1983.

SKELTON, Tracey. "Children, Young People, Unicef and Participation", *Children's Geographies*, v. 5, n. 1-2, p. 165-81, 2007.

SKOCPOL, Theda. *Protecting Soldiers and Mothers: The Political Origins of Social Policy in the United States*. Cambridge: Harvard University Press, 1992.

SLAUGHTER, Anne-Marie. *Unfinished Business: Women Men Work Family*. Nova York: Random House, 2015.

SMITH, Barbara & WINDERS, Jamie. "Whose Lives, Which Work? Class Discrepancies in Life's Work". *In*: MEEHAN, Katie & STRAUSS, Kendra (org.). *Precarious Worlds: Contested Geographies of Social Reproduction*. Athens: University of Georgia Press, 2015.

SMITH, Dorothy. "Feminist Reflections on Political Economy", *Studies in Political Economy*, v. 30, n. 1, p. 37-59, 1989.

SMITH, Dorothy. *The Conceptual Practices of Power: A Feminist Sociology of Knowledge*. Toronto: University of Toronto Press, 1990.

SMITH, Jason Scott. "The Fair Deal". *In*: MARGOLIES, Daniel S. (org.). *A Companion to Harry S. Truman*. Malden: Blackwell, 2012, p. 210-21.

SMITH, Paul. "Domestic Labor and Marx's Theory of Value". *In*: KUHN, Annette & WOLPE, AnnMarie (org.). *Feminism and Materialism: Women and Modes of Production*. Boston: Routledge and Kegan Paul, 1978, p. 198-219.

SMITH, Peggie R. "The Pitfalls of Home: Protecting the Health and Safety of Paid Domestic Workers", *Canadian Journal of Women & the Law*, v. 23, n. 1, p. 309-39, 2011.

SNOW, Richard. *I Invented the Modern Age: The Rise of Henry Ford*. Nova York: Scribner, 2013. [Ed. bras.: *Ford: o homem que transformou o consumo e inventou a Era Moderna*. Trad. Luiz Euclydes T. Frazão Filho. São Paulo: Saraiva, 2014.]

SOBEK, Matthew. "Female Labor Force Participation Rate, by Race, Marital Status, and Presence of Children: 1880-1990". *In*: CARTER, Susan B.; GARTNER, Scott Sigmund; HAINES, Michael R.; OLMSTEAD, Alan L.; SUTCH, Richard & WRIGHT, Gavin (org.). *Historical Statistics of the United States, Earliest Times to the Present: Millennial Edition*. Nova York: Cambridge University Press, 2006, p. 425-69.

SPIVAK, Gayatri C. "Can the Subaltern Speak?". *In*: NELSON, Cary & GROSSBERG, Lawrence (org.). *Marxism and the Interpretation of Culture*. Urbana-Champaign: University of Illinois Press, 1988, p. 271-313.

STANSELL, Christine. *City of Women: Sex and Class in New York, 1789-1860*. Chicago: University of Illinois Press, 1987.

STEEDMAN, Carolyn. "Prisonhouses", *Feminist Review*, n. 20, p. 7-21, 1985.

STIELL, Bernadette & ENGLAND, Kim. "Domestic Distinctions: Constructing Difference among Paid Domestic Workers in Toronto", *Gender, Place & Culture*, v. 4, n. 3, p. 339-60, 1997.

STORCH, Randi. *Red Chicago: American Communism at its Grassroots, 1928-1935*. Urbana-Champaign: University of Illinois Press, 2009.

SUMARIA, Sheena. "Social Insecurity: The Financialisation of Healthcare and Pensions in Developing Countries", Bretton Woods Project Report, 2010. Disponível em: https://www.brettonwoodsproject.org/wp-content/uploads/2013/10/socialinsecurity.pdf.

SUMMERHILL, Thomas. *Harvest of Dissent: Agrarianism in Nineteenth-Century New York*. Chicago: University of Illinois Press, 2005.

SUTHERLAND, Daniel. *Americans and Their Servants: Domestic Service in the United States from 1800 to 1920*. Baton Rouge: Louisiana State University Press, 1981.

THEURILLAT, Thierry; CORPATAUX, Jose & CREVOISIER, Olivier. "Property Sector Financialization: The Case of Swiss Pension Funds (1992-2005)", *European Planning Studies*, v. 18, n. 2, p. 189-212, 2010.

THOMAS, Peter D. *The Gramscian Moment: Philosophy, Hegemony and Marxism*. Leiden, Holanda: Brill, 2009.

THOMPSON, E. P. *The Making of the English Working Class*. Harmondsworth: Penguin, 1963. [Ed. bras.: *A formação da classe operária inglesa*. Trad. Renato Busatto Neto e Cláudia Rocha de Almeida. Rio de Janeiro: Paz e Terra, 1987, 3 v.]

THOMPSON, E. P. "Time-Work Discipline and Industrial Capitalism". *In*: THOMPSON, E. P. *Customs in Common*. Nova York: New Press, 1993. [Ed. bras.: "Tempo, disciplina de trabalho e o capitalismo industrial". *In*: THOMPSON, E. P. *Costumes em comum: estudos sobre a cultura popular tradicional*. Trad. Rosaura Eichemberg. São Paulo: Companhia das Letras, 1998.]

THOMSON, Joanne L. & PHILO, Chris. "Playful Spaces? A Social Geography of Children's Play in Livingston, Scotland", *Children's Geographies*, v. 2, n. 1, p. 111-30, 2004.

TILLY, Louise A. & SCOTT, Joan W. *Women, Work and Family*. Londres: Routledge, 1987.

TOPOROWSKI, Jan. *The End of Finance: Capital Market Inflation, Financial Derivatives and Pension Fund Capitalism*. Londres: Routledge, 2000.

TOWNSEND, Peter. *The Right to Social Security and National Development: Lessons from OECD Experience for Low-Income Countries*. Geneva: International Labour Organisation, 2007.

TRIECE, Mary E. *On the Picket Line: Strategies of Working-Class Women During the Depression*. Urbana-Champaign: University of Illinois Press, 2007.

UNITED STATES BUREAU OF LABOR STATISTICS. *Twenty-Third Annual Report, 1908: Workmen's Insurance and Benefit Funds in the United States*. Washington: Government Printing Office, 1909.

VALDES, Francisco. "Sex and Race in Queer Legal Culture: Ruminations on Identities and Inter-Connectivities". *In*: DELGADO, Richard & STEFANCIC, Jean. (org.). *Critical Race Theory: The Cutting Edge*. Filadélfia: Temple University Press, 1995, p. 334-9.

VAPNEK, Lara. *Breadwinners: Working Women and Economic Independence, 1865-1900*. Chicago: University of Illinois Press, 2009.

VATZ-LAAROUSSI, Michèle. "Du Maghreb au Québec: accommodements et stratégies", *Travail, Genre et Sociétés*, v. 20, n. 2, p. 47-65, 2008.

VIRNO, Paolo. *A Grammar of the Multitude: For an Analysis of Contemporary Forms of Life*. Los Angeles: Semiotext(e), 2003. [Ed. bras.: *Gramática da multidão: para uma análise das formas de vida contemporâneas*. São Paulo: Annablume, 2013.]

VOGEL, Lise. *Marxism and the Oppression of Women: Toward a Unitary Theory*. New Brunswick: Rutgers University Press, 1983. [Ed. bras.: *Marxismo e a opressão às mulheres: rumo a uma teoria unitária*. São Paulo: Expressão Popular, 2022.]

VOGEL, Lise. "Domestic Labor Revisited", *Science & Society*, v. 64, n. 2, p. 151-70, 2000.

VOGEL, Lise. "Beyond Intersectionality", *Science & Society*, v. 82, n. 2, p. 275-87, 2018.

VYGOTSKY, Lev S. "Play and its Role in the Mental Development of the Child", Trad. Catherine Mulholland, *Soviet Psychology*, v. 5, n. 3, p. 6-18, 1967.

WAHL, Asbjørn. *The Rise and Fall of the Welfare State*. Trad. John Irons. Londres: Pluto Press, 2011.

WALKERDINE, Valerie. *Daddy's Girl: Young Girls and Popular Culture*. Cambridge: Harvard University Press, 1997.

WALKOWITZ, Judith R. *Prostitution and Victorian Society: Women, Class, and the State*. Cambridge: Cambridge University Press, 1980.

WALLERSTEIN, Immanuel & SMITH, Joan. "Households as an Institution of the World-Economy". *In*: SMITH, Joan & WALLERSTEIN, Immanuel (org.). *Creating and Transforming Households: The Constraints of the World-Economy*. Cambridge: Cambridge University Press, 1992, p. 3-24.

WARE, Susan. *Holding Their Own: American Women in the 1930s*. Boston: Twayne, 1982.

WARING, Marilyn. *If Women Counted: A New Feminist Economics*. Londres: Macmillan, 1989.

WARNER, Judith. *Perfect Madness: Motherhood in the Age of Anxiety*. Nova York: Riverhead Books, 2006.

WARREN, Elizabeth & TYAGI, Amelia Warren. *The Two-Income Trap: Why Middle-Class Parents are (Still) Going Broke*. Nova York: Basic Books, 2003.

WEEKS, Jeffrey. *Sexuality*. 2. ed. Londres: Routledge, 2003.

WEEKS, Kathi. *The Problem with Work: Feminism, Marxism, Antiwork Politics, and Postwork Imaginaries*. Durham: Duke University Press Books, 2011.

WEINER, Lynn Y. *From Working Girl to Working Mother: The Female Labor Force in the United States, 1820-1980*. Chapel Hill: University of North Carolina Press, 1985.

WEINSTEIN, Jonathan. *The Corporate Ideal in the Liberal State, 1900-1918*. Boston: Beacon Press, 1968.

WELKE, Barbara Young. *Recasting American Liberty: Gender, Race, Law, and the Railroad Revolution, 1865-1920*. Nova York: Cambridge University Press, 2001.

WHITE, Richard. *"It's Your Misfortune and None of My Own": A New History of the American West*. Norman: Oklahoma University Press, 1991.

WIENER, Jonathan. *Social Origins of the New South: Alabama, 1860-1885*. Baton Rouge: Louisiana State University Press, 1978.

WILLIAMS, Raymond. *Marxism and Literature*. Oxford: Oxford University Press, 1977. [Ed. bras.: *Marxismo e literatura*. Trad. Waltensir Dutra. Rio de Janeiro: Zahar, 1979.]

WILLIAMS, Raymond. *Towards 2000*. Londres: Chatto & Windus, 1983.

WILLIAMS, William Appleman. *The Contours of American History*. Londres: Verso, 2011 [1961].

WILLS, Jane; DATTA, Kavita; EVANS, Yara; HERBERT, Joanna; MAY, Jon & MCILWAINE, Cathy. *Global Cities at Work: New Migrant Divisions of Labour*. Londres: Pluto Press, 2010.

WILTSE, Jeff. *Contested Waters: A Social History of Swimming Pools in America*. Chapel Hill: University of North Carolina Press, 2007.

WINKER, Gabriele & DEGELE, Nina. "Intersectionality as Multi-Level Analysis: Dealing with Social Inequality", *European Journal of Women's Studies*, v. 18, n. 1, p. 51-66, 2011.

WOLF, Eric Robert. *Europe and the People Without History*. Berkeley: University of California Press, 1982. [Ed. bras.: *A Europa e os povos sem história*. Trad. Eugenio Marcondes de Moura. São Paulo: Edusp, 2009.]

WOLOCH, Nancy. *A Class by Herself: Protective Laws for Women Workers, 1890s-1990s*. Princeton: Princeton University Press, 2015.

WOOD, Ellen Meiksins. *The Retreat from Class: A New "True" Socialism*. Londres: Verso, 1986.

WOOD, Ellen Meiksins. "The Separation of the 'Economic' and the 'Political' in Capitalism". *In*: WOOD, Ellen Meiksins. *Democracy Against Capitalism: Renewing Historical Materialism*. Cambridge: Cambridge University Press, 1995, p. 19-48. [Ed. bras.: "A separação entre o 'econômico' e o 'político' no capitalismo". *In*: WOOD, Ellen Meiksins. *Democracia contra capitalismo: a renovação do materialismo histórico*. Trad. Paulo Cezar Castanheira. São Paulo: Boitempo, 2003, p. 27-49.]

WOODMAN, Harold D. *New South-New Law: The Legal Foundations of Credit and Labor Relations in the Postbellum Agricultural South*. Baton Rouge: Louisiana State University Press, 1995.

WRIGHT, Gavin. *Old South, New South: Revolutions in the Southern Economy Since the Civil War*. Baton Rouge: Louisiana State University Press, 1996.

WRIGHT, Steve. *Storming Heaven: Class Composition and Struggle in Italian Autonomist Marxism*. Londres: Pluto Press, 2002.

YAFFE, David. *The State and the Capitalist Crisis*. Londres: Revolutionary Communist Group, 1978.

YEOH, Brenda S. & HUANG, Shirlena. "Transnational Domestic Workers and the Negotiation of Mobility and Work Practices in Singapore's Home Spaces", *Mobilities*, v. 5, n. 2, p. 219-36, 2010.

YOSHIAKI, Yoshimi. *Comfort Women: Sexual Slavery in the Japanese Military During World War II*. Nova York: Columbia University Press, 2002.

YOUNG, Brigitte. "The 'Mistress' and the 'Maid' in the Globalized Economy", *Socialist Register*, v. 37, p. 315-27, 2001.

YOUNG, Iris. "Beyond the Unhappy Marriage: A Critique of Dual Systems Theory". *In*: SARGENT, Lydia (org.). *Women and Revolution: A Discussion of the Unhappy Marriage of Marxism and Feminism*. Boston: South End Press, 1981, p. 43-69.

YUVAL-DAVIS, Nira. "Intersectionality and Feminist Politics", *European Journal of Women's Studies*, v. 13, n. 3, p. 193-209, 2006.

ZARETSKY, Eli. *Capitalism, the Family and Personal Life*. Nova York: HarperCollins, 1986.

ZELIZER, Viviana A. "From Useful to Useless: Moral Conflict Over Child Labor". *In*: JENKINS, Henry (org.). *The Children's Culture Reader*. Nova York: New York University Press, 1998, p. 81-94.

Título original:
Social Reproduction Theory: Remapping Class, Recentering Oppression

First published by Pluto Press, London (www.plutobooks.com)

Primeira edição, junho de 2023
São Paulo, Brasil

Dados Internacionais de Catalogação na Publicação (CIP)
Angélica Ilacqua CRB-8/7057

Bhattacharya, Tithi
Teoria da reprodução social: remapeamento de classe, recentralização da opressão / Tithi Bhattacharya; tradução Juliana Penna. — São Paulo: Elefante, 2023.
344 p.

Bibliografia
ISBN 978-65-87235-94-3

1. Ciências sociais 2. Sociologia 3. Consumo
4. Capitalismo 5. Problemas sociais
I. Título II. Penna, Juliana

22-2684 CDD 303

Índices para catálogo sistemático:
1. Ciências sociais

---

elefante
editoraelefante.com.br
contato@editoraelefante.com.br
fb.com/editoraelefante
@editoraelefante

Aline Tieme [comercial]
Katlen Rodrigues [mídia]
Leandro Melito [redes]
Samanta Marinho [financeiro]

fontes Neue Haas Grotesk e Signifier
papéis Cartão 250 g/m^2 & Pólen Natural 70 g/m^2
impressão BMF Gráfica